KB242868

고전은 어떻게 삶이 되는가

고전은 어떻게
삶이 되는가

초판 1쇄 발행 2026년 4월 30일

지 은 이 정유엽
펴 낸 이 김동하

마 케 팅 이승민
디 자 인 김수지
펴 낸 곳 책들의정원
출판신고 2015년 1월 14일 제2016-000120호
주　　소 (10881) 경기도 파주시 산남로 5-86
문　　의 (070) 7853-8600
팩　　스 (02) 6020-8601
이 메 일 books-garden@naver.com

ISBN 979-11-6416-272-7(03150)

· 이 책은 저작권법에 따라 보호받는 저작물이므로 무단 전재와 무단 복제를 금합니다.
· 잘못된 책은 구입처에서 바꾸어 드립니다.
· 책값은 뒤표지에 있습니다.

고전은 어떻게 삶이 되는가

정유엽 (맛있는 글씨 글맛) 지음

책들의 정원

두 분의 아버지가 남긴 가르침

저에게는 두 분의 아버지가 계십니다. 저를 낳아 주신 아버지, 그리고 아내를 낳아 주신 아버지입니다. 두 분의 함자에 공통적으로 들어있는 한자가 있는데 '서로 상相'입니다. 한 분은 삼 형제를 키우셨고 한 분은 세 자매를 키우시며 '서로'를 생각하고 배려하는 삶을 사셨습니다. 이 책은 한자와 동양고전을 통해 인생을 돌아보는 구성입니다. 서로相가 아닌 혼자서 살아갈 수 없는 게 우리 인생이기에, 이 책의 주된 내용도 서로 상相입니다. 두 분의 함자 중 공통된 한자에서 아이디어를 얻었습니다.

다양성이 중요해진 세상에서 서로相를 배려하고 존중하는 자세는 필수 항목이 되었습니다. SNS의 발달로 어느 누군가의 삶을 어깨 너머로 들여다보며 자신의 처지를 한탄할 수도 있지만 인생 속에서 만나는 화복禍福도 때가 되면 서로相 자리를 바꾸게 마련입니다. 차면 기울고, 기울면 다시 차는 달과 같은 상대적相對的 관계의 내용을 담은 고전 문장을 발췌했습니다. 짧은 글자 여행이지만 독자 여러분의 삶을 돌아볼 수 있는 기회가 되기를 바라고, 앞으로 남은 인생도 미리 만나 보시기를 바라는 마음이었죠.

그런데 책을 쓰던 중, 2024년 늦가을, 저는 펜을 놓고 길을 걸었습니다. 스스로조차 갈 길을 모르며 책을 쓴다는 게 부끄러웠습니다. 스페인 산티아고 순례길을 꼬박 한 달 쉬지 않고 800킬로를 걸으며 인생의 절반을 돌아보고, 남은 인생을 생각했습니다. 그리고 나서 다시 글을 정리했습니다. 걸었던 한 걸음 한 걸음을 동양고전에 등장하는 문장들과 연결시켰고, 한 고개 한 고개 넘으며 들었던 생각을 사상가들의 생각과 비교했습니다.

이 책은 삶의 시작부터 끝까지, 우리가 인생이라는 길을 걸으며 만날 수 있는 다양한 환경 속에서 차면 기울고, 기울어 없어져도 다시 둥글게 차는 달과 같은 이야기를 담았습니다. 즉, 무無는 유有의 시작이고, 허虛는 실實의 기반이며, 공空은 만滿의 터전이라는 유교, 불교, 도교의 동양 철학 고전에서 어울리는 문장을 뽑아 그 속에 담긴 지혜를 한자와 한자어를 통해 풀어갑니다. 우린 생生이라는 시작을 통해, 길道이라는 선택을 하고, 애涯라는 끝을 향해 갑니다. 그게 우리 인생입니다.

저보다 한자를 더 많이 아시는 분들이 많습니다. 글씨를 더 잘 쓰시는 분들은 더 많습니다. 물론 글을 더 잘 쓰시는 분들은 훨씬 더 많습니다. 이렇게 부족한 제가 감히 책으로 여러분께 다가설 기회를 만나게 되어 감사합니다. 저에게 깊은 가르침을 주신 두 아버님께 이 책을 드립니다.

상하이에서 글맛 정유엽

1부

사람과
사람 사이에서

역경도
성장이기에

摩·擦

세상에 홀로 존재하는 생명은 없습니다. 우리는 태어나는 순간 누군가의 손에 이끌려 세상을 마주하고, 자라나는 내내 타인이라는 거울을 통해 나 자신의 형상을 확인하며 살아갑니다. 고전이 시대를 초월해 우리에게 울림을 주는 이유는 그것이 단순히 지식의 나열이 아니라, 수천 년 전 사람들도 오늘날의 우리처럼 누군가를 사랑하고, 미워하고, 또 이해하려 애썼던 흔적을 담고 있기 때문입니다. 인생이라는 긴 여정에서 가장 역동적이고 흥미로운 지점은 바로 사람과 사람 사이의 관계가 빚어내는 풍경일 것입니다. 때로는 나를 지키기 위해 그은 줄이 스스로를 가두는 벽이 되기도 하고, 타인을 향한 작은 측은지심이 세상을 바꾸는 거대한 인仁의 시작이 되기도 합니다. 이제 우리는 이 책의 문을 열며, 가장 뜨겁고도 복잡한 '관계'의 이야기부터 나눠보려 합니다. 글자의 모양 뒤에 숨겨진 인간의 본성을 들여다보고, 고대의 현자들이 관계의 파도 속에서 어떻게 중심을 잡았는지 살펴보는 이 여행은, 우리 삶을 가장 생생하게 느끼게 해줄 것입니다.

木受繩則直 金就礪則利

목수승즉직 금취려즉리

성악설性惡說을 주장했던 순자荀子는 인간의 본성은 나쁘게 흐르는 경향이 있어 절제되고 꾸준한 수양이 필요하다고 했습니다.

여기서 절제와 규범이 강조되어 탄생한 것이 왕권을 강화하고 법을 제정하여 국민을 다스리는 법가사상法家思想입니다. 순자의 제자였던 한비자韓非子는 순자의 사상을 따르며 법가를 탄생시켰습니다.

앞의 문장은 순자의 사상을 기록한 순자의 권학편勸學篇에 나오는 문장으로, 해석하면 이렇습니다.

"나무는 먹줄을 만나서 곧아지고, 쇠는 숫돌을 만나서 날카로워진다."

이 문장에서 줄을 뜻하는 승繩은 먹줄이고, 려礪는 숫돌을 가리킵니다. 받을 수受와 이룰 취就는 모두 만난다로 해석하면 좀 더 부드럽습니다. 나무가 곧아지고 쇠가 날카로워진다는 이 문장에서 나무는 목수의 일이고, 쇠는 대장장이의 일입니다. 즉 목수가 줄을 긋지 않고는 나무를 곧게 자를 수 없고, 대장장이가 칼을 숫돌에 갈지 않고는 날카롭게 갈 수 없다는 뜻입니다. 말그대로 권학勸學의 이야기이므로 학문에 관해 이야기했을 텐데, 이어지는 구절을 한 번 볼까요?

君子博學而日參省乎己 則知明而行無過矣
군자박학이일참성호기 즉지명이행무과의

“군자라면 널리 배우고 매일 스스로를 반성해야, 지혜가 밝아지고 실수가 없게 된다.”

박학博學은 널리 고루 배우는 것으로 아는 것이 많다는 뜻입니다. 한편 박학薄學은 소리는 같으나 학문적 깊이가 얕고 지식의 폭이 좁음을 의미하는 정반대의 뜻이라 주의해서 써야 합니다. 이 문장까지 이어서 보면 분명히 권학勸學의 이야기가 맞습니다. 고루 배우고 스스로 반성하며 수양해야 한다는 뜻입니다. 순자는 공자의 사상을 이어받았기 때문에 항상 배움을 강조했습니다. 그런데 그는 배움에 하나를 더합니다. 바로 규율입니다. 서두에 먼저 소개한 문장을 자세히 보면 먹줄과 숫돌이 있습니다. 먹줄은 목수가 나무를 자르기 위한 기준선이 됩니다. 반드시 그 줄에 맞게 잘라야 곧게 자를 수 있습니다. 숫돌은 대장장이가 칼을 갈기 위한 집행 수단입니다. 반드시 숫돌에 갈아야 날카롭게 자를 수 있습니다. 이렇게 순자는 배움과 수양에는 기준, 즉 규제가 필요하다고 주장한 것입니다. 뭉툭했던 쇠뭉치도 숫돌 덕분에 칼로 완성되고, 비뚤었던 나무줄기도 먹줄 덕분에 곧아집니다. 바로 마찰입니다. 원하든 원하지 않든 기준과 규제는 마찰입니다. 먹줄로 그은 선을 따라 가는 공간이라는 규율, 숫돌에 알맞게 갈아야 모양이 생기는 시간이라는 규율입니다. 그어진 선을 넘거나, 때를 맞추지 못하면 실패하게 됩니다.

우리는 만원 버스 안에서 이리저리 부대끼기도 하고 때로는 의견이나 생각의 차이로 다른 사람들과 대립의 관계에 놓이기도 합니다. 귀여운 강아지를 사랑스런 손길로 쓰다듬기도 하고, 사랑하는 사람과 포옹을 하며 온기를 교환합니다. 무거운 아령과 역기를 들어 근육을 키우고, 운동화가 닳도록 뛰기도 하지요. 우리가 사는 세상은 모두 마찰의 원리를 따릅니다. 마찰은 물체와 물체 사이에 발생하는 힘이기도 하지만 생각과 의견 사이에 발생하기도 합니다. 우린 그렇게 거칠고 불규칙한 접촉면을 사이에 두고 살고 있습니다. 다양한 역할을 하는 마찰 덕분에 우린 걷고 뛸 수 있고, 물건을 잡고 만질 수 있습니다. 물론 만원 버스가 정해진 정거장에 설 수 있는 것도, 우리가 사랑스런 손길을 전할 수 있는 것도 마찰 덕분입니다. 마찰의 반발력이 커지면 거칠고 아플 수도 있습니다. 잡은 손을 놓치기도 하고, 생각이 다른 사람과 헤어지기도 합니다. 이번 장에서 할 여행의 첫 번째 시작, 바로 마찰입니다.

손으로 비벼 삼베실을 만들 듯이

문지른다는 뜻을 가진 마摩는 삼 마麻와 손 수手가 만난 구조로 삼의 줄기를 두 손으로 비벼 삼베실을 만드는 의미를 가졌습니다. 삼베는 인류 역사에서 가장 오래된 직물 중 하나로 옷을 만들어 입었고, 자루도 만들어 마대麻袋로 썼습니다. 한편 마麻의 씨는 곡식으로도 쓰여서 중요한 식자재였습니다. 또한 마麻의 잎과 꽃에는 감각을 마비시키는 성분도 있어 후대에 들어 '저리다, 마비되다'는 뜻으로 파생되면서 향신료의 얼얼하고 매운 맛을 뜻하기도 합니다. 요즘 유행하는 마라탕麻辣燙의 얼얼한 맛이 바로 마麻입니다. 이 글자는 생활 속에서 다양하게 활용되었던 것처럼 많은 글자들과 만났습니다. '마'라는 소리로 남으면서 새로운 글자들을 만들었는데 귀신 귀鬼와 만나면 마귀의 마魔가 되어 마술魔術 등에 쓰이고, 돌 석石과 만나면 갈 마磨가 됩니다. 문지를 마摩와 뜻도 비슷하고 소리도 같아서 많이 헷갈리는 글자인데 잠깐 비교해볼까요? 우선 갈 마磨는 소리를 나타내는 삼 마麻와 돌 석石이 만난 구조로, 여기서 삼 마麻는 원래 쓰러질 미靡가 축약된 형태입니다. '마麻가 없다非'는 뜻에서 삼의 줄기가 없어 쓰러진다는 뜻으로 파생되었는데 쓰러져 없어진다는 의미를 갖습니다. 여기에 돌 석石이 붙어 갈려 없어지는 것을 뜻합니다. 손 수手가 있는 문지를 마摩와 달리 돌 석石이 있는 갈 마磨는 좀 더 시간을 요구하고, 마찰로 인해 갈려 '없어지는' 뜻을 가져 연마에 쓰는데 물건의 거친 부분을 갈아내는 것은 연마硏磨라 하고, 정신이나 기술 등을 수양하는 것은 연마鍊磨라고 합니다. 없어진다는 뜻을 내포하고 있어서 닳아지고 깎이는 마모磨耗에 쓰고, 논어에 등장해 유명한 절차탁마切磋琢磨에 씁니다. 절차탁마는 원래 시경詩經에 나오는 구절로, 자기수양의 방법을 옥돌이 완벽한 옥이 되는 과정과 비교했습니다. 처음엔 크게 쪼개어 자르고切, 돌로 갈아내고磋, 정으로 쪼아 다듬은 후琢, 마지막에 다시 정성스레 갈아내는磨 과정을 일컫는 말입니다.

한편 문지를 마摩도 갈 마라고 읽기도 하는데 엄밀히 말하면 손으로 문지르는 뜻을 가졌습니다. 손 수手가 들어가 마麻를 비벼 꼬아 삼베실을 만든 뜻이라고 설명한 것처럼 뜻은 손手에 있어서 어떤 대상을 손을 대어 문지르거나 비비는 것을 뜻합니다. 높게 솟은 건물을 마천루摩天樓라고 합니다. 즉 하늘에 닿을 정도로 높은 건물이란 뜻입니다. 손을 댄다는 마摩는 대표적으로 마찰摩擦에 쓰이고, 누를 안按과 만나서 마사지를 뜻하는 안마按摩에 쓰입니다. 또한 어루만질 무撫와 만나면 무마撫摩가 되어 손으로 어루만지며 달래는 뜻이 되지만 의미가 확장되어 분쟁이나 사건을 해결하지 않고 덮어버리는 뜻으로 더 많이 사용됩니다. 이렇게 만나는 글자들은 모두 손 수手를 가지고 있는 공통점이 있습니다. 찰擦은 이어지는 내용에서 다루겠지만 이 또한 손으로 비비는 뜻을 가지고 있고, 안마의 안按은 손으로 누르는 뜻에서 어떤 것에 장단을 맞추는 뜻이 되어 안무按舞는 음악에 맞춰 춤을 만들어 내는 것이고, 안주按酒는 술에 맞춰 함께 곁들여 먹는 음식이 됩니다. 한편 무마의 무撫는 손으로 어루만지는 행위라 사랑을 담아 만지면 애무愛撫가 되는데 현대 중국어에서는 위로와 위안의 의미가 담겨 있어 무위撫慰와 안무安撫로 상대방을 진정시키고 위로할 때 자주 쓰고 있습니다. 이렇게 손으로 만들어낸 마찰력은 몸이나 정신의 피로를 풀기도 하고, 상대방의 마음을 읽거나 자신의 마음을 전달하는 용도로도 쓰입니다. 한편 참 많은 글자에 손 수手가 들어가 합쳐져 새로운 글자로 태어납니다. 다른 글자와 상하로 만나는 경우엔 손 수手가 마摩, 권拳, 거擧처럼 모양 그대로 남아서 붙고, 다른 글자와 좌우로 만나는 경우엔 손 수 변扌으로 변해 새 글자로 태어납니다. 한편 전혀 다른 모양으로 변한 경우도 있는데 볼 간看처럼 눈目 위에 비스듬히 붙은 경우도 있고, 막대를 쥔 손을 뜻하는 칠 복攵에 보이는 또 우又의 형태로 변한 경우도 있으며, 오른 우右나 왼 좌左처럼 손모양이 극도로 단순화 된 형태ナ도 있습니다. 이렇게 손의 형태가 다양하게 나타나는 이유는 실생활에서의 쓰임도 다양했기 때문인데 문지를 찰擦을 보면서 얘기를 더 나누도록 하겠습니다.

성장이 언제나 부드럽지만은 않다

손 수手와 살필 찰察이 만나 문지르고 비빈다는 뜻을 가진 찰擦은 문지를 마摩와 만나 마찰摩擦에 쓰이는데 두 글자의 뜻 모두 문지르고 비빈다는 뜻이지만 살짝 쓰임이 다릅니다. 문지를 마摩의 경우 압력이 가해지는 지속적인 개념으로 연마研磨와 같은 조금 긴 시간이 포함되어 있는 뜻이라면, 문지를 찰擦의 경우, 가볍고 짧은 접촉의 시간을 가지며 추상적인 개념으로는 잘 쓰지 않습니다. 예를 들어 책의 표지를 손으로 만져 감촉을 느끼는 의미라면 마摩의 개념이고, 책상 위에 흘린 커피를 닦는 의미라면 찰擦의 개념입니다. 마摩는 목적을 가진 생산적인 닦음이고, 찰擦은 시간적으로 짧은 닦힘 또는 무언가를 없애기 위한 문지름이라고 볼 수 있습니다. 그래서 찰擦은 마찰로 인해 피부에 상처가 생기는 찰과상擦過傷, 그리고 현악기에 활을 이용해 소리를 내는 찰현擦絃 등에 쓰입니다.

네 글자 모두에 손 수手가 들어간 사자성어가 있는데 바로 마권찰장摩拳擦掌입니다. 주먹을 갈고 손바닥을 비빈다는 뜻으로 어떤 일을 시작하기 전에 준비하는 자세를 일컫는 말로 강한 의지와 태도를 보여주는 비유적인 표현입니다. 여기서 권拳은 주먹 권입니다. 밥뭉칠 권𢦓이라는 글자에 손 수手가 들어간 형태인데, 밥뭉칠 권𢦓의 옛글자를 보면 쌀 미米 양 옆에 두 손이 있어 밥을 뭉친다는 뜻을 가졌습니다. 권拳에서는 손 수手와 붙어 손을 뭉친다는 뜻이 되어 주먹 권拳이 되었고 손을 쥐고 쏘는 권총拳銃, 주먹으로 싸우는 권투拳鬪 등에 씁니다. 한편 장掌은 손바닥 장으로 오히려 상尙과 손 수手가 만났는데 상尙은 창문 밖에서 들어오는 빛을 형상화한 글자로 '위上', '집중集中'의 뜻을 가져 숭상崇尙의 의미도 가집니다. 그래서 장掌은 손의 중앙으로 손바닥을 뜻하게 되었습니다. 손안에 잡아 쥔다는 뜻의 장악掌握, 두 손바닥을 모으는 합장合掌, 신선의 손바닥처럼 생긴 선인장仙人掌 등에 씁니다. 마권찰장摩拳擦掌은 주먹을 문지르고 손바닥을 비비며 한바탕 하기 전 단단히 벼르는 모습으로, 기회를 기다리며 기운을 모으는 준비 과정입니다. 마권찰장에 쓰인 동사 마摩와 찰擦을 합치면 바로 마찰摩擦입니다. 한겨울 손이 시려 두 손을 비빈 적이 다들 있으실 겁니다. 그런 행위가 바로 찰擦이고 마찰력은 마찰열이 되어 손바닥이 따뜻해집니다. 마찰력이 클수록 마찰열도 더 많이 발생합니다. 찰擦 때문에 상처가 날 수도 있고, 찰擦 덕분에 따뜻해질 수도 있습니다. 이렇게 마찰은 두 얼굴을 가졌는데 우리가 살면서 극복하거나 혹은 이용해야 할 대상입니다.

인간은 부딪치며 살 수밖에 없습니다. 그 대상은 사람일 수도 있고 우리를 둘러싼 규율일 수도 있고, 우리가 가진 이상과 현실 간의 차이일 수도 있습니다. 남편 혹은 아내와의 마찰, 자식과의 마찰, 시부모님과의 마찰, 직장 동료와의 마찰 등등, 우린 이런 마찰로 인해 상처를 받거나 실패를 경험할 수 있는데 이 때 필요한 게 바로 회복탄력성입니다. 어려움 속에서도 위기, 좌절을 이겨내고 극복해내는 힘을 회복탄력성이라고 합니다. 특히 요즘처럼 치열하게 살아가는 현대인에게 반드시 요구되는 능력입니다. 회복탄력성은 타고난 것이 아니라 사람들이 일상에서 겪는 크고 작은 어려움을 통해 습득하는 것입니다. 처음부터 갑옷을 입은 마음은 없기에 다양한 극복의 과정을 통해 만들어지고 다듬어지는 것입니다. 즉, 쓸고 지나간 상처를 뜻하는 찰과상擦過傷에 딱지가 생기며 새살이 돋아나는 것처럼, 마찰과 시련을 통해 얻은 경험으로 한 겹 더 튼튼하고 따뜻한 마음의 옷을 입을 수 있다는 겁니다. 물론 개인의 회복탄력성도 중요하겠지만 이런 상황을 개인적인 문제로만 치부할 수는 없습니다. 회복탄력성도 애정과 관심과 배려에 기반한 인간관계가 없다면 바르게 생겨나긴 힘들 것입니다. 사춘기를 겪던 딸아이가 마음의 감기로 힘들어했던 때가 있었습니다. 딸이 겪고 있던 세상과의 마찰을 알지 못했던 저는 목수승즉직木受繩則直이라며 제가 그어 놓은 줄을 따라 걷지 못하는 딸의 마음을 이해할 수 없었지요. 마찰이란 건 꼭 보이는 것도 아니고, 반드시 타인이나 외부와의 관계에 존재하는 것도 아닙니다. 스스로 그어 놓은 줄이 마찰이 되기도 합니다. 딸이 힘들게 들어간 학교를 자퇴하던 날, 모든 게 무너져 내리는 것 같았습니다. 최선이라 생각하고 딸의 미래를 위해 나 자신을 포기하며 보낸 십수년의 시간이 사라져버려 아까워했습니다. 제가 그어 놓은 줄은 딸도 힘들게 했지만 저 스스로를 힘들게 했던 것입니다. 그래서 지우기 시작했지요. 마음 속의 지우개를 꺼내 비벼가며 그 줄을 지웠습니다. 좋은 아빠가 되겠다는 사명을 버렸습니다. 좋은 아빠라는 줄은 딸의 인생과 제 인생을 같은 선에 놓고 보게 되더군요. 하나의 독립적 개체로 딸을 바라보며 딸의 결정을 존중하고 스스로 다시 일어설 수 있도록 많은 시간을 기다렸더니 어느새 딸은 자신만의 줄을 긋고 일어나고 있었습니다. 제 딸은 지금 누구보다 건강한 마음으로 스스로의 길을 찾아 걷고 있습니다. 남이 그은 줄은 제약이 되지만 스스로 그은 줄은 절제가 됩니다.

성장은 언제나 부드럽지만은 않습니다. 톱으로 잘리는 나무토막처럼, 숫돌에 갈리는 쇳덩이처럼 우리는 인내와 반복을 통해 조금씩 자신을 다듬어 갑니다. 아무도 알아주지 않는 자리에서도 자신을 갈고 닦는 마摩, 갈등과 마찰 그리고 충돌과 오해에서 생긴 불협화음에서 생기는 찰擦, 모두 배움의 흔적일 것입니다. 마摩가 내면의 단련이라면 찰擦은 현실의 충돌입니다. 마찰은 필요불가결한 없어서는 안 될 성장의 과정일 뿐입니다. 마찰의 과정에서 좌절하거나 포기할 필요가 없습니다. 포기抛棄는 던진다는 뜻의 포抛로 하늘로 던진 물체가 그린 곡선을 포물선抛物線이라 합니다. 기棄는 버린다는 뜻으로 옛글자를 보면 아기를 담은 바구니를 버리는 모습을 본뜬 글자입니다. 포기란 단어가 결코 가볍지 않은 이유가 여기에 있습니다. 많은 사람들이 맹자孟子에 나오는 자포자기自暴自棄라는 말에서 포를 포기의 포, 던질 포抛로 알고 있는데 여기서 포는 성내다, 모질다의 뜻을 가진 포暴로 자포자기自暴自棄는 스스로를 해치고, 스스로를 버린다는 뜻입니다. 즉 자신에게 사납게 굴고 자신을 돌보지 않는 것으로 스스로뿐만 아니라 어느 누구와도 더불어 함께할 수 없습니다. 마찰의 시련을 어떻게 보는가에 따라 두 갈래 길 중 하나를 선택할 수 있습니다. 이제 이번 장의 두 번째 여행 낙관樂觀과 비관悲觀으로 안내하겠습니다.

木受繩則直 金就礪則利

木受繩則直 金就礪則利

君子博學而日參省乎己

君子博學而日參省乎己

則知明而行無過矣

則知明而行無過矣

나무는 먹줄을 만나서 곧아지고, 쇠는 숫돌을 만나서 날카로워진다.
군자라면 널리 배우고 매일 스스로를 반성해야,
지혜가 밝아지고 실수가 없게 된다.

빛이 있기에
그림자도 있다

樂·悲

뜻대로 되지 않아 마음이 괴롭고, 열심히 했음에도 불구하고 되는 일이 없으니 몸은 점점 피곤합니다. 얄팍한 지갑으로 가족을 부양할 가장의 어깨는 무겁고, 냉혹한 현실에 만신창이가 되기도 합니다. 그런 순간에 책 속에서 만난 한 문장 덕분에 기운을 얻고 다시 일어난 적이 있습니다. 그 문장을 소개합니다.

天將降大任於是人也 必先苦其心志 勞其筋骨 餓其體膚 空乏其身

천장강대임어시인야 필선고기심지 노기근골 아기체부 공핍기신

맹자에 나오는 구절로 해석하면 이렇습니다.

"하늘이 장차 어떤 사람에게 큰 일을 맡기려 할 때는 반드시 먼저 그 마음을 괴롭히고, 그 몸을 지치게 하며, 그 육체를 굶주리게 하고 그 삶을 곤궁하게 한다."

行拂亂其所爲 所以動心忍性 曾益其所不能

행불란기소위 소이동심인성 증익기소불능

"하는 일마다 뜻대로 되는 것이 없음은 마음을 움직여 참고 일어서게 함이고, 갖지 못했던 능력을 더하여 할 수 없는 일을 하게 만들기 위함이다."

이어져 나오는 구절의 내용은 "사람은 항상 실수를 한 후에 고칠 수 있으니, 마음에 곤혹을 겪고, 생각한대로 되지 않은 후에 비로소 분발하며, 얼굴에 드러나고 목소리에 드러나야 비로소 깨닫게 된다"입니다. 즉 우리가 겪는 모든 고난과 역경은 한 걸음 더 성숙하고 발전하는 과정의 밑거름이란 것입니다. 시련 없이 얻은 성취로는 오래 갈 수 없습니다. 단단한 나무일수록 천천히 자라는 법입니다. 빨리 자란 나무는 물러서 오래 써야 하는 가구나 좋은 소리를 내는 악기로 사용할 수 없고 단지 건축재 등으로 사용되고 사라질 뿐입니다. 지금 겪고 있는 시련은 우리가 갖지 못했던 능력을 더할 수 있는 좋은 기회가 될 수 있습니다. 시련을 긍정적으로 받아들이고 극복하려는 자세, 낙천적 생각은 요즘 세상을 살아가며 없어서는 안 될 필수 항목입니다. 낙천적 태도는 미래를 긍정적으로 예측하고 긍정적인 결과로 이어질 가능성이 높습니다. 또한 비관적 태도는 미래를 부정적으로 예측하고 부정적인 결과로 이어질 가능성이 높습니다. 그런데 항상 그런 건 아닙니다. 예를 들어 맹목적 낙천주의는 무조건 좋게만 생각하려는 경향이 강해 무모한 행동을 할 가능성도 높습니다. 한편 가끔은 비관적 태도도 긍정적인 결과를 가져오는 경우도 있는데 바로 방어적 비관주의가 한 예입니다. 최악의 상황을 미리 대비해서 예기치 못한 문제에 대처할 수 있도록 준비하게 합니다. 낙관적이지만 맹목적이지 않고, 비관적이지만 방어적인 태도, 이번 여행에서 여러분과 함께 나눌 이야기입니다.

지혜로운 이는 물과 같고, 어진 이는 산과 같다

한자를 배울 때 즐거울 락樂으로 배운 이 글자는 복잡해 보이지만 갑골문에서도 등장하는 단순한 형태의 상형문자였습니다. 모양을 본떠 만든 글자가 상형문자이니 이 글자는 본 뜻은 분명히 '즐겁다'라는 감정의 개념은 아니었을 것을 짐작할 수 있습니다. 갑골문의 아랫부분은 나무 지지대의 모양이고, 윗부분은 줄 모양으로 현악기를 본떠 만든 글자가 즐거울 락樂입니다. 즉 악기를 뜻하는 노래 악樂이 기본 음가입니다. 두 가닥의 현 사이에 흰 백白이 들어가면서 세 가닥으로 변해 여러 줄의 복잡한 모양으로 변하면서 지금의 자형으로 자리잡았는데 악기를 통해 사람에게 즐거움을 주는 의미로 즐거울 락樂이라는 두 번째 뜻과 음을 갖게 됩니다. 그리고 논어의 '지자요수知者樂水, 인자요산仁者樂山'에 쓰이면서 좋아할 요라는 세 번째 뜻과 음도 갖게 되었습니다. 기본 음가인 노래 악樂의 쓰임은 음악音樂, 악기樂器, 악보樂譜 등 대다수 단어가 음악 관련 용어들이고 즐거울 락樂은 낙관樂觀, 낙천樂天, 낙원樂園 등 긍정적 의미를 내포하는 단어들에 쓰입니다. 한편 낙관과 낙천은 뜻은 비슷하나 쓰임이 약간 다릅니다. 낙관은 글자 그대로 풀면 즐겁게 보는 것으로, 일부러 즐겁게 보도록 노력하는 의미를 담고 있어 어떤 일의 결과를 좋게 예상하고 기대하는 태도나 마음가짐을 뜻합니다. 한편 낙천은 즐겁게 생각하는 천성天性을 타고난 것으로, 세상과 인생을 즐겁고 긍정적인 것으로 여기는 성향과 성격을 뜻합니다. 예를 들면 낙관적인 사람은 어려운 상황에 좌절하지 않고 극복하기 위해 노력하는 사람이고, 낙천적인 사람은 어려운 상황이 저절로 잘 될 것이라고 믿는 사람이라고 할 수 있습니다. 즐거울 락樂이 긍정의 선을 넘어 즐거움에 대한 욕구가 과한 경우엔 오락娛樂, 쾌락快樂, 향락享樂 등으로 쓰입니다. 오락은 일시적인 즐거움이나 여가 활동을 의미하고, 쾌락은 주로 즐거움이나 만족감을 좀 더 강하게 나타내며 향락은 즐거움을 누린다는 뜻으로 방종이나 퇴폐적인 이미지를 갖고 있습니다.

한편 극락極樂이란 말도 있습니다. 즐거움의 극치極致란 뜻으로 해석이 가능하지만 극락은 승려 '쿠마라지바'가 불경을 번역하며 산스크리트어 '수카바티'를 한역漢譯해 만든 단어로 '이상적인 행복'을 뜻하는 말입니다. 약 1800년 전 당시 인도의 불교에서는 번뇌를 멀리하는 것이 깨달음의 방법 중 하나라고 했지만 쿠마라지바는 번뇌야 말로 깨달음의 장소이며 번뇌를 온전히 받아들여야 깨달음을 시작할 수 있다고 했습니다.* 시대는 달랐지만 번뇌라는 시련이 깨달음의 시작이라는 사상은 맹자의 구절과 상통합니다. 극락과 함께 불교용어지만 대조적인 뜻으로 나락奈落이라는

---

* 諸煩惱是道場(제번뇌시도장): 모든 번뇌는 깨달음의 장소이다.

말이 요즘 유행입니다. 나락도 불교 용어로 산스크리트어 ‘나라카’의 발음을 한자로 옮겨 쓴 것입니다. 밑이 없는 구멍을 뜻하는 말이었으니 끝없이 떨어지는 지옥과 몰락의 의미로 사용됩니다. 인터넷에 나락이란 단어를 검색하면 요즘 정말 많이 사용되고 있음을 알 수 있습니다. ‘나락 갔다’, ‘나락행’, ‘나락 주의보’ 등 연예계, 사회계는 물론 정치계에서도 줄곧 사용하며 우리 사회의 ‘나락 문화’를 적나라하게 보여주고 있습니다. 비판이 시작되면 개인의 사생활과 과거 이력까지 들춰지며 사회적 몰매를 맞으며 매장을 당하는 것이 이제는 일반적인 법칙이 되었습니다. 대중의 관심이 큰 만큼 비난의 대상이 되기 쉽고, 비난은 질책을 넘어 사회적 생존을 어렵게 만들기도 합니다. 언론과 대중의 과도한 질타가, 대상이 재기할 가능성이 ‘제로’가 될 때까지 계속되는 걸 보면 우리 사회가 과연 건강한 사회인가 자문하게 됩니다.

극락과 나락에 쓰인 글자는 즐거울 락樂과 떨어질 락落으로 같은 소리를 가졌지만 전혀 다른 뜻을 가집니다. 안락安樂, 희희낙락喜喜樂樂처럼 편안하고 즐거운 뜻과 상반되게 전락轉落, 추락墜落, 타락墮落, 몰락沒落처럼 부정적 의미로 사용되기 일쑤입니다. 전락은 주로 사회적인 지위나 품격이 하락될 때 쓰고, 추락은 사물이 떨어지는 물리적 현상을 비롯해 명예 등이 떨어질 때 씁니다. 또한 타락은 나쁜 길로 빠지는 내면적 가치가 훼손될 때 쓰고, 몰락은 외부적 요인으로 세력이 기울어 망할 때 씁니다. 전락, 추락, 타락, 몰락 등 다양한 부정적 의미가 이제는 나락 한 단어로 모두 대체되는 추세라 많이 아쉽긴 합니다.

음악을 연주하고 듣는 즐거움에서 더 나아가 무엇을 좋아하는 표현이 더해지면서 좋아할 요樂라고도 불립니다. 다행히(?) 쓰임새가 많지 않고 논어 옹야편雍也篇에서 '지자요수知者樂水, 인자요산仁者樂山'에 쓰인 경우를 제외하고는 거의 사용되지 않습니다. 한편 이 문장을 해석하면 '지혜로운 사람은 물을 좋아하고, 어진 사람은 산을 좋아한다'가 되겠지만 확대 해석하면 이렇습니다. "지혜로운 사람은 물과 같아 움직이며 즐거워하고, 어진 사람은 산과 같아 조용하고 오래 머문다." (논어에서 知는 많은 경우에 智로 해석됩니다.)

이렇게 악樂은 물처럼 흘러 즐겁고樂, 산처럼 조용해 좋아할樂 수밖에 없습니다. 여러 소리와 뜻을 가졌지만 파생된 줄기는 모두 하나에서 시작했습니다. 바로 긍정입니다. 기사회생起死回生이란 말이 있습니다. 죽은 자를 일으켜서 산 자로 되돌린다는 뜻으로 원래는 도교의 술법 중 하나였는데, 죽을 고비에서 기적적으로 살아 돌아오는 의미로 쓰고 있지요. '벼랑 끝'과 자주 붙어 사용되는 걸 보면 천 길 낭떠러지를 뒤에 둔 상황에서도 회생回生할 방법은 분명히 있습니다.

낙관과 비관은 태도와 전략의 문제

슬플 비라는 이름을 가진 이 글자를 파자破字하면 아닐 비非와 마음 심心이 상하 구조로 만났습니다. 순서대로 풀면 아닌 마음으로 내 마음이 아닌 마음이 됩니다. 그런데 지금의 모양은 아닐 비지만 원래는 등질 배北였습니다. 등을 돌려 떠나버린 의미를 가져 생각한대로 되지 않은 결과에 마음이 상한 걸 뜻하게 되었고 그래서 슬프 비가 되었습니다. 한편 마음 심과 아닐 비가 좌우로 만난 글자도 있습니다. 이건 분할 비悱라고 하는데 말을 하고는 싶지만 말이 제대로 나오지 않아 답답하고 화가 나는 마음이 분할 비悱입니다. 이렇게 상하로 만나고 좌우로 만나 형태가 달라지며 뜻도 바뀐 글자들이 더러 있습니다. 비슷한 예로 잊을 망忘과 바쁠 망忙도 있고, 마음에 칼을 간다는 참을 인忍과 근심할 도忉도 있는데 이런 글자들로 한자라는 문턱이 높기만 합니다.

지금은 생태 피라미드의 최상위에 속하는 인간이지만, 과거 역사를 보면 굶주림과 고난의 연속이었습니다. 긴 세월을 그렇게 보낸 인간의 마음 속엔 불안不安이 기본값으로 설정되었고, 그에 따라 근심과 걱정을 뜻하는 단어도 무수히 만들어집니다. 공포를 느낄 때 내지르는 소리 비명悲鳴, 몹시 슬퍼 아픈 마음 비통悲痛, 슬픔과 불행을 소재로 한 비극悲劇, 순조롭지 못한 슬픈 운명 비운悲運 등 슬플 비悲의 쓰임은 참 다양합니다. 그런데 슬플 비가 들어간 단어 중에 슬프지 않은 것도 있으니 바로 자비慈悲입니다. 여기서 자慈는 사랑할 자로 자애慈愛를 뜻하여 자비란 다른 사람의 고통을 이해하고 보듬는 마음입니다. 여기에 없을 무無를 붙이면 무자비가 되어 냉혹하고 모진 성격이 되지요. 한편 비장한 각오 할 때 쓰는 비장悲壯도 슬프지만 그 감정을 억누른 애쓴 흔적이 보이는 말입니다. 이처럼 슬플 비는 슬픔의 감정을 표현하는 단어로 쓰이지만 인간의 한계를 딛고 넘어서는 주춧돌 역할도 했습니다. 슬픔과 고통이 있어 자비라는 말이 생겼고, 애통한 마음을 억누른 비장한 각오도 생긴 겁니다. 한편 슬픔과 고통은 삶의 자연스런 감정입니다. 슬픔은 고통스러운 상황에서 벗어나기 위한 일종의 경고 신호로, 슬픔을 경험하면서 우리는 역경을 극복하는 능력을 키울 수 있지요. 또한 자비라는 말처럼 슬픔은 타인과의 연결을 강화시키기도 합니다. 공자가 강조한 인仁사상, 그리고 맹자가 말한 측은지심惻隱之心이 바로 자비로, 타인과 연결하는 길인데 이를 통해 인간은 유대감을 형성하며 고유한 문화를 발전시킨 것입니다. 이렇게 슬픔을 부정적인 감정으로만 볼 수는 없습니다.

우리는 누구나 즐겁고자 합니다. 또한 낙관樂觀과 비관悲觀을 두고 비관은 멀리하고 낙관에 가까이 다가서도록 배웠습니다. 그런데 낙관과 비관은 감정의 대립이 아니라, 태도와 전략이라고 생각해 보는 관점이 필요합니다. 낙관은 무조건 좋은 것이고, 비관은 무턱대고 나쁜 것이라는 고정 관념을 바꿀 필요가 있다는 말입니다. 앞에서 즐거울 락樂과 슬플 비悲에 대해 파자破字하며 설명했습니다. 그런데 감정의 의미를 품은 글자 중 마음 심心이 없는 글자는 즐거울 락樂이 거의 유일합니다. 어쩌면 즐거움이란 것은 마음에서 저절로 생기는 것이 아니라 내가 누리겠다면 얻을 수 있는 것이 즐거움이기 때문입니다. 즉, 느껴지는 감정이기보다는 만들어내는 생각에 가까운 의미입니다.

로젠탈 효과라는 말이 있습니다. 타인의 긍정적인 기대나 관심이 개인의 행동이나 성과에 긍정적인 영향을 미치는 현상을 의미합니다. "You can do it!"이라고 하면서 잘한다고 부추겨 주면 정말 잘한다는 것이지요. 마치 플라시보 효과처럼 좋다고 믿으면 믿는 만큼 좋은 결과가 나오게 됩니다. 인간의 삶은 생각하는 대로 된다고 하지요. 그만큼 긍정적 마인드가 중요하단 뜻일 겁니다.

그런데 즐겁고자 하는 마음樂이 선을 넘어 지나치면 현실을 왜곡歪曲하게 되고, 왜곡은 맹목盲目을 부릅니다. 낙관에 너무 길들여지면 맹목적 낙관이 되기 쉽습니다. 바로 즐거움樂이 부르는 덫입니다. 낙관이 나쁘다고 말씀드리는 게 아니라 낙관의 양면성을 봐야 한다고 말씀드리는 겁니다. 긍정의 힘은 무한합니다. 긍정적 사고는 긍정적 효과를 불러 성공 가능성을 높입니다. 그런데 긍정의 힘이 너무 과장되어 긍정 신화가 되어 버리면 모든 것이 저절로 해결된다는 비현실적 믿음을 갖게 됩니다. 이렇게 맹목적이고 과도한 낙관주의로 빠지지 않는 것은 우리 몫으로 남습니다. 이럴 때 필요한 것이 바로 비관悲觀입니다. 엄밀히 말하면 비평적批評的이고 방어적防禦的인 비관입니다. 우리가 낙관에 길들여지며 비관은 회피의 대상으로 취급받았지만 비관은 일종의 준비라는 것을 간과해서는 안 됩니다.

베트남 전쟁 당시 포로 생활을 했던 제임스 스톡데일 제독의 경험에서 유래한 스톡데일 패러독스라는 말이 있습니다. 스톡데일 제독은 7년 6개월 동안 가혹한 포로 생활을 하면서도 굴하지 않고 희망을 버리지 않았습니다. 그러나 동시에 현실의 고통과 어려움도 외면하지는 않았습니다. 자신에게 닥친 어려움들을 냉철하게 분석하고, 극복하기 위한 노력을 지속하고 최악의 상황도 미리 준비했습니다. 그는 석방된 후 포로 기간 중 살아남은 사람들과 죽은 사람들의 차이를 발견했는데 첫째, 비관론자들은 거의 다 죽었습니다. 희망은 없다고 한탄하는 비관론자들은 다 죽었지요. 그런데 막연한 낙관론자들도 다 죽었습니다. 막연한 낙관론자들은 시간이 지나도 상황이 좋아지지 않자 계속되는 상심을 못 이겨 죽고 만 것입니다. 유대인 수용소에서 살아남은 빅터 프랭클이 쓴 《죽음의 수용소에서》에도 이런 말이 나옵니다. "크리스마스부터 새해 첫날까지 일주일 동안 수용소의 사망률은 그 어느 때보다 증가했다. 죄수들 대부분이 크리스마스는 집에서 맞이할 수 있을 것이라는 순진한 희망 속에서 살고 있었기 때문이다. 크리스마스가 가까워져 오는데 좋은 소식이 없자 죄수들은 용기를 잃고 실의에 빠지고 말았다. 이것이 그들의 저항력에 치명적인 영향을 미쳤고 그래서 많은 사람이 죽어갔다.” 이 두 가지 사례에서 살아남은 사람들의 특성은 이렇습니다. 희망과 믿음은 가졌지만 냉철하게 현실을 직시하고 대비하는 사람입니다. 맹목적 낙관주의가 아닌 합리적 낙관주의, 비관적이지만 방어적 비관주의, 그것이 우리가 가져야 할 생각입니다. 중용에 이런 구절이 나옵니다.

君子戒愼乎其所不睹 恐懼乎其所不聞

군자계신호기소부도 공구호기소불문

“군자는 남들이 보지 않는 곳에서도 경계하고 신중해야 하고, 남들이 듣지 않는 곳에서도 두려워하고 근심해야 한다.”

이는 혼자 있을 때에도 항상 조심스럽게 행동해야 한다는 신독愼獨, 군자의 도덕적 책임감을 강조하는 문장이지만 언제나 준비되어 있는 자세를 말하고 있습니다. 재난뿐만 아니라 인간관계에 있어서의 경계도 그렇습니다.

아주 어릴 때였습니다. 집에 있는 TV가 고장이 나서 아버지께서 사람을 불렀습니다. 당시 매일 보던 TV프로그램이 있었던 저와 동생들은 발을 동동 구르며 얼른 고치기만을 기다렸지요. 그런데 수리기사 아저씨는 장비가 없어 가져가서 고쳐야 한다며 명함을 주고 TV를 들고 갔습니다. 마침 밖에 비가 내리던 저녁이라 귀한 TV 비 맞을까 봐 아버지는 우산을 들고 택시까지 잡아서 보내 드렸습니다. 그리고 며칠이 지났고 또 며칠이 지났지만 그 후로 TV는 집으로 다시 돌아오지 않았습니다. 덕분에 우리 삼형제는 매일 금성전자 대리점 앞에 쭈그리고 앉아 소리는 들리지 않는 화면만 보며 즐거워했던 기억이 납니다. 연락도 되지 않는 가짜 명함을 받으셨던 아버지는 그래도 다시 새 TV를 들이고 언제나 그랬듯이 즐거워하셨습니다. 준비한다고 해서 손해될 것은 없습니다. 그런데 손해를 봤다고 슬퍼할 일도 아닙니다. 집을 훔쳐간 것도 아니고 단지 TV 한 대 훔쳐간 것뿐이니까요. 낙관이 우리를 나아가게하는 동력이라면, 비관은 우리를 쓰러지지 않게 받쳐주는 버팀목입니다. 그렇게 가다 서다를 반복하면 우리는 어느새 성큼 앞에 서 있습니다.

낙이망우樂以忘憂는 일을 즐기면 모든 근심은 잊혀진다는 말입니다. 초나라 대부 섭공이 자로에게 공자는 어떤 사람이냐 물었는데 자로가 대답을 똑바로 하지 못하고 돌아왔습니다. 그 애기를 들은 공자가 "왜 '낙이망우' 라고 말하지 않았느냐?" 하며 자로를 꾸짖으며 한 말이 바로 '발분망식發憤忘食, 낙이망우樂以忘憂'로, '알고자 하는 것이 생기면 밥 먹는 것조차 잊고, 배움의 즐거움으로 모든 근심을 잊어버릴 정도'라는 뜻입니다. 이렇게 좋아하는 일,

하고자 하는 일을 집중해서 하면 근심은 저절로 사라지게 되겠지요. 한편 성사聖史라고 불리며 사기史記를 지은 사마천은 "사람은 누구나 한 번 죽는다人固有一死. 어떤 죽음은 태산보다 무겁고, 어떤 죽음은 새털보다 가볍다"라며 죽음의 의미와 가치는 개인의 삶의 방식과 선택에 따라 달라진다는 점을 강조했습니다. 사마천은 궁형宮刑을 받음으로써 큰 상처를 받았습니다. 죄를 지어 받은 것도 아닙니다. 누명으로 미움을 받아 궁형을 받았습니다. 잘린 부분은 썩어 진물과 냄새가 가득했고, 내장이 하루에도 아홉 번 뒤틀린다며 친구 임안任安에게 보내는 편지에는 그냥 죽고 싶다는 내용이 있습니다. 이런 역경에도 본인의 과업인 역사서 사기를 완성한 사마천은 고난 속에서도 삶의 의지를 잃지 않았습니다. 비운과 비통 속에서 자신의 일에 집중하며 낙이망우樂以忘憂한 것입니다. 혹시 지금이 인생에서 가장 힘들다고 느껴지나요? 더 큰 일을 얻기 위한 배움의 과정이라고 생각하면 어떨까요? 따라오는 고통과 슬픔은 내가 살아있다는 신호입니다. 우리는 그렇게 가다 서다를 반복하며 앞으로 나아가는 것입니다. 낙관도 비관도 때로는 병이 되고 때로는 약이 될 수 있습니다. 어떤 선택을 하고 어떻게 바라보는가의 차이일 뿐입니다. 그 선택은 사랑과 증오에서도 적용됩니다. 이제 애증을 살펴볼 시간입니다.

天將降大任於是人也

天將降大任於是人也

必先苦其心志勞其筋骨

必先苦其心志勞其筋骨

餓其體膚 空乏其身

餓其體膚 空乏其身

하늘이 장차 어떤 사람에게 큰 일을 맡기려 할 때는
반드시 먼저 그 마음을 괴롭히고, 그 몸을 지치게 하며,
그 육체를 굶주리게 하고 그 삶을 곤궁하게 한다.

사랑하기에
증오한다는 모순

愛·憎

子貢問曰 鄕人皆好之 何如 子曰 未可也

자공문왈 향인개호지 하여 자왈 미가야

鄕人皆惡之 何如 子曰 未可也

향인개오지 하여 자왈 미가야

不如鄕人之善者好之 其不善者惡之

불여향인지선자호지 기불선자오지

논어 자로편 24장의 내용입니다. 해석하면 이렇습니다.

자공이 공자에게 물었다. "마을 사람 모두가 좋아하는 사람은 어떻습니까?"

공자가 말했다. "안 된다."

"(그렇다면) 마을 사람 모두가 싫어하는 사람은 어떻습니까?"

공자가 말했다. "안 된다."

(공자가 이어 말했다.) "마을의 선한 사람들이 좋아하는 사람만 못하고, 마을의 선하지 않은 사람들이 싫어하는 사람만 못하다."

논어에서 이해하기 어려운 문장 중 하나입니다. 여기서 자공은 공자에게 사람을 판단하는 방법에 대해 묻습니다. 마을 사람들이 좋아하는 사람, 마을 사람들이 싫어하는 사람은 어떤 사람인지

묻지만 공자는 이것도 저것도 안 된다고 말합니다. 여기서 안 된다는 뜻은 마을 사람들이 좋아한다고 해서 좋아하고, 마을 사람들이 싫어한다고 해서 싫어하면 안 된다는 것으로, 모두가 좋아하는 것은 마을 사람 중에 선한 사람들이 좋아하는 것만 못하고, 모두가 싫어하는 것은 마을 사람 중에 선하지 않은 사람들이 싫어하는 것만 못하다는 겁니다. 이는 남들의 평가와 판단에 따라 휩쓸려 좋아하거나 싫어하는 것은 옳지 않음을 말하고 있습니다. 일반적인 평가가 아니라 자신의 행동과 가치관에 따라 옳고 그름을 판단해야 하겠지요. 이토록 좋고 싫음을 판단하는 것은 쉬운 것이 아닙니다. 하물며 증오, 분노는 어떨까요?

所謂修身在正其心者 身有所忿懥則不得其正

소위수신재정기심자 신유소분치즉부득기정

心不在焉 視而不見 聽而不聞 食而不知其味

심부재언 시이불견 청이불문 식이부지기미

　대학에 나오는 구절로 정심수신正心修身을 풀이한 문장의 일부입니다. 해석하면 이렇습니다.

　"몸을 수양한다는 것은 그 마음을 바르게 하는 것에 있는데, 몸에 성냄이 있으면 그 바름을 얻을 수 없다."

“마음이 없으면 봐도 보이지 않고, 들어도 들리지 않으며, 먹어도 그 맛을 알 수 없다.”

이렇듯 분노는 수신修身의 걸림돌이고 우리의 마음을 없애고 몽매夢寐하게 만듭니다. 제가 중간의 내용을 생략했지만 두려움, 좋아함, 걱정 등도 평정의 마음을 없애는 감정들입니다. 이렇듯 인간은 이성적인 존재 이전에 감정에 크게 영향을 받는 존재이지요. 쉽게 좋아하고 쉽게 싫어합니다. 사랑이 증오로 변하고, 때로는 증오가 사랑의 방법이기도 합니다. 긍정과 부정, 낙관과 비관이 함께 존재하지 않을 것 같지만 복잡한 인간의 감정은 시시때때로 변하며 다양한 감정이 함께 존재합니다. 마치 완전히 내향적이거나 완전히 외향적인 사람이 없는 것처럼 말입니다. 그렇듯 사랑과 미움도 감정의 양극점처럼 보이지만 실제로는 함께 태어나고 얽혀 움직이는 음양적 이중성을 지닌 개념입니다. 즉 대립하고 의존하며, 끊임없이 변화하고 순환하는 관계라는 것입니다. 이번 여행에서는 다양한 감정 중에서 사랑과 증오에 대해서 이야기를 나눠볼까 합니다.

사랑이란 계속해서 마음에 떠오르는 상태

우리가 사랑이라고 배운 이 글자 애愛는 원래 입을 크게 벌려

심경을 나타내는 목멜 기旡 아래에 마음 심心이 있는 구조였으나 후대에 손을 뜻하는 夊(천천히걸을 쇠)가 밑에 추가되어 지금의 자형으로 자리잡았습니다. 자형으로 해석하면 손으로 마음을 잡고 사랑하는 사람에게 입 벌려 고백하는 뜻이 됩니다. 그게 우리말로 사랑을 가리키는 애愛가 된 것입니다. 한편 사랑의 어원을 사람, 혹은 삶에서 찾기도 하지만, 한자어 사량思量에서 왔다는 설이 유력한데 사량은 생각한다는 뜻입니다. 깊이 생각하고 헤아린다는 뜻으로 누구를 좋아하게 되면 머리속에서 계속 생각이 나니 우리 말로는 쉼 없이 생각나는 사랑이 된 것입니다. 사랑 애愛는 흘려 쓰는 초서에서 마음心과 손夊이 벗 우友로 바뀌는데 공교롭게 중국의 간체자는 마음 심이 없는 초서의 애愛를 써서 사랑보다 우정(동지애)을 중시하는 것처럼 보이기도 합니다. 사랑을 뜻하는 글자는 애愛 뿐만 아니라, 련戀과 자慈도 있습니다. 세 글자가 가진 미묘한 차이가 있는데 애愛는 넓은 의미의 사랑으로 다양한 형태로 사용할 수 있습니다. 예를 들면 동지애同志愛, 전우애戰友愛처럼 다른 단어와 붙어 우정을 뜻하기도 하고, 부성애父性愛, 모성애母性愛처럼 부모의 사랑을 뜻하기도 합니다. 또는 가학애(苛虐愛, 사디즘)라고도 하는 가학성애에도 애가 붙는 걸 보면 어디에나 붙여도 말이 될 정도입니다.

한편 련戀의 윗 부분緣을 어지러울 '련'이라고 하는데 끊어지지 않으려는 뜻을 가집니다. 여기에 마음 심心이 붙어서 그리워하는 마음이 된 것입니다. 그래서 우린 '그릴' 련으로 부르고 대상에 대한 애착의 뜻이 담겨 이성 간의 보고싶은 사랑에 련戀을 씁니다. 그래서 첫사랑은 초애初愛가 아니라 초련初戀이고, 헤어진 사랑은 실연失戀이라고 하지요. 또한 그리운 마음, 애착이 가득한 것을 연연戀戀하다고 하며 미련을 뜻합니다. 미련은 연연의 '련戀'이 아니라 미련未練으로 단련鍛鍊에 쓰는 익힐 련練을 씁니다. 즉 아직 단련되지 않아 익혀지지 않은 상태가 '미련'인데 완벽하지 못한 상태에서 느껴지는 마음을 뜻하기도 해서 '미련'이 남는다고 합니다. 어리석고 둔함을 뜻하는 '미련'은 순우리말로 남는다는 뜻을 가진 미련과는 상관이 없습니다. 마지막으로 자慈의 옛 글자는 두 묶음의 실타래가 흘러내린 모양 아래에 마음 심이 있는 자형이었습니다. 이 모양을 해석하면 내리사랑이 되어 위에서 아래로 흐르는 마음을 뜻합니다. 후대에는 인자仁慈함을 뜻해 부모가 자식에게 주는 사랑이자 헌신적인 사랑을 뜻하게 되었습니다. 자慈가 인仁과 어울려 인자仁慈가 됐듯이, 자慈는 포용과 공감의 뜻도 가져 슬픔을 가엽게 느끼는 자비慈悲에 쓰이고 측은지심惻隱之心을 뜻합니다. 한편 자기를 사랑하고 아끼는 마음을 자애심自愛心이라고 하는데 명상瞑想에서 말하는 자애명상은 자애慈愛로 자신을 사랑하는 명상이 아니라 자신뿐만 아니라 타인도 함께 행복하길 바라며 부정적인 감정을 완화시키는 명상을 자애명상이라고 합니다.

　이렇게 사랑도 다양합니다. 관계에서 탄생한 감정이다 보니 쓰임도 대상도 조금씩 다릅니다. 그러나 사랑도 '맹목盲目'이라는 조건이 붙고 '과도過度'하면 애착愛着에서 집착執着으로 변합니다. 건강하고 긍정적인 감정이 지나치고 부정적인 감정이 되어 소유하고 통제하려는 욕심이 생기는데 바로 집착입니다. 아끼는 마음이 지나치면 아까운 생각이 들 수 있습니다. 사랑 애愛가 동양 고전에서 쓰인 용례를 보면 애민愛民처럼 백성을 아끼고 위하는 뜻이었습니다. 우리말 '아끼다'와 '아깝다'의 옛말은 '앗기다'와 '앗갑다'로 어원을 같이합니다. 즉 아낀다는 것은 아까워서 함부로 못 쓰는 겁니다. 한편 지나치게 아끼면 저절로 아까워집니다. 사람도 마찬가지라 아끼는 사람에게 보낸 시간과 기대는 어원처럼 쉽게 아깝게 느껴집니다. 아끼는 마음이 과하면 불안을 부르고, 불안은 집착이 됩니다. 집착은 기대와 현실의 괴리乖離 속에서 배신감을 부르고, 그렇게 사랑이 증오가 되는 과정이 펼쳐집니다. 증오憎惡의 두 글자에도 감정의 마음 심心이 있습니다. 이젠 미움을 알아볼 차례입니다.

기대가 있어 실망이 있다

믿고 싫다는 뜻을 가진 글자도 여러 개가 있습니다. 미워할 증憎이 대표적이지만 함께 따라다니는 싫어할 오惡도 있습니다. 나쁘다는 뜻의 악할 악惡이지만 싫어하다는 뜻일 때는 '오'라고 읽습니다. 어떤 대상을 싫어하고 미워하는 감정인 혐오嫌惡에 쓰지요. 물론 혐嫌도 싫어하는 뜻을 가져 여혐女嫌, 남혐男嫌 등에 쓰이면서 최근 많이 쓰고 있는 글자입니다. 또한 싫을 염厭도 있습니다. 세상을 부정적으로 보며 싫어하는 태도를 '염세적이다'라고 하지요. 다양한 글자가 있는 만큼 쓰임이 조금씩 다릅니다. 우선 우리말 '밉다'와 '싫다'의 차이를 먼저 이해할 필요가 있습니다. '밉다'는 기대함으로써 생겨나는 서운한 감정입니다. 즉, 관심과 기대가 없었다면 생기지 않았을 수 있는 감정이지요. 한편 '싫다'는 대상에 대한 감정이나 애정 없이 단순하게 마음에 들지 않았을 때 쓰는 말입니다. '싫다'는 꼭 사람이 대상이 아닐 수 있습니다. 먹기가 싫고, 만나기 싫고, 보기 싫은 것처럼 대상은 상황이나 현상이 되기도 합니다. 그런데 미운 감정은 내가 기대했던 대상이 존재합니다. 그래서 믿었던 직장 동료가 밉고, 예뻤던 동생이 밉고, 믿음직스럽던 남편이 밉고, 소중했던 친구가 미운 거예요. 즉, 싫다는 감정에 '기대'가 있었다면 밉다가 됩니다. 싫은 것보다 좀 더 싫은 느낌이 더해진 것이 밉다는 뜻으로 이해하고 글자를 풀어보겠습니다. 우선 미워할 증憎입니다. 이건 사랑 애愛의 정반대의 뜻으로 이해하면 쉽습니다. 몹시 싫고 미운 감정으로 원한 한恨을 동반하여 분노를 일으키기도 합니다. 묵자墨子 등 고대 문헌에서는 미워할 증憎과 더할 증增이 혼용되어 쓰였는데 마치 미운 마음이 더해지고 더해지면 증憎이 되는 것처럼 보입니다. 그렇게 사랑愛이 더해져 커지면 보이지 않는 곳에서 미움憎의 씨도 커질 수 있는데 미움을 터뜨리는 스위치가 바로 원한 한恨이지요. 마음 심心에 뒤돌아본다는 뜻을 가진 그칠 간艮이 합쳐진 '한'은 뒤돌아보는 마음입니다. 떠나기 싫어 계속 뒤를 돌아보는 안타까운 마음입니다. 억울하고 원통하면 원한怨恨이 되고, 정에 얽힌 원한은 정한情恨이 됩니다. 미워하는 만큼 커졌던 원한의 마음은 간발間髮의 차입니다. 사랑했던 만큼 미워하는 마음이 컸기에, 시간이 지나 미워하는 마음이 수그러들면 다시 사랑이 되기도 합니다. 터럭 한 오라기 만큼만 떨어진 사랑愛과 미움憎은 뗄 수 없는 관계로 애증愛憎의 심리 상태처럼 사랑과 미움이 함께 존재할 수 있는 겁니다. 한편 싫어할 오惡는 한恨을 동반하지는 않아 증憎보다는 약한 미움으로 싫어하는 감정을 동반한 증오憎惡와 다소 가벼운 거부감의 혐오嫌惡에 씁니다. 한편 싫어할 혐嫌은 어떤 대상에 대해 꺼림칙하거나 마음에 들지 않는 감정입니다. 다소 가벼운 불편한 감정을 가리키는 뜻으로 범죄 가능성을 뜻하는 혐의嫌疑 등에 쓰는데 요즘은 극혐極嫌이라는 단어의 유행과 여혐女嫌, 남혐男嫌이라는 신조어가 탄생하면서 증오憎惡에 가까운 뜻으로도 쓰입니다. 그리고 마지막으로 싫어할 염厭은 물려서 싫증난다는 뜻으로 싫증과 같은 뜻의 염증厭症, 싫증난 마음으로 세상을 바라보는 염세주의厭世主義에 씁니다. 즉 어떤 대상에 대해 질리고 싫증이 나서 멀리하고 싶은 감정이 염厭입니다. 피로감에 가깝습니다.

증오는 절제를 잃은 감정으로 분노를 부르기도 합니다. 서두에 예를 든 문장처럼 몸에 분노가 차 있으면 봐도 보이지 않고, 들어도 들리지 않고, 먹어도 그 맛을 알 수 없는 법입니다. 평정심의 마음을 잃고 스스로도 잃게 됩니다. 그리고 시간이 지나 분노가 사라지면 뒤늦게 뉘우치는 후회後悔만 남습니다. 그런데 사랑도 마찬가지죠. 남의 마음을 얻는 사랑은 자신의 마음을 잃게 만듭니다. 봐도 보이지 않고, 들어도 들리지 않고, 먹어도 그 맛을 알 수 없던 경험은 누구에게나 있겠지요. 그렇게 스스로를 잃습니다. 보고 싶은 사랑도, 보기 싫은 미움도 결국 같은 마음입니다. 세상 주변엔 내 마음 빼고는 변한 게 없습니다. 상황에 따라 사랑이라 부르기도 하고 미움이라 부를 뿐입니다.

먹다 남은 복숭아의 죄라는 뜻을 가진 여도지죄餘桃之罪라는 고사성어가 있습니다. 전국시대 한비자韓非子에 나오는 이야기로 위衛나라 왕의 총애를 받았던 미자하彌子瑕라는 꽃미남에 관한 이야기입니다. 하루는 미자하가 어머니의 병고 소식을 듣고 급한 나머지 왕의 수레를 타고 집으로 달려갔는데 왕의 수레를 허락 없이 타는 사람은 월형(발뒤꿈치를 베어내는 형벌)을 받게 되어 있었습니다. 나중에 이 소식을 알게 된 위나라 왕은 형벌조차 감수하고 어머니께 달려간 미자하의 효성에 감탄하며 칭찬을 더했습니다. 그런데 또 어느 날 미자하는 왕과 함께 복숭아 밭을 거닐다가 복숭아를 먹어 보니 매우 달아 반을 남겨 왕에게 건넸는데 왕은 또 자신을 생각해주는 미자하에게 감동했습니다. 그렇게 세월이 흘러 미자하의 용모가 쇠하자 왕의 총애도 식어갔습니다. 그러던 어느 날 미자하가 군주에게 작은 죄를 지었는데 왕은 서슴지 않고 미자하가 옛날 자신의 수레를 허락도 없이 몰래 탔던 이야기, 그리고 먹다 남은 복숭아를 먹인 이야기를 꺼내며 욕을 했습니다. 미자하의 행동은 변함이 없었으나 바뀐 건 왕의 마음뿐이었지요. 그래서 이 이야기를 애증지변愛憎之變이라고도 하는데 이렇듯 상황이 바뀜에 따라 사랑이 되기도 하고 미움이 되기도 합니다. 애증의 변화는 예측하기 어렵습니다. 상황에 따라 바뀌는 상대적 개념은 춥다 덥다와 같습니다. 에어컨을 켜고 추워서 끄면 바로 덥습니다. 그런데 밖에 있다가 들어오면 에어컨이 꺼졌어도 시원하지요. 이렇듯 사랑과 미움, 추움과 더움의 상대적 개념은 서로 통합니다. 마치 자석의 N극과 S극이 서로 붙어 하나가 되는 것처럼 애愛와 증憎은 대립 개념이 아니라 공존의 개념입니다. 서로에게 영향을 주어 강렬한 사랑은 때때로 질투나 분노와 같은 미움의 감정을 부르지만, 반대로 큰 미움은 그 대상에 대한 깊은 관심이나 애착으로 이어지기도 하니까요. 그래서 사랑하는 마음이 지금 가슴에 있다면 언제든 미움으로 둔갑遁甲할 수 있음을 미리 새겨두는 것도 필요합니다. 그래야 미움의 감정이 앞면으로 올라왔을 때 나 자신을 통제하고 분노로 가는 길을 막을 수 있으니까요.

또한 지금 가슴 속에 미워하는 마음이 있다면 이 마음도 사랑으로 변할 수 있음을 미리 알아 둘 필요가 있습니다. 그러면 미워하는 마음도 어느새 녹아 사라져 없을 것입니다. 학교나 회사에서 지인과 동료 사이에서 굳이 사랑받으려고 애쓸 필요도 없고 미움을 피하려고 자신의 내면을 숨길 필요도 없습니다. 내 마음 속의 사랑과 미움을 이해하게 되면 세상이 판단하는 사랑도 미움도 보이게 마련이니까요. 맹자의 성선설은 사람의 본성은 선하다는 주장입니다. 반면 순자의 성악설은 사람의 본성은 악하다는 주장입니다. 그런데 맹자나 순자나 제시한 방향은 똑같습니다. 맹자는 선한 본성을 잘 발휘하고 유지할 수 있도록 교육해야 한다는 주장이고, 순자는 악한 본성을 선하게 만들기 위해 교화해야 한다는 주장입니다. 모두 교육과 환경의 중요성을 인정하며 만난 것처럼 인간의 사랑이라는 감정도 미움이라는 감정도 결국 하나의 점에서 만나고, 그 점을 누가 언제 어떻게 보는가에 따라 사랑이라고 혹은 미움이라고 부를 뿐입니다. 그렇다면 이제 어떻게 살아가야 하는가에 대해 자문해보겠습니다. 앞으로 나아갈지, 아니면 뒤로 한 발 물러설지 생각할 시간입니다. 바로 진進과 퇴退에 대해서 알아보겠습니다.

心不在焉 視而不見

심 부 재 언　시 이 불 견

心不在焉 視而不見

聽而不聞 食而不知其味

청 이 불 문　식 이 부 지 기 미

聽而不聞 食而不知其味

마음이 없으면 봐도 보이지 않고, 들어도 들리지 않으며,
먹어도 그 맛을 알 수 없다.

언제 어떻게
물러설 것인가

進·退

知進而不知退 知存而不知亡 知得而不知喪 其惟聖人乎

지진이부지퇴 지존이부지망 지득이부지상 기유성인호

知進退存亡而不失其正者 其惟聖人乎

지진퇴존망이부실기정자 기유성인호

역경易經이라고도 불리는 주역周易에 나오는 문장입니다. 주역에서는 인간의 처신을 때와 도리에 맞게 판단하는 것이 지혜라고 강조하는데 해석하면 이렇습니다.

"앞으로 나아가는 것만 알고 물러설 줄 모르며, 있음만 알고 없어질 것을 모르며, 얻는 것만 알고 잃을 수 있음을 모르니 (이걸 아는 사람은) 오직 성인뿐이다. 진퇴존망을 알고 올바름을 잃지 않는 사람은 오직 성인뿐이구나!"

여기서 진퇴進退는 마음을, 존망存亡은 몸을, 득상得喪은 자리를 두고 한 말입니다. 즉, 맹목적으로 앞으로만 나아가려 하는 마음은 퇴보가 있다는 것을 알지 못합니다. 또한 지금 존재하는 것도 언젠가는 필연적으로 없어진다는 것을 알지 못합니다. 마지막으로 내가 지금 얻은 자리에 연연戀戀해 할 뿐, 이것도 사라질 수 있다는 것을 알지 못합니다. 여기서 성인만이 '진퇴존망進退存亡'

을 알고 바름을 잃지 않는다고 했는데 이 말을 좀 더 자세히 풀어 볼 필요가 있습니다. 성인이 알고 있는 진퇴는 '전진은 반드시 퇴보로 이어진다'는 것이고, 성인이 알고 있는 존망은 '존재는 반드시 소멸로 이어진다'는 것입니다. 또한 획득한 것은 반드시 상실로 이어지겠지요. 그래서 유연해야 한다는 겁니다. 앞으로 나아갈 때 물러날 때도 있다는 걸 잊지 않아야 하고, 지금은 살아 존재하지만 언젠간 죽어 없어질 것도 생각해야 합니다. 물론 지금까지 얻은 것은 언젠간 반드시 잃어 없어질 것도 알아야겠지요. 그래야 자신을 과신過信하지 않고 높은 자리에 있어도 겸손할 줄 알게 되고, 미래를 뚫어보는 통찰洞察과 혜안慧眼을 가질 수 있게 됩니다. 우리는 기로에 설 때마다 어느 길이 옳은 길인가를 판단하고 선택합니다. 앞으로 갈 것인가 아니면 뒤로 갈 것인가도 포함해서 선택하게 됩니다. 그런데 앞으로 나아감과 뒤로 물러남에서 무엇을 택하는 것이 중요한 게 아니라, 나아갈 '때'와 물러날 '때', 그리고 '어떻게' 나아가고 '어떻게' 물러날 것인가가 중요합니다. 이것이 여기서 말하는 '바름正'입니다. 나아가야 할 때에 멈춰 뒤돌아서는 것도, 멈추고 뒤로 물러나야 할 때 앞으로 성큼 다가서는 것도 모두 '바르지 못함不正'입니다.

우리는 종종 진進을 용기로 착각하기도 합니다. 그러나 멈출 줄 아는 용기가 필요할 때도 있고, 가끔은 뒤로 물러나退 숨을 가다듬고 다시 도전할 필요도 있습니다. 이번 장에서는 여러분과 함께 인생을 살며 겪을 수 있는 갈등 중에서 진퇴進退에 대해서 얘기를 나누고자 합니다. 우리는 세상에 발맞추어 살아가며 앞서거니 뒤서거니 합니다. 뒤에 선다고 뒤돌아가는 건 아닙니다. 우린 분명 함께 한 방향으로 나아가고 있으니까요. 여유 있는 마음을 가지고 뒤에 서서 한 걸음씩 가는 것도 그다지 나쁘지 않습니다. 인류의 진화와 퇴보, 그리고 인체의 성장과 쇠퇴까지 함께 얘기를 나눠보겠습니다.

앞으로 나아가는 새처럼

나아갈 진進은 갑골문부터 존재한 글자로 새를 뜻하는 새 추隹에 발을 뜻하는 그칠 지止가 붙은 모양이었습니다. 그칠 지止는 입 구口와 만나 발 족足이 되는데, 그칠 지가 발을 뜻하면 발 족이 되고, 그칠 지가 멈춤을 뜻하면 욕망口이 채워져 멈춘 만족의 족이 됩니다. 이렇게 새 추에 발을 뜻하는 그칠 지를 붙여 앞으로 가는 새를 본뜬 글자였는데, 뜻을 강조하기 위해 쉬엄쉬엄갈 착辵, 辶이 붙으며 지금의 자형으로 남았습니다. 그런데 이 글자 진進을 좀 더 정확하게 살피기 위해서 새 추隹와 새 조鳥를 비교해 이해할 필요가 있습니다. 원래 새 '추'는 꼬리가 짧은 새를 가리키고, 새 '조'는 꼬리가 긴 새를 가리키는데 꼬리가 짧은 새는 다리도 짧아서 그랬는지 추隹에는 다리가 보이지 않습니다. 한편 새 '조鳥'는 잘 보면 다리도 새의 꼬리도 점 네 개(연화발)로 표기한 것을 볼 수가 있죠. 참새 같은 작은 새들은 하늘을 훨훨 날아다니기보다는 종종걸음으로 우리 주변에서 생활했고, 인간은 먹거리로 새를 잡기 위해 그물을 사용했지요. 그런데 잘 보니까 꼬리 짧은 새들은 앞으로만 가고 뒤로는 못 가는 특성이 있었습니다. 그래서 나아갈 진進에 참새처럼 꼬리 짧은 새, 새 추隹를 넣어 앞으로 간다는 뜻을 붙였던 것입니다. 이렇게 앞으로 나아가는 뜻을 가진 나아갈 진進은 위로 오른다는 뜻으로도 파생되었고 예부터 발전, 성장, 역동 등의 의미를 가집니다. 그래서 현실을 넘어 미래로 향하는 긍정의 뜻을 가지게 되어 지키려는 성향을 가진 지킬 보保, 지킬 수守와 반대의 성향인 진보進步에 쓰이고 있습니다. 한편 올라가는 뜻으로 사용된 예로 계급이나 등급이 올라가는 진급進級이 있는데 여기서 진進은 앞으로 가는 뜻이 아니라 위로 오르는 뜻이기 때문에 진급의 반대말은 퇴급退級이 아니라 강등降等이 됩니다. 회사 등 일반적인 조직에서는 승진昇進이라는 단어를 더 자주 사용합니다. 여기서 승昇도 오른다는 뜻을 가진 오를 '승'으로 방금 나온 강등降等에 쓰인 내릴 강降과 상대자로서 둘이 합쳐지면 승강昇降, 엘리베이터를 뜻하는 승강기昇降機에 쓰이고 있습니다. 진進이 미래로 향하는 뜻도 가진다고 했지요. 그래서 앞으로 나아갈 길 진로進路에 쓰는데 진로 상담, 태풍의 진로처럼 아직 가지 않은 길을 갈 때 쓰고 있습니다. 또한 물체를 밀어 앞으로 내보내는 뜻으로 추진推進에 쓰는데 밀 추推에도 새 추隹가 있습니다. '추'라는 소리를 대표하겠지만 새를 (몰아 넣어) 잡는 뜻일 수도 있습니다. '추노'라는 드라마가 있었지요? 여기서 '추노'를 노비를 쫓는 뜻에서 쫓을 추追와 종 노奴를 써서 추노追奴일 것 같지만 밀 추推를 써서 추노推奴로 씁니다. 조선 시대에 썼던 말로 도망친 노비들이 많아 노비를 찾아서 본 고장으로 돌려보내기 위해 제정한 법 이름이 노비추쇄奴婢推刷입니다. 여기서 추쇄는 밀 추推와 쓸어낼 쇄刷로 솔로 밀어 쓸어내는 뜻을 가집니다. 추쇄推刷를 한다고 해서 추노推奴입니다. 진進이 사용된 단어는 무수히 많은데 하나 더 보면 선진국先進國이 있습니다. 영어로 하면 Developed country지요. 또한 신흥공업국은 중진국中進國이라고도 하며 영어로 Developing country이죠. 한편 후진국後進國은 Undeveloped country라고 합니다. 한자어로는 모두 앞으로 나아갈 진進을 쓴 걸 확인할 수 있는데 다만 먼저 앞에 간 나라, 그리고 후에(나중에) 앞으로 나아갈 나라라는 의미 차이로, 모두 언젠가는 앞으로 나아간다는 뜻을 가졌습니다. 그런데 영어로는 Developed와 Undeveloped로 '이미 개발된' 그리고 '아직 개발되지 않은'으로 현재의 상황을 그대로 표현했는데, 이런 걸 보면 동양적인 사상도 다분히 미래지향적이고 긍정적이란 걸 알 수 있습니다.

나아갈 진進이 발전, 상승, 희망의 뜻을 가졌기에 예부터 사람들은 진進에 대한 갈망渴望을 품었고, 앞으로 나아가는 것은 최선이고 최고였습니다. 사람들의 과한 열망을 걱정했는지, 공자는 예기禮記에 이런 말을 남깁니다.

事君難進而易退 則位有序 易進而難退 則亂也
사군난진이이퇴 즉위유서 역진이난퇴 즉란야

故君子三揖而進 一辭而退 以遠亂也
고군자삼읍이진 일사이퇴 이원란야

"임금을 섬기며 나아감은 어렵게 하고, 물러남은 쉽게 한다면 곧 자리를 얻는 차례가 올 것이고, 쉽게 나아가고 어렵게 물러선다면 곧 문란해질 것이다. 고로 군자는 세 번 구부려 읍揖하고 나아가야 하고, 한 번의 예의 바른 인사로 바로 물러나 어지러워지는 것을 멀리 해야 한다."

예를 지키기 위한 방법으로 공손하게 몸을 세 번 구부린 후에 앞으로 나아가라는 말입니다. 앞으로 가기 위해서 몸을 굽혀 생각하고, 한 번 더 굽혀 생각하고, 그리고 한 번 더 구부렸다 펴면서, 앞으로 가는 것이 맞는지 더 생각해 보라는 뜻으로 "난진이퇴難進易退", 즉 '나아감은 어렵게 하고, 물러남은 쉽게 하라'를 강조하고 있습니다.

　인간은 진화進化를 통해 성장했습니다. 생물학적 개념으로 진화를 설명하면 생존에 유리한 개체가 살아남아 그 유전자를 이어가는 것을 뜻합니다. 진화에 나아갈 진進이 있어 개체의 지적知的, 물리적物理的 능력의 발전과 향상으로 생각하여 퇴화退化를 진화의 반대말로 쓰기도 하는데, 생물의 진화는 진보進步와 무관하며, 퇴화退化 역시 진화의 일종입니다. 과거에 하늘을 날았던 펭귄은 천적이 거의 없는 남극을 찾았고, 이후 물고기나 오징어 등을 사냥하기 위해 날개는 날기 위함보다 잠수 시 추진력을 얻는 형태로 변형되었습니다. 날개는 날지 못하는 수준으로 퇴화했지만 수중 생활에 적응할 수 있도록 진화했습니다. 우리 인간의 꼬리뼈도 마찬가지죠. 사족 보행에서 직립 보행을 할 수 있게 되면서 균형을 유지하고, 방향을 전환하는 꼬리의 필요성이 사라진 겁니다. 이렇게 꼬리뼈는 퇴화했지만 인간은 서서 달릴 수 있도록 진화한 것입니다. 이렇게 뒤로 퇴화하는 것이, 앞으로 진화하는 것일 수 있습니다. 우리 몸도 공자의 말처럼 뒤로 물러나는 것은 앞으로 향한 한 걸음이라고 말하고 있습니다. 이제 물러남退을 알아볼 시간입니다.

때로는 나아가는 것보다 중요한 물러남도 있다

쉬엄쉬엄갈 착辵과 괘이름 간이라고도 부르는 그칠 간艮이 만난 물러날 퇴退는 '뒤로' 물러남, '철수撤收'의 뜻을 가졌습니다. 그칠 간艮은 원래 눈을 뜻하는 목目 아래에 사람 인人이 뒤집힌 형상인 비수 비匕가 합쳐진 글자로 사람이 눈을 뒤로 향한 모습을 본뜬 글자입니다. 또한 해가 서쪽으로 기울어지는 모양이라는 설도 있는데 모두 물러나는 뜻을 가졌습니다. 여기에 쉬엄쉬엄갈 착辵이 붙어 뒤를 돌아보며 물러가는 퇴退가 됐습니다. 또한 싸움에 져서 물러나는 퇴각退却, 뒤로 물러서는 뜻에서 전보다 못하게 되는 뜻을 가진 퇴보退步, 직업을 그만두고 물러나는 퇴직退職에 씁니다. 이렇게 퇴는 물러나는 뜻에서 패배의 의미로 확대되었다가 끝나는 뜻도 가지게 되었지요. 앞서 설명한 진進은 보통 입入과 어울리고, 퇴退는 출出과 어울립니다. 보는 사람의 입장에서 나아감은 들어가는 것이고, 물러섬은 돌아서 나옴의 뜻이기 때문입니다. 또한 진進은 앞 전前과 짝이 되어 전진前進이 되지만, 퇴退는 뒤 후後와 짝이 되어 후퇴後退가 됩니다. 물론 후진後進도 있습니다. 후진은 주로 물리적인 이동을 나타낼 때 쓰지만, 후퇴는 물리적 이동 외에도 상황이나 상태가 나빠지거나 뒤처지는 경우를 뜻합니다. 이렇게 퇴退가 들어가면 기본적으로 물러서는 뜻을 가지고, 여기서 파생되어 겸손, 양보의 정서를 대표합니다. 그리고 후대엔 탈락脫落

의 뜻이 되었는데 '퇴짜'에서 그 유래를 찾을 수 있습니다. 어떤 제안이나 요구를 거절하거나 받아들이지 않는 것을 의미하는 말로 퇴짜를 놓는다고 하지요. 그래서 거절을 당하면 퇴짜를 맞았다고 합니다. 퇴짜는 조선시대에 상납한 포목에서 품질이 좋지 않는 포목의 귀퉁이에 '퇴자退字'를 찍어 물건을 되돌려 보내는 데에서 유래했습니다. 이러한 유래를 바탕으로 퇴짜가 되어 지금은 제안을 받아들이지 않고 거절함을 비유적으로 표현하고 있습니다. 경쟁이 기본 원칙으로 작용하는 현대 사회에서도 성공은 나아감의 결과이고, 정지나 후퇴는 실패로 간주됩니다. 그런데 좌우左右의 균형을 맞추듯 진퇴進退도 가치에 대한 균형감각이지 않을까요? 때와 상황에 따라 나침반에서 선택할 수 있는 방향 중 하나일 수 있습니다. 물러섬은 비겁함, 겁怯이 아니라 전략인 겁니다. 때를 기다리는 전략일 수도 있고 때를 만난 전략일 수도 있습니다. 진퇴양난進退兩難은 다들 잘 알고 있는 사자성어입니다. 이러기도 저러기도 어려워 입장이 곤란한 상황을 뜻하는데, 여기서 보듯 진進하기도 퇴退하기도 어렵습니다. 퇴退도 전략 중 하나이고 엄연히 진進과 대등한 위치와 의미를 갖습니다. 앞에서 진進을 설명하며 예시로 든 예기禮記의 마지막 구절은 '一辭而退 以遠亂也(일사이퇴 이원란야)', 즉 한 번의 예의 바른 인사로 물러나야 어지러워질 수 있는 형국에서 벗어날 수 있다는 뜻이었습니다. 이 말은 적절한 거리 유지가 화합을 이룰 수 있는 방법이라는 뜻이 맞지만, 그대로 넘어가기엔 아쉬움이 많이 남습니다. 이렇게 해석해보면 어떨까요? 앞으로 나감은 너무 쉬우니, 나가기 전 세 번을 생각하고, 뒤로 물러서기는 너무 어려우니 고민하지 말고 한 번에 물러서라고 말입니다. 즉 쉬운 진進보다 어려운 퇴退를 택하는 것은 군자다운 의지가 필요합니다. 생물학적 진화進化에서 퇴화退化도 진화의 하나였고, 진퇴양난進退兩難의 사자성어에서 퇴退는 진進 못지않은 전략의 하나였습니다. 또한 퇴退는 진進보다 어려워 노력해야 하는 덕목입니다.

노자의 도덕경 9장에 이런 말이 나옵니다.

功遂身退 天之道也

공수신퇴 천지도야

"공을 이루고 나면 몸은 물러나는 것이 하늘의 이치다."

일을 완수했으면 스스로 자리에서 물러나는 것이 자연의 길이라는 뜻이지만 자리에 앉으면 물러날 각오를 하라는 말입니다. 가득하다는 뜻을 가진 찰 만滿에 물을 더 부으면 넘칠 람濫이 되어 하는 짓이 분수에 넘치면 외람猥濫이 되고, 말이나 행동을 자꾸 함부로 하면 남발濫發이 됩니다. 아울러 주어진 권력을 넘치게 쓰면 권력 남용濫用이 되어 갑질이 되곤 합니다. 정도를 알아야 합니다. 염열의 더위도 겨울 전에 끝나고 달도 차면 기울듯 올라서면 멈추고, 다시 물러서게 마련입니다.

　가야 할 때가 언제인가를
　분명히 알고 가는 이의
　뒷모습은 얼마나 아름다운가.

　제가 좋아하는 이형기 시인의 낙화落花의 첫 구절입니다. 특히 중간에 나오는 "결별이 이룩하는 축복에 싸여 지금은 가야 할 때"라는 구절은 이별退이 단순히 슬픈 것이 아니라, 성숙과 새로운 시작進을 위한 축복이라는 뜻을 가졌습니다. 한편 꽃이 물러남은 열매의 탄생으로 이어집니다. 특히 낙화생落花生의 성장과정 속에서 자연의 섭리를 깨닫습니다. 낙화생은 땅콩을 달리 일컫는 이름입니다. 지금도 중국에서는 땅콩을 뤄화성落花生, 또는 화성花生이라고 부릅니다. 우리나라에서도 1970년대와 그 이전의 서적에서는 대부분 낙화생으로 적혀 있었지요. 뜻을 풀면 '떨어진 꽃이 살아나다'입니다. 땅콩을 낙화생이라고 부르는 이유는 땅콩의 성장과정을 알아야 이해할 수 있습니다. 땅콩은 꽃이 지상에서 피지만 열매는 땅속에서 자라는 독특한 생장과정을 거칩니다. 땅콩의 꽃이 땅으로 떨어지면, 꽃은 땅속으로 줄기를 뻗어 땅속에서 땅콩 열매를 맺습니다. 물론 땅속에 있으니 눈으로 볼 수도 없지요. 그렇게 물러난退 꽃은 열매를 맺고 보이진 않지만 분명 다시 태어납니다.

도덕경에 이런 말이 또 있습니다.

反者道之動, 弱者道之用

반자도지동, 약자도지용

"되돌아감은 도의 움직임이고, 약해짐은 도의 작용이다."

이렇듯 물러남은 필연이지만 또 다른 나아감을 부르는 순환적 관계입니다. 존存과 망亡의 필연 속에서 진進과 퇴退는 자연스런 변화 중 하나일 뿐입니다. 굳이 앞으로만 가려 애를 쓰기보다, 가끔 뒤로 물러나 숨을 고르면서 다시 나아갈 때를 기다리는 것이 지혜라는 것을 깨닫습니다. 나아감도 물러남도 모두 우리가 살아가는 과정 중 하나이고, 앞서감도 뒤처짐도 모두 우리가 같은 방향으로 성장하고 있음입니다. 지금까지 타인과 섞여 살아가는 삶의 다채로운 풍경을 먼저 살펴보았습니다. 관계라는 숲을 거닐며 우리는 인간이 얼마나 복잡하고도 아름다운 존재인지 확인했습니다. 그렇다면 이제, 이 모든 관계의 시작점인 탄생의 순간으로 다시 돌아가 봅시다. 우리가 처음으로 숨을 들이쉬고 내쉬었을 때, 아무것도 알지 못한 채 마주했던 그 낯선 세계는 과연 어떤 의미였을까요?

知進而不知退 知存而不知亡
지 진 이 부 지 퇴 　 지 존 이 부 지 망

知進而不知退 知存而不知亡

知得而不知喪 其惟聖人乎
지 득 이 부 지 상 　 기 유 성 인 호

知得而不知喪 其惟聖人乎

앞으로 나아가는 것만 알고 물러설 줄 모르며,
있음만 알고 없어질 것을 모르며, 얻는 것만 알고 잃을 수 있음을 모르니
(이걸 아는 사람은) 오직 성인뿐이다.

2부

태어나고,
살아가고

세상에 나온 것은
내 뜻이 아니었지만

生·産

사람이 태어난다는 것은 무엇일까요? 말 그대로 어머니의 몸에서 세상으로 나오는 일을 뜻하기도 하겠지만, 다른 한편으로는 하나의 존재로서 삶을 시작하는 순간을 의미하기도 합니다. 세상에 나오는 순간 우리는 아무것도 알지 못한 채 낯선 세계와 마주합니다. 그때부터 숨 쉬고 먹고 걷고 말하는 법을 하나씩 배워가며 비로소 '살아간다'는 과정을 시작하지요. 그렇게 보면 탄생이란 단지 몸이 태어나는 사건이 아니라, 배우며 사람이 되어가는 긴 여정의 출발점이라고 할 수 있습니다.

우리는 태어나면서 이미 완성된 존재가 아니라, 살아가며 조금씩 만들어지는 존재입니다. 처음에는 아무것도 모른 채 세상 앞에 서 있지만 경험하고 배우는 과정을 거치며 조금씩 자신을 알아가게 됩니다. 그래서 인간의 삶은 태어나는 순간 끝나는 일이 아니라, 그때부터 시작되는 배움의 과정이라고 할 수 있습니다. 고전에서도 인간을 이해하는 출발점으로 바로 이 '배움'의 문제를 이야기하고 있습니다.

孔子曰: 生而知之者上也, 學而知之者次也,

공자왈: 생이지지자상야, 학이지지자차야,

困而學之又其次也. 困而不學, 民斯爲下矣.

곤이학지우기차야. 곤이불학, 민사위하의.

공자가 말했다. "나면서부터 아는 사람이 최고요, 배워서 아는 사람은 다음이요, 곤란을 겪고 배우는 사람은 또 그 다음인데, 곤란을 겪고도 배우지 않으면 최하다."

논어의 계씨편에 나오는 이야기입니다. 공자는 스스로를 나면서부터 아는 사람은 아니라고 했습니다. 공자도 애써 배우면서 살았다는 뜻으로 인생은 끊이지 않는 배움의 연속임을 알 수 있는 구절입니다. 이 짧은 구절에서 공자는 배움을 네 가지 등급으로 구분하고 있습니다.

생이지지자生而知之者:
나면서부터 모든 걸 알고 있는 최상의 등급

학이지지자學而知之者:
배워서 알게 되는 차상위 등급

곤이학지자困而學之者:
곤경을 통해서야 배워 알게 되는 다음 등급

곤이불학자困而不學者:
곤경을 겪고서도 배우지 않는 최하의 등급

여러분은 어떤 등급에 속하시나요? 어느 누구도 '생이지지자'라고 스스로를 판단하는 사람은 없을 겁니다. 우린 아무것도 가지지 않은 채 이 세상을 마주했으니까요. 배우지 않아도 태어나면서부터 아는 사람이라면 그 또한 얼마나 재미없고 따분한 세상을 살고 있을까 걱정까지 됩니다. 어쩌면 자신의 무지를 아는 것, 바로 '무지의 지'가 배움으로 연결되는 윤활유가 될 수 있을 텐데, 곤경이라는 배움의 기회가 와도 기회인지 모르고 놓치는 경우도 허다합니다. 저 같은 경우는 곤이불학자로 배움에 있어서는 최하 등급이었습니다. 곤이불학자의 특징은 제 경험에 의하면 이렇습니다. 스스로 잘 안다고 생각하여 남의 이야기는 귀 기울여 듣지 않고 배움과 깨달음은 언제나 마음속에서 불편함으로 작용합니다. 즉, 남이 바른 말을 하거나 내 판단의 오류를 발견했을 때 수긍하기 힘들어합니다. 게다가 실수를 바로잡아야 할 때에도 미루기를 밥 먹듯 하는데 영어로는 'procrastination'이라는 전문용어가 있을 정도랍니다. 무언가를 행할 때 데드라인이 다가와서야 뒤늦게 급하게 일을 처리하는 경우이죠. (아마 이 책의 편집자님께서는 제 말에 격하게 공감하시리라 믿습니다. 긴 시간 동안 저를 보셨으니까요.) 즉 곤경을 겪고서도 바로 개선할 줄 모르는 최하의 등급이 바로 저였습니다. 물론 지금도 3등급과 4등급 중간 정도밖에 도달하지 못했음을 느낍니다. 그런데 바꾸어 생각하면 배우고 바꿀 여지가 남들보다 훨씬 더 많겠지요. 이렇게 아무것도 가진 것 없이, 아는 것 없이 태어난 우리가 어떻게 삶을 배워가는지 돌아보고 미리 보는 짧은 여행을 시작할까 합니다. 무지無知의 지知를 바탕으로 생애生涯라는 여행을 떠나볼까 하는데요, 저도 아는 것이 많지 않아 여러분들과 함께 배워가는 여행입니다. 생애라는 말을 풀어보면 이렇습니다. 생은 날 생生으로 우리가 잘 아는 글자지요. 태어난다는 뜻입니다. 그리고 애는 물가 애涯라고 하는데, 땅의 끝을 의미하는 글자입니다. 물 수水와 언덕 애厓가 만난 형성자인데 뜻도 함께 가져 땅과 물이 만난, 땅의 끝을 애라고 합니다. 그래서 끝 애라고 부르기도 하지요. 이렇게 합쳐진 생애는 처음과 끝을 나타내는 말로, 한 평생, 우리 일생을 뜻합니다.

이번에 함께 떠날 여행의 주제는 생生인데요, 우리는 태어나는 순간부터 '살아간다'라는 과정을 시작합니다. 그걸 우리말로 간단하게 줄인 게 바로 삶이지요. 또한 사람이라는 말도 '살다'의 어간 '살'에 접미사 '아 + ㅁ'이 붙어 사람이 된 것입니다. 여러 삶 중에 사람의 삶은 인생이라고 합니다. 즉, 사람으로 태어나는 순간, 삶을 살아가는 인생이란 걸 시작하게 됩니다. 어릴 때 한자라고 불렸던 글자를 배우면서 '인인인인인人人人人人'이 무엇이냐는 수수께끼의 기억이 떠오릅니다. 답은 "사람이면 다 사람인가? 사람이 사람 다워야 사람이지."입니다. 참 어렸을 때 들었던 수수께끼인데 아직 정확한 답은 못 찾고 있습니다. 과연 '사람 다움'이란 게 무엇인지, 또 그렇게 살기 위해 어떻게 살아야 하는지 아직도 모르는 것 투성이입니다. 그래서 삶을 어떻게 살아갈 것인가 하는 큰 줄기로 짧은 여행 계획을 세웠습니다. 경험도 짧고 배운 것도 마땅치 않은 제가 감히 거창하게 펜을 들고 시작합니다만 함께하면 멀리 간다고 하듯, 배움도 여행도 여러분과 함께하면 등에 진 배낭이 가볍지 않을까 생각합니다.

삶을 살아가는 우리, 사람의 삶에 대한 이야기를 풀어보겠습니다. 한자에서 이를 설명하는 대표적인 글자가 바로 날 생生입니다. 이 글자는 원래 흙 토± 위에 풀 모양의 싹이 있었는데 땅에서 풀이 돋아나는 모양을 본뜬 글자랍니다. 날 생이라고 불러 생겨 나온다는 의미, 또한 살 생이라고 불러 살다는 의미도 가지는 이 글자는 단순한 탄생의 개념을 넘어, 존재의 시작과 생명의 지속을 포괄하는 뜻을 지닙니다.

한편 '아이를 낳는다'라는 보다 구체적인 의미를 가진 한자는 낳을 산產입니다. 이 글자는 단순히 생명을 잉태하고 출산하는 행위뿐만 아니라, 무언가를 만들어내고 생산하는 의미까지 포함하고 있지요. 생과 산, 두 글자는 모두 '탄생'과 관련이 있지만, 미묘한 차이를 지니는데 생이 본질적인 삶의 시작을 뜻한다면, 산은 그러한 생명을 세상에 내보내는 과정에 초점을 맞춘 글자랍니다. 이를 통해 우리는 탄생이 단순한 순간의 사건이 아니라, 준비를 통한 지속적인 과정이며 다층적인 의미를 지닌다는 것을 알 수 있습니다.

존재와 삶의 시작

생生의 형태를 살펴보면, 땅을 의미하는 흙 토에서 둥글게 싹이 돋아나는 모습을 본뜬 글자라는 걸 알 수 있습니다.

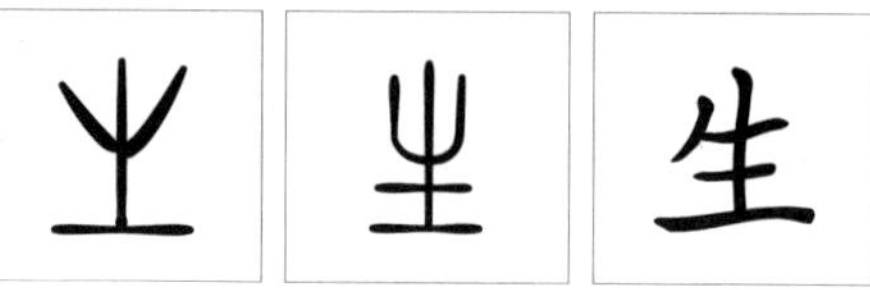

이는 단순한 출생이 아니라, '자연스럽게 생겨나는 것'에 가까운 '개념'을 담고 있어서 생生이라는 글자는 사람뿐만 아니라 동식물, 사물, 심지어 사상과 문화에도 쓸 수 있는 글자입니다. 그래서 시간이 지남에 따라 자라는 생장生長, 살기 위해 움직이는 활동 생활生活, 새로 태어남을 뜻하는 신생新生 같은 단어에서 볼 수 있듯이 생은 끊임없이 변화하고 성장하는 의미를 내포하고 있습니다. 또한 생명의 시작은 단순한 물리적 탄생에 머무르지 않지요. 생명은 성장하며, 환경과 상호작용하고, 끝없는 변화를 거듭합니다. 즉, 생生이란 단순히 태어나는 것이 아니라, 존재하고 살아가는 모든 과정이라고 할 수 있습니다. 생生이 어떤 글자들을 만들어냈는지 잠깐 살펴보겠습니다. 옛날 사람들이 밤 하늘에 반짝이는 것들을 보고 별 성星이라는 글자를 만들었는데 원래 날 일日이 하나가 아니고 세 개인 맑을 정晶 밑에 날 생生이 붙은 모양이었습니다. 해처럼 반짝이는 별이 여러 개가 생겼다는 것에서 별 성星이 되었지요. 마음 심心에 날 생生이 붙은 성품 성性은 마음이 생겨난 근원으로 인간의 품성, 성격을 의미하게 된 글자입니다. 한편 우리가 성씨를 말할 때 쓰는 성姓은 여자 여女 옆에 날 생生이 붙은 모양이죠. 이건 여성에게서 나온 의미로 모계사회에서 성씨가 출발했음을 알려주는 글자입니다. 고대 군집 생활 속에서 아빠가 누구인지는 몰랐을 겁니다. 그러니 엄마의 족보를 따라 갔겠지요. 이렇게 생生은 삶의 시작을 의미하는 글자로 자리 잡았습니다.

한편 살아있는 삶을 뜻하는 이곳의 삶은 이승, 죽어서 저곳으로 간 삶은 저승이라고 하는데 여기에 사용된 승은 생生의 독음이 변한 것입니다. 초승달을 초생달이라고 부르는 경우도 있는데, 실은 초승달의 '초승'도 초생初生이라는 한자어가 변해 표준어가 된 것이지요. 그렇게 생이라는 글자가 변했듯 우리 생(삶)이 변하는 것은 당연하고 자연스러운 일입니다.

창조의 과정

반면, 산産은 한 사람이 이 세상에 나오는 과정에 초점을 맞춘 글자랍니다. 산을 産, 이렇게 쓰기도 하지만 본자는 産으로 쓰는 게 맞습니다. 산産의 구조를 잘 보면 여자 여 아래에 벼랑, 피난처를 뜻하는 벼랑 한厂이 있고 그 속에 날 생生이 보입니다. 이를 통해 벼랑 아래의 험난한 환경 속에서 생명을 잉태하는 과정을 상징하는 글자라는 걸 알 수 있습니다. 출산의 고통을 간접적으로 느낄 수 있는 글자인데요, 단순한 순간적인 사건이 아니라 준비와 인내, 그리고 고통과 위험을 수반하는 모든 과정이 바로 낳을 산産입니다. 오죽하면 산고라는 아이를 낳는 고통이라는 말이 생겼을까요? 공자는 자신이 '나면서부터 아는 사람'은 아니라고 말했지만 저는 '나면서부터 머리가 큰 사람'이었습니다. 몸의 절반이 머리였다고 합니다. 물론 자라면서 조금씩(?) 작아지기는 했지만 그 당시 사진을 보면 상상조차 할 수 없는 어머니의 고통이 느껴집니다. 이어져 나오는 장에서도 설명하겠지만 아이 아兒를 보면 위는 머리, 아래는 몸(다리)을 본뜬 글자입니다. 머리가 몸의 절반을 차지하고 있지요. 그런 머리 큰 아들들을 셋이나 만들어 세상에 내보내셨으니 제 어머니 뿐만 아니라 이 세상 모든 어머니의 위대함을 느낄 수 있습니다. 남자는 전혀 느낄 수 없는 고통이 바로 산고입니다. 수백만 년 이어진 어머니의 산고를 통해 지금 우리가 여기에 존재하는 겁니다. 산고의 고통이라는 말을 자주 쓰는데 엄밀히 말하면 산고産苦에 이미 고통이라는 뜻이 들어있어 산고의 고통은 중복된 표현이라 산고, 혹은 출산의 고통이라고 해야 맞습니다. 이렇게 출산은 고통과 위험을 수반한 오랜 시간을 거친 준비와 인내의 결과이기 때문에 산産은 단순한 생명의 탄생을 넘어, 무언가를 만들어내는 의미를 가집니다. 그래서 아이를 잉태하는 출산 외에도 물건을 만들어내는 생산, 생산하는 활동 산업 등에 쓰이면서 새로운 것을 창조하는 힘을 의미합니다. 이는 인간의 창조적 활동, 노동, 나아가 문명 발전의 개념까지 포함할 수도 있겠지요.

한편 지하철에서 ‘임산부 배려석’이라고 써 있는 표지를 보신 적이 있나요? 아이를 뱃속에 가지는 것을 임신妊娠이라 하고 임신한 여성을 임부妊婦라고 하지요. 또한 아이를 낳는 걸 출산이라고 하고, 출산한 여성은 산모産母라고 합니다. 출산을 했다는 건 엄마가 되었다는 뜻이니까요. 그래서 임산부는 임부와 산모를 합쳐 부르는 말로 임산부 배려석은 아이를 가진 임부와 아이를 낳은 엄마 산모 모두 앉을 수 있는 자리랍니다.

다시 생과 산을 함께 놓고 보면 결국 한 인간의 존재가 시작되는 데 필수적인 개념입니다. 생명이란 자연스럽게 생성되는 것이기도 하지만, 태어나 살아가는 건 또 다른 개념입니다. 이 세상에 태어나겠다는 자의로 생명을 부여받은 건 아니지만, 험한 세상을 살아가는 건 우리의 몫입니다. 또한 생명의 탄생을 위해서는 많은 과정과 노력이 필요합니다. 출산이 신체적 고통을 수반하듯, 새로운 사상과 문화를 탄생시키는 과정 역시 어려움을 동반합니다. 그러므로 우리는 단순히 ‘태어났다’라는 사실에만 머무를 것이 아

니라, '어떻게 살아갈 것인가' 그리고 '어떤 것을 창조해낼 것인가'
라는 질문을 던져야 합니다. 생이 지속적인 삶의 과정이라면, 산
은 그 과정에서 우리가 만들어내는 모든 것의 의미를 담고 있습
니다. 이 두 글자를 함께 생각할 때, 우리는 탄생이 단순한 순간이
아니라 긴 여정의 출발점임을 깨닫게 됩니다.

위화라는 중국 작가가 있습니다. 특히 《인생》이라는 작품은 인
생의 본질에 대해서 생각하게 만들지요. 슬프고 고통스러운 현실
속에서도 그것을 견디며 살아가야 한다는 냉정한 깨달음을 보여
줍니다. 그런 삶도 계속된다는 점이 작품의 핵심 메시지입니다. 주
인공 이름은 '푸구이'로 부귀영화의 부귀富貴를 중국어로 읽은 발
음입니다. 부귀를 찾으며 인생을 살아낸 푸구이는 마지막에 이런
말을 합니다. "인간은 그저 살아있기 위해 살아가는 것이지, 삶 이
외의 어떤 것을 위해 사는 것이 아니다." 그는 살아내기 위한 삶도
가치 있다고 말합니다. 삶에 의미가 있어서 사는 게 아니라 잘 사
는 것이 의미라는 말입니다. 이소룡도 이와 비슷한 말을 남겼습니
다. '人生的意義就在于好好活著. (인생의 의미는 그저 잘 살아가는 것에
있다.)'고요.

무한한 시공간에서 인간이 살아간다는 것, 뭔가를 추구하고 무
언가 되려고 하는 것이 무척 작게 느껴지는 말입니다. 푸구이의
말은 제 마음속에 잔향으로 오래 남았습니다. 인생을 살아가면서
삶의 목표나 목적에 너무 집착하지 말고 살아있다는 순간을 느끼

라고 말입니다. 이제 인생의 첫 발을 떼었습니다. 생부터 애까지
이어지는 과정에서 만나는 다양한 한자들을 통해 여러분들과 함
께 짧지만 깊은 여행을 해볼까 합니다.

生而知之者上也, 學而知之者次也,
생 이 지 지 자 상 야　학 이 지 지 자 차 야

生而知之者上也, 學而知之者次也

困而學知又其次也.
곤 이 학 지 우 기 차 야

困而學知又其次也.

困而不學, 民斯爲下矣.
곤 이 불 학　민 사 위 하 의

困而不學, 民斯爲下矣.

나면서부터 아는 사람이 최고요, 배워서 아는 사람은 다음이요,
곤란을 겪고 배우는 사람은 또 그 다음인데,
곤란을 겪고도 배우지 않으면 최하다.

지식과
지혜의 역사

文·字

仲尼曰: 志有之 "言以足志, 文以足言." 不言, 誰知其志? 言之無文, 行之不遠.

중니왈: 지유지 "언이족지, 문이족언." 불언, 수지기지? 언지무문, 행지불원.

공자가 말했다. "말은 뜻을 완성시키고, 글은 그 말을 완성시킨다고 고서에 적혀 있다. 말하지 않으면 누가 그 뜻을 알겠는가? 또한 말이 글로 적히지 않는다면 멀리 후대까지 전해질 수 없는 법이다."

'춘추 좌씨전'에 나오는 말입니다. 춘추는 공자가 노나라(BC722~BC481)의 역사를 기록한 역사서로 여기에 나오는 문장을 먼저 간단히 공부하고 두 번째 여행을 떠나겠습니다. 춘추시대는 여러 제후국간의 분쟁과 연합이 계속되는 대난세大亂世의 시대였습니다. 그 중 정鄭나라는 여러 나라 중 가장 먼저 강대해진 제후국이었지만 금세 주변 강국들에게 멸시를 받게 되는 약소국으로 전락합니다. 그 후엔 강대국인 진晉나라와 초楚나라 사이에서 어려운 상황을 보내게 됩니다. 그래서 요즘 말로 하자면 정鄭나라는 중립 외교의 대명사였는데 가끔 우리나라가 처한 상황을 보면 배울 점도 많습니다. 한 번은 초楚나라의 눈치를 보고 초나라 편에서 송宋나라를 공격하자 다른 제후국들이 함께 몰려와 정鄭나라를 공격했습니다. 그때 이웃이었던 진陳나라는 정鄭나라를 도

와주지 않았고, 후에 정鄭나라는 진陳나라를 공격해 승리합니다. 당시 재상 자산子産은 승전을 통해 얻은 전리품을 다른 강대국인 진晉나라에게 뇌물로 바치고 강화를 맺었습니다. 당시엔 전리품을 받는 것도 큰 의미가 담긴 일이라 진晉나라는 전리품을 받기 전에 여러 이유를 물었는데 당시 정鄭나라의 재상 자산子産이 엄청난 언변言辯을 통해 진晉나라를 설득하여 전리품을 받게 했습니다. 그리고 시간이 한참 흐른 뒤 추웠던 겨울 어느 날 정鄭나라 자전子展이라는 사람이 당시 정나라의 왕 간공簡公의 사절로 진晉나라에 가서 자신들이 바쳤던 진陳나라와 싸움에서 승리하고 얻은 전리품을 받아준 것에 대해 감사를 표하며 관계를 더 돈독히 했습니다. 그리고 정鄭나라는 다시 한 번 진陳나라를 공격하여 완전히 굴복시킨 일이 있었습니다.

이를 두고 공자가 말한 내용이 서두에 제시한 '言以足志, 文以足言 (말은 뜻을 완성시키고, 글은 그 말을 완성시킨다)' 입니다. 이어서 나오는 문장 '言之無文, 行之不遠' 또한 '말하지 않으면 누가 그 뜻을 알겠는가? 또한 말이 글로 적히지 않는다면 멀리 후대까지 전해질 수 없는 법이다'라고 했으니 이는 분명 "말은 글자로 기록되지 않으면 먼 곳, 후대까지 전할 수 없다"는 의미로, 뜻은 말로 표현해야 통하고, 말은 글이 되어야 멀리 전해진다는 '언어와 문자'의 중요성을 말하고 있습니다. 한편 이 문장은 다른 뜻으로도 해석이 될 수 있는데 우선 두 번째 여행의 첫발을 뗀 후 설명 드리도록 하겠습니다.

엄마와 아빠는 어떻게 생겼는지도 모를 뱃속의 아기가 다 알아들을 것이라 믿고 이 얘기, 저 얘기 많이 합니다. 가끔 아기는 그 말을 듣고 태동을 보이기도 하지요. 그리고 세상에 태어나 빛을 본 아기는 엄마의 음성으로 언어라는 것을 접하게 됩니다. 언어를 통해 세상을 이해하는 법을 배우며 울기도 하고 웃기도 하며 소리로 감정을 표현합니다. 언어의 언ㄹ을 옆으로 기울여보면 주파수가 입구口와 연결되어 있는 것 같아서 사람의 입에서 나오는 소리의 모습을 본뜬 글자라는 걸 짐작할 수 있습니다. 즉, 말소리를 나타낸 것으로 단순한 표현을 의미합니다. 언어의 어語는 말소리 언ㄹ과 '나 오푬'가 만나 말, 의사를 전달하는 것을 강조한 글자입니다. 즉, 소리에서 확장되어 뜻을 품은 말이 된 개념입니다. 이렇게 두 글자가 만나 체계를 갖춘 언어ㄹ語가 되었고, 순간의 말들이 합체된 언어는 문화를 만들었습니다. 소리의 언어는 시간이 흘러 공기 중에 사라지면서 기억 속에서도 소실됩니다. 짧은 생으로 마감할 수밖에 없는 우리 인간은 삶의 지혜를 후대에 남기고 싶었고, 기억으로 저장하고 싶어 했습니다. 말을 통해 존재하며 글을 통해 영원해지고 싶었던 인간은 드디어 문자라고 부르는 글을 만들어 낸 것입니다.

그렇게 인간은 언어로 협력하고 사회를 형성했지만, 문자로 지식과 지혜를 축적시키며 역사를 발전시켰지요. 바로 인간만이 가진 문자의 힘입니다.

글을 모르던 사람이 많던 옛날엔 문자가 배움의 상징이기도 했습니다. '문자 쓴다'는 말로 배운 티를 내는 걸 풍자했고, 배운 것도 없으면서 아는 체 하는 것을 '공자 앞에서 문자 쓴다'고 했으니까요. 말을 못 알아들으면 다시 물어 뜻을 확인할 수 있지만, 쓰인 글을 읽고 이해하지 못하면 물을 수도 없으니 난감한 적이 한두 번이 아닙니다. 위에서 말한 것처럼 '문자 쓰듯' 지식을 과하게 입힌 글이나 문법과 문맥에 맞지 않은 글은 쓰는 사람도, 읽는 사람도 어렵긴 마찬가지입니다. 인간이 문자를 만든 목적도 지식을 뽐내기 위함이 아니라 후대에 지식을, 그리고 지혜를 전달하기 위함이었습니다. 전달에 목적이 있었다는 겁니다. 즉 잘 쓴 글이란 문과 자를 잘 조합하여 읽기 쉽게 뜻을 전달한 글이 아닐까요?

문자는 문명의 시작점

문文은 본래 사람의 가슴에 문신을 새겨 넣은 모양을 본떠 만든 상형문자입니다. 3천년 전 처음 만들어진 문자들은 모두 모양을 본뜬 상형자(象形字, 모양, 형태를 본뜬 글자), 혹은 추상적 개념을 나타낸 지사자(指事字, 사물이나 개념을 가리킨 글자)였습니다. 예를 들면 나무 목木은 처음엔 이런 모양木으로 윗부분은 가지, 아랫부분은 뿌리를 나타냅니다. 이건 생김새를 그대로 본떠 만든 상형자이지요. 그런데 나무의 뿌리 부분에 이렇게 점을 하나 찍어 표시를 해주면 이건 근본 본이라는 글자가 됩니다. 추상적 개념(근본)을 의미하는 지사자가 탄생한 것입니다. 지사자로는 땅의 위를 표시한 윗 상上, 아래를 표시한 아래 하下 등이 있습니다. 상형자象形字, 지사자指事字는 육서(六書, 글자의 6가지 제작 원리)에서 조자법(造字法, 글자를 만든 방법)에 해당합니다. 이렇게 단일 단위, 즉 더 이상 분해되지 않는 글자들을 문文이라고 합니다. 또한 문文은 문자의 시작이자 문명의 시작이기도 합니다. 그렇게 인간은 문文을 기록하여 정보를 공유했고 세상을 해석하는 시각을 기르게 됩니다. 그런데 전달할 정보가 더 많아지면서, 문명을 더욱 발전시키기 위한 구체적인 기록이 필요했지요. 문文만으로는 부족했던 것입니다. 그래서 인간은 문文에 문文을 더해 새로운 글자를 만들게 되는데 이것을 글자 자字라고 부릅니다.

　한편 문文은 문신의 의미로 시작했기 때문에 '무늬'라는 의미를 함께 가집니다. 옛날에 무늬 문紋이라는 글자가 없을 때는 문文으로 문紋의 의미를 대신하기도 했답니다. 그래서 후대에 들어 문文은 화려하게 겉을 꾸민 뜻으로 파생되는데 공자가 했던 말 중 '문질빈빈文質彬彬'에 잘 나타납니다. 여기서 문文은 겉모습을 화려하게 꾸민 뜻이고, 질質은 내면의 순수한 바탕을 뜻합니다. 빈빈彬彬은 빛난다는 뜻이지만 아름답게 조화를 이루는 의미로 사용되어

'문질빈빈文質彬彬' 하면, 겉모습의 화려함과 내면의 충실함이 고루 갖춰져야 한다는 성숙한 인간의 모습을 제시하고 있는 성어입니다. 이렇게 문은 문채文彩라는 뜻으로 아름답게 꾸민 뜻을 가집니다. 그럼 이제 서두에 소개했던 공자의 말을 다시 한 번 볼까요?

'언지무문言之無文, 행지불원行之不遠' 이라고 했습니다. 여기서 문文을 꾸밈, 문채文彩로 해석하면 이렇게 됩니다.

"말을 전함에 아름다움이 더해지지 않으면 그 말이 깊이(멀리) 전해질 수 없다"

이해를 돕기 위해 의역을 했지만, 뜻을 말로 전함에 있어 말솜씨가 함께 하지 않으면 상대방에게 똑바로 전달될 수 없다는 의미로 해석할 수 있습니다. 실제로 우리는 위에서 소개한 정鄭나라의 상황과 재상 자산子産의 언변 이야기를 이제는 알고 있기 때문에 이렇게 해석할 수 있는 것이죠. 아마도 역사적 배경에 기반한 문文의 정확한 해석은 문紋, 문채文彩가 되어야 할 것입니다. 즉, 말도 그냥 한다고 모두 말이 되는 것이 아니라, 똑바로 차려 써야 제대로 된 말이라는 뜻이 됩니다.

배움은 때로 고통스럽다

글자 자字의 형태를 잘 보면 집을 뜻하는 집 면宀안에 아들 자子가 있는 모양입니다. 이건 집 안에 아이가 태어났다는 뜻으로 출산을 의미합니다. 엄마의 뱃속에서 아이가 태어났지만 엄마 혼자만으론 불가능합니다. 아빠가 있어야 태어나겠지요. 여기에 자字가 가진 뜻이 들어있습니다. 엄마라는 문文과 아빠라는 문文이 만나 함께 만들어낸 것이 바로 자字가 됩니다. 날 일日과 달 월月이 만난 밝을 명明을 보시면 바로 이해가 되실 겁니다. 이렇게 뜻과 뜻이 만나 탄생한 글자를 회의자(會意字, 뜻이 모여져 만들어진 글자)라고 합니다. 뜻이 모여 만들어진 글자라는 뜻입니다. 회의자의 특징은 글자의 발음, 소리를 나타내는 문文이 없어 모양만 봐서는 어떻게 읽는지 모르는 게 특징입니다. 한편 장인 공工과 칠 복攴이 만난 공격할 공攻은 뜻을 가진 복과 소리(음)를 가진 공이 만나 탄생했는데 이런 글자를 형성자(形聲字, 뜻을 대표하는 문(文)과 소리를 대표하는 문(文)이 모여 만들어진 글자)라고 합니다. 여기서 형은 형태이지만 문자의 문에 해당하는 부분으로 뜻을 표시하고 있습니다. 그래서 모양을 가리키는 형形은 뜻을 나타내고 있는 거라고 이해하시면 됩니다. 그런데 소리를 뜻하는 글자文도 아무 거나 가져다 쓰지는 않았습니다. 보면 바로 뜻을 알 수 있게 만들어야 했기 때문에 뜻도 통하는 글자를 합쳐 줍니다. 우리가 장인 공이라고 부르는 공工도 곡자曲尺나 농사기구를 본뜬 상형문자입니다. 여기에 친다는 때릴 복이 붙었으니 소리와 뜻을 함께 가져와 '도구로 공격하다'라는 뜻을 가진 공攻이 된 것입니다. 실제로 형성자, 회의자로 구분되는 글자도 더러 있습니다. 전통 방식의 한자 체계를 공부하신 주류 학자들은 이런 방식을 견강부회牽强附會라고 하여 이치에 맞지 않는 억지 해석으로 보기도 합니다. 제 개인적인 생각입니다만 문文을 합쳐 자字로 만드는 과정 중, 소리를 가져다 쓰면서 뜻을 버리진 않았을 거라는 추측입니다. 한편 형성자와 회의자는 육서 중에서 조자법(組字法, 글자를 조합해서 새로 만드는 방법)에 해당합니다. 조자법의 '조'라는 한자가 다르니 주의해서 봐야 합니다. 여담으로 육서의 남은 두 가지 원리는 전주轉注와 가차假借가 있습니다. 전주와 가차는 글자를 만든 원리가 아니라 사용하는 방법에 따라 구분한 용자법用字法에 해당합니다. 전주轉注는 한 가지의 뜻과 소리가 아닌 다양하게 쓰일 수 있는 경우로 樂(음악 악, 즐거울 락, 좋아할 요)이 여기에 해당하고 생각할 고考와 늙을 로老처럼 모양은 다르지만 서로 통하는 글자들의 경우도 전주에 해당합니다. (실제 考와 老는 머리가 긴 노인이 지팡이를 짚은 모습이 변한 같은 글자임) 마지막으로 가차假借는 임시로 빌렸다는 뜻인데 글자 중에서 소리가 비슷하면 잠깐 빌려와 표현하는 방법을 뜻합니다. 예를 들어 처음 코를 뜻했던 자自는 나중에 자기 자신의 코를 가리키며 '나 자신'을 표현했기에 스스로 자自라는 글자가 되어 버렸고 코를 뜻하는 한자가 다시 필요해 코 비鼻를 새로 만들게 되었지요. 또한 소리를 빌리는 경우도 있는데 프랑스를 불란서佛蘭西라고 표기한 음차音借도 가차假借 중 하나입니다. 우리말 중에 '가차없다'라는 말로 인정사정 봐주지 않는 의미로 쓰는데, 빌려줬더니 다른 뜻이 되어버린 가차자假借字의 경우를 빗대어 절대 다시는 빌려주지 않는 뜻으로 '가차없다'라는 말을 쓰게 되었답니다. 육서를 통해 우리는 창조가 없던 것을 만들어내는 것 뿐만 아니라 있는 것을 조합하는 것, 편집도 창조의 하나라는 개념을 얻었습니다. 문文과 자字를 우리 삶에 견주어 볼까요?

문文이 문명의 시작을 알리는 신호탄이었다면 자字는 지식을 만들어내는 출발점이었습니다. 우리는 어려서 배운 문文을 집 밖이나 학교에서 교환과 전달을 통해 자字로 만드는 과정을 거칩니다. 즉 나의 지식이나 경험을 사회에서 나누고 얻으며 배움을 시작하는 것이지요. 배운다는 것은 이처럼 작은 글자 하나에서 시작됩니다. 한 글자를 익히고, 한 문장을 이해하면서 우리는 성장하고 자신만의 이야기를 만들어 나갈 수 있는 힘을 갖게 됩니다. 그 힘으로 우리는 편집을 통해 작은 창조를 만들며 성장하는 것입니다. 즉 요즘 세상의 창조는 내 것과 네 것을 합쳐서 새로운 것을 만들어내는 것이지요.

배움과 깨달음은 불편하고 때로는 고통스럽습니다. 그러나 무지의 쓴맛에서 탈출하여 배움의 달콤함을 한 번 경험하면 이미 세상을 보는 눈은 달라져 있습니다. 즉 배움의 진정한 의미는 세상을 보는 눈을 기르는 것이란 걸 깨닫게 됩니다. 이렇게 문자文字를 익힌다는 것은 단순한 기술 습득이 아니라 자기 자신을 발견하는 과정입니다.

표음문자와 표의문자를 배운 적이 있으시죠? 소리를 나타내는 표음문자表音文字, 뜻을 나타내는 표의문자表意文字로 배웠고, 한글과 영어 알파벳은 대표적인 표음문자이고, 고대 이집트 상형문자나 한자는 대표적인 표의문자로 배웠습니다. 그런데 엄밀히 말하면 한자는 표의문자가 아니고 표어문자表語文字입니다. 하나의 문자가 언어의 말, 형태소, 또는 단어 하나하나를 직접 나타내는 문자를 표어문자라고 합니다. 쉽게 풀어 말하면 하나의 문자에 뜻과 음을 함께 가지고 있는 문자를 표어문자라고 하는 거예요. 예를 들면 가운데 중中이라는 글자는 가운데라는 뜻을 가지면서 '중'이라는 소리도 가집니다. 그래서 표어문자이지요. 그럼 표의문자는 무엇이냐? 진입금지 교통표지판을 떠올려 보세요. 진입하지 말라는 뜻을 가지고 있지만 뭐라고 읽을지는 모르겠죠? 그럼 이건 뜻만 가진 표의문자입니다. 한글로 '화'라고 적힌 글자를 발견했다고 칩시다. 그럼 이건 '화'라고 읽을 수는 있겠는데 무슨 뜻인지는 모르겠습니다. 그럼 이건 소리만 가진 표음문자입니다. 어쨌든 우리가 배운 상식에서 얘기를 계속 하자면 표음문자는 다양한 소리를 문자로 표현해낼 수 있는 선진 시스템이고, 표의문자(표어

문자 포함)는 지금은 쓸 데 없는 고대 문물로 간주되고 있지요. 물론 한글 같은 표음문자는 전 세계에서 가장 사용하기 쉽고 과학적인 문자로 확실히 자리잡아가는 모습입니다. 그런데 과연 표의문자가 표음문자보다 뒤떨어진 문자인지는 다시 한 번 생각해볼 필요가 있습니다. 표의문자만이 가진 장점이 또 있거든요. 표의문자(표어문자 포함)는 문자가 만들어졌던 당시의 문화와 역사를 고증할 수 있는 산물입니다. 예를 들어 아내 처妻는 여인의 머리를 손으로 잡아 납치해 데리고 가는 의미를 가졌으니 그 당시엔 훔쳐온 여인이 아내가 되었음을 알 수 있습니다. 또한 결혼의 혼婚에 어두울 혼昏이 있는 걸로 봐서는 처妻를 얻기 위해 주로 밤에 훔쳤다는 것도 알 수 있습니다. 이렇게 표의문자의 매력도 있답니다. 한 편의 영화를 통해 좀 더 알아보도록 할까요?

〈컨택트(2016)〉라는 영화가 있습니다. 영화의 원제는 'Arrival'로 외계의 존재 '헵타포드'가 지구에 도착하면서 언어학자인 주인공 루이스가 그들의 언어를 해독하는 이야기입니다. 헵타포드의 언어는 원형 문자 형태로 위에서 말한 표의문자를 사용합니다. 음성언어가 아닌 원형의 문자 하나에 우리 문자와 언어보다 훨씬 많은 정보를 입력해서 전달하는 형태입니다. 제가 여러분들께 하고 싶은 이 책 한 권의 이야기가 표의문자 하나에 모두 들어갈 수도 있는 것이지요. 게다가 그들이 전하는 언어(문자)는 하나의 원에 과거, 현재, 미래가 모두 함축되어 있습니다. 인간의 언어와 문자는 선형적으로 옆으로 쓰지만 헵타포드의 문자는 비선형적으로 과거, 현재, 미래를 포함해 더 큰 의미를 함축하고 있습니다. 헵타포드의 문자를 이해하면서 주인공 루이스의 사고 방식도 변화합니다. 미래를 보는 능력을 얻게 되고, 언어가 단순한 의사소통 도구가 아니라, 사고 방식과 인식의 틀을 형성하는 힘을 가졌음을 보여줍니다. 즉, 문자는 단순한 기록이 아니라, 존재와 사고 방식을 형성하는 요소라는 것인데 언어가 사고를 지배한다는 사피어-워프의 가설과 통하는 이야기입니다. 즉 사람들은 사용하는 언어의 범주에 의해 생각과 능력의 한계가 결정될 수 있다는 것이지요. 맞고 틀리고를 떠나서 분명한 건 언어와 문자가 우리 인식에 영향을 준다는 것입니다.

2004년 피터 고든이라는 미국의 심리언어학자는 브라질 피라하족을 관찰했는데 그들의 언어에는 수사가 '하나', '둘', 그리고 '많다'의 세 가지 밖에 없었고 셋 이상의 수를 굉장히 힘들어 한다는 사실을 발견하고 언어가 이들의 세계인식을 규정하고 있다고 주장했습니다. 이를 언어결정론이라고 하는데 노엄 촘스키 같은 언어학자와 인지과학자들은 이를 부정하며 인간은 언어가 없어도 생각할 수 있다고 주장하기도 했습니다. 그러나 분명히 언어와 문자는 사고나 세계관에 어느 정도의 영향을 끼치겠지요. 사고와 인식의 가능성은 무한대로 열려 있겠지만 풍부한 문자와 언어로 무장했다면 그 가능성의 깊이가 다를 것입니다. 서두에 소개한 정나라 재상 자산의 풍부한 문자와 화려하게 갖춘 언어가 있었기에 주변의 강국들 속에서 살아남을 수 있었던 것입니다. 소리言만으로 말語이 될 수 없고 말語만으로 글文이 될 수 없으며, 격식을 갖추지 않은 글文만으로는 깊고 자세한 뜻을 전달하긴 힘든 법입니다. 지식도 마찬가지겠죠. 열린 상태로 배움을 준비하고 있어야 문文에서 자字를 만들어 냅니다. 외계의 문자이든, 조만간 사라질 수도 있는 한자이든 배워야 또 다른 능력을 키우고 발전할 수 있을 것입니다. 그게 바로 이 시대가 말하는 창조가 아닐까요?

志有之 言以足志, 文以足言.

지 유 지 언 이 족 지 문 이 족 언

志有之 言以足志, 文以足言.

不言, 誰知其志?

불 언 수 지 기 지

不言, 誰知其志?

言之無文, 行之不遠.

언 지 무 문 행 지 불 원

言之無文, 行之不遠.

말은 뜻을 완성시키고, 글은 그 말을 완성시킨다고 고서에 적혀 있다.
말하지 않으면 누가 그 뜻을 알겠는가?
또한 말이 글로 적히지 않는다면 멀리 후대까지 전해질 수 없는 법이다.

내 안의
가능성 바라보기

幼·少

天命之謂性, 率性之謂道, 修道之謂敎.

천명지위성, 솔성지위도, 수도지위교.

喜怒哀樂之未發謂之中, 發而皆中節謂之和.

희노애락지미발위지중, 발이개중절위지화.

中也者, 天下之大本也. 和也者, 天下之達道也.

중야자, 천하지대본야, 화야자, 천하지달도야.

하늘의 명을 본성性이라 하고, 그 본성을 따르는 것을 도道라 하며, 그 도를 닦는 것을 교육敎이라고 한다. 희노애락이 아직 생기지 않은 것未發을 중中이라 하며, 희노애락이 절제 속에 고루 갖추어진 것中節을 화和라고 한다. 중이란 것은 천하의 큰 근본이고, 화라는 것은 천하를 통하는 도이다.

공자의 손자 자사가 쓴 '중용'의 제1장에 나오는 첫 구절과 다섯 번째 구절을 발췌했습니다. 중용은 매우 형이상학적이라 어렵게 다가오지만 간단히 줄이면 모든 인간관계에서 자신의 마음이 중요하다는 내용입니다. 즉, 자신의 뜻은 지닌 채 상황에 따라 적절하게 자신의 감정을 표출할 줄 아는 것이 중용입니다. 이 뜻이 지금 소개한 위의 예문에 담겨 있어서 소개해 드립니다. 하늘이 명한 것, 즉 우리가 태어날 때부터 타고난 것을 성(성품)이라고 말하고 있습니다. 즉, 아무런 배움이 더해지지 않은 그대로의 상태가 성性입니다. 한자를 파자破字하면 마음 심心과 날 생生이 붙어 처음 생겨난 마음, 바로 그것이 성이 된 것입니다. 그리고 그 상태, 우리가 가진 성품 그대로를 따라가는 것을 도道라고 하는데, 도는 뜻이 너무 넓어 중용 첫머리에서 '도는 잠시도 떠날 수 없는 것不可須臾離也'이라고 친절하게 설명하고 있습니다. 즉, 본인이 타고난 것은 언제나 붙어있을 수밖에 없다는 뜻입니다. 나쁜 성품이든, 좋은 성품이든 하늘이 내린 운명과 같아서 뗄 수 없을 정도라는 의미인데 이 문장의 속 뜻을 헤아리면 이렇게 풀 수 있습니다. '내가 가진 천성, 내재된 속마음을 따라 표현해 내는 것이 도'라는 것으로, 아닌 척 혹은 있는 척 하며 자신의 실체를 숨기는 것은 도가 아니라는 말입니다. 그런데 여기서 문장이 끝났다면 중용은 '타고난 대로 살아라. 아무리 노력해도 쓸모 없다'로 끝나버렸을 텐데 다행이 첫 구절을 '수도지위교修道之謂教'라며 끝맺습니다. 그도道, 즉 타고난 성품을 잘 닦고 수양하는 것을 교육, 즉 배움이라 일컫는다고 합니다. 이렇게 중용은 타고난 성품性은 고치기 힘들지만道, 갈고 닦는 수련教을 통하면 바꿀 수 있다는 깊은 의미로 시작합니다. 즉, 마음을 살짝 바꾸면 생각의 변화를 통해 행동이 바뀌고, 바뀐 행동은 다시 마음을 바꿀 수 있는데 반복적인 학습과 노력을 통해 충분히 더 멋진 나를 만들 수 있다는 겁니다. 이렇게 중용은 후성유전학의 기본 개념을 다룬 최초의 서적이라고 할 수도 있습니다.

이어진 문장을 함께 보시면 이해가 좀 더 쉽습니다. 희로애락 喜怒哀樂이라는 여러 마음이 아직 생기지 않은 상태, 우리가 태어나며 아무것도 가지지 않은 상태를 중中이라고 하고, 중中은 천하의 큰 근본이라 말하고 있습니다. 즉 아무것도 없는 상태가 세상의 근본이라는 뜻입니다. 그리고 여러 마음이 생기고 그 마음들을 절제 속에 다스릴 줄 아는 상태를 화和라고 하며, 화和는 천하를 통달하는 도라고 말합니다. 즉, 아무것도 없는 상태로 시작하지만 배움을 통해 최고의 경지에 이를 수 있다는 뇌가소성 (Neuroplasticity)에 대한 기본 개념까지 아우르고 있습니다. 뇌가소성은 이어지는 장에서도 설명하겠지만 지식과 경험이 뉴런을 자극하여 뇌는 계속 성장한다는 연구의 결과입니다. 이렇게 이번 여행에서는 후천적 노력으로 마음의 본성도, 인생도 바꿔낼 수 있다는 이야기를 여러분과 함께 풀어가려고 합니다.

아이를 키워 보신 분들이라면 어린 아이의 말랑한 두뇌를 기억하실 텐데요. 특히 어린 아이일수록 새로운 지식과 방법을 빠르게 흡수하지요. 그래서 더욱 아이들 앞에서 조심해야 하는 이유이기도 합니다. 우리 인간은 출산 시 두개골이 너무 크면 산도를 통과하기 어려워 스스로 미성숙한 상태로 태어나고, 성장 과정에서 뇌와 신체가 점진적으로 발달합니다. 다른 동물들에 비해 신체적으로 성숙하기까지 가장 오랜 시간이 걸리는 동물 중 하나입니다. 그러나 태아였을 때부터 엄마 뱃속에서 배움을 경험한 인간은, 세상을 마주하자마자 마른 스폰지가 물을 삼키듯 지식과 경험을 순식간에 빨아들입니다. 뇌의 해마가 미성숙한 3살 이하의 영유아는 장기 기억을 저장하기 어려워 '영유아기 기억상실'이라는 과정을 거치는데, 50살 성인이 30년 전 스무 살 때의 일을 기억할 수는 있어도 12살 소년이 10년 전 두 살 때 일을 기억하기 어려운 이유입니다. 대학생이 된 제 딸과 고등학생인 아들은 10여년 전 다녀온 해외여행에 대해 특별히 기억하는 게 없습니다. 애써 모아 가족이 함께 다녀온 해외여행인데 하나도 기억나질 않는다는 녀석들의 반응에 쓴 웃음을 감출 수 없었습니다. 시간이 지나면 금세 잊을 나이였다는 건 알고 있었지만 소아 항공요금이 쌌기 때문에 나이를 넘기 전 다녀오자는 제 고집의 결과이기도 합니다. 유아기 때는 과거를 인식하기 어려워 과거에 기반한 사고도 제한적일 수밖에 없습니다. 달리 말하면, 현재라는 경험이 사고를 지배하고 있어서 즉각적인 학습이 엄청나게 빠릅니다. 마치 미래에 대비하려는 본능적 태도를 보이는 것처럼 보이기도 하지만, 실제는 미래를 생각해서가 아니라 반복 학습을 통한 조건 반응에 가깝습니다. 미래라는 개념은 4~5살 유아기부터 발달하고 6~7세 소년기가 되면서 과거 기억을 바탕으로 미래를 계획할 수 있게 됩니다. 즉, 나이가 들면서 현재의 감각과 경험에 집중하는 학습 능력은 조금씩 떨어진다고 볼 수 있습니다. 과거의 기억을 저장할 수 없는 작고 어린 뇌지만, 쉰이 넘은 나이에서 다시 생각해 보면 무한한 가능성을 가진 영유아의 뇌가 정말 위대하지 않을 수 없습니다. 장자의 철학에서 쓸모없음의 쓸모, 무용無用이 떠오릅니다. 이 장에서 제가 여러분들과 나눌 주제가 바로 유(幼, 작음)와 소(少, 적음, 젊음)라는 글자입니다. 이를 통해 무용지용無用之用, 즉 쓸모없다고 여겨지는 하찮음도 쓸모와 가능성이 있음을 여러분과 함께 나누려 합니다.

머리가 열린 글자

유幼라는 글자를 풀어보면 실 사絲와 닮았지만 밑의 실타래들이 빠진 모양의 작을 요幺가 있습니다. 요는 아주 가는 실오라기를 뜻하는 글자인데 갓 태어난 아이가 이불에 싸인 형상을 본뜬 글자라는 설도 있습니다. 둘 다 작고 약한 뜻을 가졌고 작을 요幺 옆에 힘력力이 붙게 되어 힘이 약하고, 작다는 뜻을 가진 어릴 유幼가 되었습니다. 유년시절의 기행이라는 노래 제목도 어린 시절의 추억을 뜻하고, 같은 뜻을 가진 어릴 치稚와 합쳐져 유치幼稚에 쓰고 있고 유치원幼稚園에도 씁니다. 어린 아이를 뜻하는 유아幼兒라는 단어에도 쓰는데 보통 만 2세부터 만 5세의 어린아이를 가리킵니다.

앞에서 제 이야기를 하면서 소개했던 글자인데, 유아幼兒라는 한자에서 아兒가 특히 재미있습니다. 아兒의 윗부분은 머리, 아래는 다리를 본뜬 상형자로 어린 아이는 머리가 크고 몸통이 작아서 이렇게 표현했는데 머리를 잘 보면 열려 있는 걸 발견할 수 있지요? 아직 닫히지 않은 모양으로 말랑한 두뇌를 그대로 그려냈습니다. 아직 닫히지 않았으니 무엇이든 담을 수 있는 무한한 가능성을 보여줍니다. 반면, 닫힌 머리는 입구口를 쓰고 다리를 붙여서 형兄이라는 글자를 만들었습니다. 성장해 머리가 닫혔으니 나이가 들었다는 뜻이고, 그 의미가 파생되어 형으로 자리잡았습니다. 형이 되어버리고 나면, 즉 나이가 들면 머리가 닫혀 타인의 의견이나 새로운 지식을 받아들이기 어렵게 되는데 글자의 모양에서도 참 잘 나타나 있지요. 이렇게 유幼는 모든 가능성의 출발입니다.

어린아이의 눈으로 세상을 바라보면

소少는 원래 땅에서 풀이 드문드문 자란 모양을 본뜬 글자입니다. 드문드문 자란 풀이기 때문에 '많다'의 반대 개념인 '적다'의 뜻을 가져 생긴 모양을 잘 기억해두면 작을 소와 확실하게 구분할 수 있습니다. 해와 나이를 뜻하는 년年과 만나 소년少年이 되니 나이가 적은 어린이를 뜻합니다. 소년에 작을 소小가 들어가지 않는 이유랍니다. 유년과 소년을 합쳐서 유소년幼少年이라고 부르는데 축구 팬이라면 다들 한 번쯤 들어봤을 단어입니다. 정확한 나이 기준은 없지만 우리나라 통계청은 14세 이하를 유소년으로 부르고 있습니다.

소년이 좀 더 푸르게 성장하면 청소년靑少年이 되고 19세가 넘으면 더 이상 소少라는 글자를 붙이지 않는 성년成年이 됩니다. 성년의 의미도 소년에서 미루어 보면 해를 이룬 사람, 나이를 이룬 사람의 뜻으로 어른의 의미를 가지는 말이지요. 다시 소少의 본래 뜻으로 돌아가보겠습니다. 아까 말한 땅에 듬성듬성 자란 풀을 생각해보세요. 결핍과 공허가 느껴지나요? 쓸모없어 보이는 텅 빈 땅처럼 보일 수 있지만 쓸모는 인간이 정한 인위적 기준에 불과합니다. (법정스님의 《텅빈 충만》이라는 책이 떠오릅니다. 빈 방에 홀로 앉아 있으면 모든 것이 넉넉하고 충만하다는 비움과 충만에 대한 지혜를 얻기 참 좋은 책입니다.)

중국 전국시대 진나라의 재상 여불위라는 사람이 편찬한 여씨춘추에 나오는 이야기 한 편을 소개할까 합니다. 초나라의 명재상으로 손숙오라는 인물이 있었는데 그는 죽기 전 아들에게 "내가 죽으면 왕이 너에게 영지를 주려 할 것인데 절대 기름지고 부유한 땅을 받으면 안 된다"라며 초나라와 월나라 사이의 침구寢丘라는 척박한 땅을 영지로 받으라고 유언을 합니다. 역시 손숙오가 죽자 왕은 아들에게 풍요로운 영지를 내리는데 아들은 사양하며 침구를 달라고 하지요. 역시 초나라는 척박한 침구를 탐내지 않았고, 오나라도 침구는 이름이 불길하여 공격하지 않았습니다. 침寢은 잠들다, 죽다의 뜻으로 죽음의 언덕(구丘-무덤)을 뜻하거든요. 이렇게 겉으로는 보잘것없는 땅이었지만 쓸모가 없었기에 오히려 오랫동안 지킬 수 있었습니다. 만약 아들이 풍요로운 영지를 받았었다면 분명히 초나라나 월나라에게 빼앗겼음은 틀림이 없을 겁니다.

장자의 〈인간세〉 편에 거목 이야기도 재미있습니다. 중국의 남백자기라는 사람이 길을 가다가 거대한 나무를 발견했는데 어떻게 이렇게 거대하게 자랄 수 있었을까 궁금했습니다. 그는 분명히 이 나무가 특별한 재목일 것이라 생각했습니다. 마침내 이유를 알아냈는데 장자의 거목 이야기 편에 자세히 묘사되어 있습니다. 요약하면 '가지는 가늘고 구부러져 대들보로 쓸 수 없고, 뿌리는 속이 비어 푸석하여 관으로 쓸 수 없고, 잎사귀는 핥으면 상처가 생겨 위험하고, 그 냄새를 맡으면 삼일 동안 미쳐 날뛰게 될 것이다'라는 이야기입니다.

이렇게 소용없음, 쓸모없음은 오히려 생존과 자유를 가져다 줍니다. 또한 척박한 채워지지 않은 공간에서 무엇이든 될 수 있음을 발견합니다. 따라서 소少는 결핍이 아니라 여백이며, 미완성이 아니라 성장의 공간이 됩니다. 무소유까지는 아니지만 미니멀 라이프가 유행입니다. 집이 작다고 불평하며 큰 집을 원하기보다 가진 걸 줄여 공간을 만드는 게 더 현명할 수도 있습니다. 많음보다 적음으로 내가 쓸 수 있는 공간이 더 커지고 그건 성장의 가능성으로 변합니다. 그렇게 소少는 제약이 아니라 자유가 되고 끝이 아니라 시작이 됩니다. 少를 두려워 말고 즐길 줄 알아야 합니다. 아는 게 적으면 배울 수 있는 게 많아서 좋고, 경험이 적으면 어디로든 갈 수 있어 좋고, 가진 것이 적으면 무엇이든 할 수 있어 좋습니다. 부족함은 바로 무한한 가능성이 남았다는 뜻이니까요.

노자는 도덕경에서 덕이 두터운 도인은 갓난아기와 비슷하다고 했습니다. 아무것도 없는 상태로 태어나 배우고 익히며 후덕한 도를 얻게 되면 결국 조화롭고 변함없는 바탕인 어린 아이의 수준으로 돌아온다는 뜻입니다. 바로 순수함입니다. 니체는 《차라투스트라는 이렇게 말했다》에서 인간 정신의 세 가지 변화에 대해서 말합니다. 제가 처음 시작에서 제시한 중용의 구절을 이해하는 데 좀 더 도움이 될 것 같아 소개합니다. 첫 번째 단계로, 주어진 자신의 운명에 순종하는 '낙타', 그리고 자유의지를 배워 자신의 의지대로 사는 '사자', 마지막 최종 단계로 기존에 배운 것은 버리고 다시 순수로 돌아가 놀며 새로움을 창조하는 '어린아이'의 단계가 있지요. 낙타는 운명에 대한 순종으로 타고난 성性을 뜻하고, 사자는 자유의지에 대한 학습으로 애씀修을 뜻하며, 어린아이는 절제를 통해 다시 순수함에 도달한 득도和의 단계입니다.

우리가 지금까지 살아온 시대와는 다르게 빠른 속도로 변화하

는 요즘 세상에서, 어떤 자세로 배워야 하는지를 생각하는 기회
가 되길 바랍니다. 나이 들어 으스대는 형兄의 자세보다 어린 아
이의 열린 머리兒와 마음으로 세상을 좀 더 창조적으로 살아보는
건 어떨까요?

天命之謂性, 率性之謂道,

천 명 지 위 성　솔 성 지 위 도

天命之謂性, 率性之謂道,

修道之謂教.

수 도 지 위 교

修道之謂教.

하늘의 명을 본성이라 하고, 그 본성을 따르는 것을 도라하며,
그 도를 닦는 것을 교육이라고 한다.

나는 누구와 함께
살아갈 것인가

家族·親舊

孟子曰 君子之於物也 愛之而弗仁

於民也 仁之而弗親

親親而仁民 仁民而愛物

맹자가 말했다. 군자는 사물에 대해서는 아끼기는 하나 인仁으로 대하진 않고, 백성에 대해서는 인仁으로 대하긴 하나 친親으로 대하진 않는다. 가족에게는 친으로 대해야 백성에게 인으로 대할 수 있고, 백성에게 인으로 대해야 다른 만물을 아끼는 법을 알게 된다.

맹자의 진심盡心 상上편에 나오는 말입니다. 세 가지 대상과, 세 종류의 대함이 나오는데 첫째의 대상은 물物로 사람이 아닌 다른 모든 만물을 가리키고, 두 번째 대상은 민民으로 리더가 이끌어가야 할 대상인 백성을 가리킵니다. 마지막 대상은 친親으로 가족, 친족을 의미합니다. 한편 대함에 있어서는 첫째로 애愛, 아끼는 것이고, 둘째로 인仁, 남의 마음을 이해하는 마음恕이며, 셋째로 친親, 나도 모르게 저절로 아끼고 친애하는 것입니다. 맹자의 이 말을 잘 보면 사랑에도 순서와 등급이 있는 것으로 보입니다. 가족에게는 무조건적인 사랑, 백성에게는 이해할 수 있는 사랑, 그리고 다른 사물에 대해서는 생각할 수 있는 사랑입니다. 그런데 이렇게 해석하고 끝내면 맹자의 이 말은 팔은 안으로 굽는다는 의미로 해석될 수 있습니다. 공자의 사상을 이어받았고, 의義를 강조한 맹자가 과연 그 뜻으로 말했을까요? 어쩌면 이 말은 '가족을 사랑할 줄 모르면 모든 만물을 사랑할 줄 모른다'와 통하는 말일 수도 있습니다. 이를 공자의 논어 학이편의 문장과 비교하면 쉽게 알 수 있습니다.

子曰 弟子入則孝 出則弟(悌) 謹而信 汎愛衆而親仁 行有餘力 則以學文

자왈 제자입즉효 출즉제 근이신 범애중이친인 행유여력 즉이학문

공자가 말했다. "배우는 사람은 집에 와 부모 앞에선 효도하고 배우러 밖에 나가서는 스승을 공경해야 한다. 널리 사랑하고 인덕을 갖춘 사람과 가까이 하라. 그러고도 힘이 남으면, 그 힘으로 지식을 배워야(쌓아야) 한다."

공자의 이 말은 정확하게 순서를 말하고 있습니다. 그 첫째가 바로 부모에 대한 효孝이고, 둘째는 스승, 친구에 대한 공경悌이며 마지막은 사람들에 대한 사랑愛, 仁이지요. 그렇게 하고도 힘과 시

간이 남으면 공부를 하라고 합니다. 이 말은 위에서 맹자의 말과 통하여 가족에 대한 사랑孝親이 가장 우선임을 알 수 있습니다. 그 후에 친구, 스승에 대한 공경이 있어야 남은 만물을 사랑할 수 있게 됩니다. 이번 장에서는 여러분들과 우리가 세상에 태어나 처음 만나는 대상, 바로 가족과 친구에 대해 이야기 나눠볼까 합니다. 그 대상을 이해함으로써 배움의 단계로 나아가게 될 것입니다.

인연因緣이란 말을 참 좋아합니다. 인연 연緣도 사람을 만나야 생깁니다. 혼자 살아가는 세상에서 인연은 만날 수 없겠지요. 인연 연緣을 잘 보면 실 사絲와 판단할 단彖이란 글자가 있는데 실 사는 뜻을 지니고, 판단할 단은 소리를 지닌 형성자입니다. '단'이라는 소리가 '연緣'에는 없다고 갸우뚱하실 수 있는데, 인연의 연緣을 옷장식 '단'이라고 부르기도 한답니다. 원래 뜻은 가죽을 실로 엮어 만든 옷장식을 뜻했는데, 가죽을 끈으로 꽁꽁 묶어둔 뜻으로도 파생되어 떼고 싶어도 뗄 수 없는 끈끈한 연緣이 되었답니다. 가족에서 만들어지는 혈연血緣, 배우면서 엮어지는 학연學緣, 그리고 같은 고향으로 묶어지는 지연地緣을 가리켜 삼연三緣이라고 흔히들 말합니다. 좋지 않은 뜻으로도 사용되지만 우리 문화에서 아직도 복잡하게 얽혀 큰 부분을 차지하는 '연', 나라는 자自와 남이라는 타他의 관계에서 탄생하는 연은 우리가 성장하며 사회에서 만나는 첫 번째 만남입니다.

자自와 타他의 다양성이 피를 통해 합쳐지면 피로 맺어진 인연,

즉 혈연이 되어 가족으로 탄생합니다. 우리 모두는 자와 타 간의 융합의 결과라고 말할 수 있겠지요. 그리고 또 다른 융합의 결과는 친구가 되어 제2의 가족이 되기도 합니다. 그렇게 가족과 친구는 우리가 성장하는 데 있어서 따뜻한 발판이 되고 기댈 수 있는 품이 됩니다.

나를 처음으로 품어주는 가족

가족의 가는 집 가家로 지붕을 뜻하는 면宀이라는 글자에 돼지의 모양을 본뜬 돼지 시豕가 합쳐진 회의자로 집에서 돼지 같은 가축을 키우며 '함께' 사는 곳을 의미합니다. 지붕을 뜻하는 '면' 이 들어간 글자는 모두 집과 관계된 뜻을 가지며, 집 가家를 제외하고도 집 실室, 집 궁宮, 집 우宇, 집 주宙, 집 택宅 등 모두 집의 의미로 쓰입니다. 집 실室은 지붕 아래로 사람이 이른(至,지) 곳이라는 뜻으로 실내, 맨 안쪽에 있는 방을 뜻하는 의미이고 그 뜻에서 파생되어 아내의 뜻도 가져 가실家室, 정실正室에 쓰입니다. 집 궁宮은 지붕 아래 두 개의 덩어리가 이어져(呂,려) 큰 방이 여러 개인 집, 궁궐을 뜻하는 의미랍니다. 집 택宅은 지붕 아래 맡기고 부탁하는 탁託이 있어 믿고 사는 뜻을 가졌습니다. 택이라고 읽지만 높여 댁이라고도 하여 '댁내 평안하세요' 할 때 쓰지요. 또한 집

우宇와 집 주宙는 지붕 아래에 어조사 우(于:~에서)와 말미암을 유(由:~로, ~때문에)가 있는데, 어于는 흩어지는 방향을 뜻하여 3차원의 공간을 대표하고, 유由는 이어지는 시간의 흐름을 뜻하여 과거부터 지금까지의 시간을 대표하는 글자입니다. 그래서 우와 주가 만나면 3차원의 공간에 시간이 합쳐져 나와 우리를 둘러싼 모든 것, 4차원의 우주가 됩니다. 이 밖에도 집을 뜻하는 글자는 참 많습니다. 임시로 지은 집 사舍는 잠시 머무는 기숙사에 쓰이고, 울타리를 친 집 원院은 병원, 법원 등에 쓰이지요. 맨 안쪽 집 실室 옆에 있는 공간은 집 방房이 되어 예전에는 본처가 아닌 첩이 머무는 공간으로 쓰였는데 이 의미가 아직 남은 단어가 심장의 심실과 심방입니다. 심실은 더 안쪽, 아래쪽에 있고 심방은 그 위에 있습니다. 지붕이 높고 뾰족한 실내에 제단을 놓은 건물을 본뜬 집 당堂은 전당殿堂, 사당祠堂 등에 쓰이고, 먹을 식食과 공관官이 만난 집 관館은 공식적으로 손님을 대접하는 공간이었다가 지금은 큰 공관, 건물을 뜻하여 대사관大使館, 도서관圖書館 등에 쓰입니다. 이렇게 다양한 집, 공간을 뜻하는 글자를 만든 걸 보면 분명 우리는 사회적 동물임을 다시금 알 수 있지요. 결국 집家은 나自와 남他을 둘러싼 공간이자 세월을 함께하는 가족이 살아가는 없어서는 안 될 '품'인 것입니다.

동질감과 소속감의 시작

한편 가족의 족은 같은 핏줄을 이어받은 겨레를 뜻하는 말로 주로 민족을 의미하지만 집단의 단위를 뜻하는 말이 되어 '싱글족', '얌체족', '캠핑족' 등으로 쓰입니다. 제가 대학에 다닐 때 한창 유행하던 말이 있었는데 바로 '오렌지족'이었습니다. 70년대 태어난 서울 부유층 자녀들을 가리키는 말인데 1980년대에 바나나가 비싼 과일이었다면 1990년대엔 오렌지가 귀한 과일이었기에 붙여진 신조어였습니다. 또한 한국 유학생들이 캘리포니아 LA 근교의 오렌지 카운티에 많이 모여 있어 그렇게 불렀다는 설도 있습니다. 어쨌든 지금은 오렌지가 그다지 귀하거나 비싼 과일이 아니니 오렌지족이라고 부르면 그 뜻이 통하지 않겠지요. 이렇게 말도 시대에 따라 변하거나 사라지는 걸 보면 언어는 정말 역사를 품고 있는 게 맞습니다.

족이라는 한자를 파헤쳐 보면 재밌습니다. 깃발을 뜻하는 모 방方 옆에 사람 인人이 붙어 깃발을 들고 있는 모습을 의미하는 나부낄 언方+人이 되고, 여기에 화살 시矢가 아래에 붙어 전쟁터에서 같은 편, 같은 무리를 상징하는 뜻이 됩니다. 후대엔 의미가 파생되어 종족, 민족으로 쓰이게 된 글자입니다. 즉 족이란 글자의 본래 뜻은 혈연적 관계 이전에 동일한 특성을 가진 무리에서 시작했음을 알 수 있습니다. 족族과 비슷하게 쓰이는 글자로 갈래 파派

가 있는데, 파는 물의 발원지에서 갈라진 지류, 물의 갈래를 뜻하며 사상이나 사회 현상을 나눌 때 쓰고 있습니다. 족은 유형의 '모습'을 따온 글자로 주로 사람에게 쓰여 같은 종족 혹은 유사한 성격을 공유하는 무리에 쓰이고, 파는 무형의 '개념'을 따온 글자로 사상이나 이념에 따라 나뉜 무리를 지칭할 때 씁니다. 그래서 19세기 후반 프랑스에서 활동한 예술가들 중 인상주의印象主義 미술을 추진한 화가들을 인상족이 아닌 인상파印象派라고 부르는 겁니다. 파派는 정치의 성향으로 갈린 정파政派, 학문의 갈래 학파學派, 그리고 종교의 갈래 종파宗派가 대표적인데, 유동적인 개념으로 본인의 선택에 따라 속할 수 있는 집단입니다. 그런데 족은 비교적 폐쇄적인 개념으로 태어날 때부터 속하는 집단에 가깝습니다. 지금 설명하는 가족처럼 가족은 한 지붕 아래의 혈연적 결속이자 쉽게 변하지 않는 조직으로 우리가 성장하며 만나는 첫 번째 조직인 것입니다. 즉, 내가 선택하진 않았지만 끈끈한 피로 엮인 인연으로 부모 형제를 만나고 성장하게 됩니다. 그리고 집 밖을 나가게 되지요. 그러면 친구를 알게 됩니다. 이제 친구를 만나볼까요?

힘들 때 함께 버텨줄 사람

친구라는 말은 한자 문화권의 나라 중 거의 우리나라에서만 쓰는 말로 친한 벗을 뜻하는 단어랍니다. 다른 나라에서는 모두 벗 우友를 씁니다. 예를 들어 중화권에서는 붕우朋友를 쓰는데 여기서 붕朋은 원래 옥을 실에 꿰어 늘어뜨린 모양으로 고대의 화폐 단위였습니다. 옥이 붙어 있는 뜻에서 뭉쳐진 무리, 짝의 의미로 파생되어 벗, 친구라는 뜻을 갖게 된 것이지요. 달 월 두 개는 시간이 지나며 모양이 바뀌어 자리 잡은 형태일 뿐, 뜻과는 전혀 상관이 없습니다. 또한 일본어에서는 우달(友達, 도모다치)로 쓰며 친구들이라는 복수의 의미로 사용됩니다. 어쨌든 친구親舊는 우리만 쓰는 고유의 한자어랍니다. 이 단어도 들여다보면 깊은 뜻을 알 수 있습니다.

친구의 친親은 친의 속자로 쓰이는 친할 亲과 볼 견見이 함께 붙은 글자이지만, 원래 앞자리의 주인은 매울 신辛이었답니다. 고대에 죄인의 이마에 죄를 표기하는 형벌의 도구를 본뜬 글자로 후대에 고난과 고통을 뜻하게 되었고 어렵게 이겼다는 신승辛勝에도 쓰이고 있습니다. 물론 맵다는 뜻으로 파생되어 지금은 매울 신이라는 이름으로 자리 잡은 글자입니다. 옆에 붙은 볼 견見은 단순히 본다는 뜻이 아니라 얼굴을 본다는 뜻으로 직접 만나는 겁니다. 잘 보면 눈 목 아래에 발이 붙어 있어서 사람을 만나러 가는 뜻을 품고 있습니다. 그래서 직접 만나는 접견接見, 서로 만나보는 예식 상견례相見禮 등에 쓰이고 있지요. 이렇게 매울 신辛과 볼 견見이 만난 이 글자 친할 친親은 형벌을 받고 있는 사람을 직접 만나러 가는 이야기를 담고 있습니다. 어렵고 힘든 시기를 보내고 있는 사람을 만나러 가는 거예요. 가까운 사이에서만 가능한 일이라 이 글자가 친하다, 가깝다는 뜻을 품게 되었고 가족의 뜻으로 이어집니다. 그래서 친親은 부친, 모친 등 직계 가족에서 시작해 친척, 친족 등의 개념으로 퍼졌고, 가족처럼 친숙한 벗에게는 친구, 절친이라 부르며 친밀감을 나타내지요. 힘들게 만난 사이를 뜻하는 친親, 산고産苦의 과정과 시간을 지나서 만난 가족 같은 의미가 여기에 있습니다. 즉 힘들어도 함께 하는 것이 바로 친할 친親이지요.

시간이 더해지는 만큼 깊어지는 관계

친구의 구는 옛 구舊인데 오래 구久와 쉽게 헷갈립니다. 오래 구久는 사람이 몸을 구부린 모습으로 가다가 멈춘 뜻으로 '상태'가 오래되었다는 의미를 가집니다. 엄밀히 말하면 동사를 수식하는 부사입니다. 한편 옛 구舊는 오랠 구와 거의 비슷한 뜻이나 해가 여러 번 떠오른 것을 의미하여 상대적으로 '시간이 오래된' 뜻의 형용사입니다. 예를 들어 좀 쉽게 설명 드리자면 오래 구久는 추상적인 시간, 비교될 대상이 없는 시간의 개념으로 사용되어 아주 긴 시간을 뜻하는 영구永久, 긴 시간을 견디는 내구耐久 등에 쓰이고, 옛 구舊는 비교할 시간적 대상이 있는 개념이고 구체적인 시간을 내포하고 있습니다. 그래서 신식의 반대 구식舊式, 신교의 반대 구교舊敎, 신권의 반대 구권舊券, 옛날 여권 구여권舊旅券 등에 주로 쓰입니다. 친구를 친구親久라 하지 않고 친구親舊라고 하는 이유도 옛 구舊는 관계와 시간이 구체적으로 시작된 시기가 있고 지금까지 오래된 개념이기 때문일 것입니다. 즉, 우리가 부르는 친구는 이미 오랜 시간이 지난 후에도 지금까지 여전히 유지되는 관계의 뜻을 내포하고 있습니다.

물론 시간에 따라 구舊의 의미가 퇴색하기도 했지요. 구시대舊時代, 구형舊形 등에 쓰이면서 변하지 못하는 구세대의 잔재 같은 의미를 찾을 수도 있습니다. 변하지 않는 뜻이 있다고 생각했다면 우린 구舊의 뜻을 제대로 찾은 겁니다. 친구親舊란 바로 변하지 않는 친親입니다. 아리스토텔레스는 불행은 누가 진정한 친구인지를 보여준다고 말했습니다. 진정한 친구는 어려움에 처했을 때 고통과 시련을 함께 나눈다는 말인데, 친구親舊라는 우리 한자어에 그대로 뜻이 담겨 있습니다.

부모는 못 해준 것만 마음에 사무치고, 자식은 서러웠던 것만 사무친다는 말이 있습니다. 나를 안아줄 시간도 없이 바쁜 부모가 서운하고, 새 옷 한 벌 없이 형이 입던 옷만 물려받아 입어 서운하고, 가끔 차려진 맛있는 반찬은 아버지에게 가는 게 서운하고, 다 컸어도 내 방 하나 없어서 서운하지요. 그렇게 시간이 흘러 부모는 작아지고 자식은 큽니다. 크고 나니 자식이 생기고 같은 반복을 하는데 역할이 바뀌었습니다. 이젠 서러워 사무쳤던 마음은 사라지고 못 해준 것만 사무칩니다. 아들의 모습에서 내가 보이고, 언젠가부터 거울 속에는 아버지가 서 계십니다. 그렇게 세대가 바뀌고 연은 다시 이어지지요.

흙수저를 물고 태어났든 아니면 수저도 없이 태어났든 출생 후의 삶은 우리가 결정하고 선택할 수 있는 시간의 연속입니다. 태어난 가족은 내가 선택하지 못했어도 새로운 가족은 내가 결정하는 겁니다. 게다가 친구나 스승은 찾겠다고 마음을 먹으면 어디서든 찾을 수 있는 세상이지요. '반려伴侶'라는 말이 있습니다. 인생을 함께 하는 자신의 반쪽을 뜻하는 말로 참 오래된 옛날 말이었는데 요즘은 다시 부활하여 많이 쓰이고 있습니다. 짝 반伴은 사람의 반쪽, 즉 나의 절반을 뜻하고, 짝 려侶는 사람이 둘이 함께 있음을 뜻합니다. 요즘은 '반려伴侶'라는 말을 결혼할 상대방에게만 쓰는 것이 아니라 나와 함께 해줄 수 있는 모든 대상에게 씁니다. 반려동물, 반려책, 반려식물, 반려로봇까지 등장했으니 함께할 인연을 쉽게 택할 수 있는 세상입니다.

친親이라는 글자를 다시 한 번 생각하며 어려운 시기에 옆에 함께 있는 사람을 생각하는 시간이 되셨기를 바랍니다. 이렇게 탄생부터 연을 맺는 시기까지 알아봤습니다. 이제 배움에 대해서 좀 더 알아보는 여행을 떠납니다.

君子之於物也 愛之而弗仁

군 자 지 어 물 야 애 지 이 불 인

君子之於物也 愛之而弗仁

於民也 仁之而弗親

어 민 야 인 지 이 불 친

於民也 仁之而弗親

親親而仁民 仁民而愛物

친 친 이 인 민 인 민 이 애 물

親親而仁民 仁民而愛物

군자는 사물에 대해서는 아끼기는 하나 인으로 대하진 않고,
백성에 대해서는 인으로 대하긴 하나 친으로 대하진 않는다.
가족에게는 친으로 대해야 백성에게 인으로 대할 수 있고,
백성에게 인으로 대해야 다른 만물을 아끼는 법을 알게 된다.

3부

배우고 익히면
즐겁지 아니한가

머리로만 알면
내 것이 아니다

—

學·習

學而時習之 不亦說乎

학이시습지 불역열호

짧지만 논어에 나오는 첫 번째 문장으로 아주 유명한 구절입니다. 해석하면 이렇습니다.

"배우고 때때로 익히면 또한 즐겁지 아니한가?"

우리가 자주 듣던 해석이고 물론 틀린 해석은 아니지만 학學과 습習이 가진 참뜻을 알고 나면 좀 더 깊이 이해할 수 있습니다.

不知言 無以知人也

부지언 무이지인야

이건 논어의 맨 마지막 문장으로 논어를 끝까지 읽으신 분들은 많지 않아도 의외로 맨 마지막 구절도 많이 회자되고 있습니다. 해석을 하면 이렇습니다.

"말을 알지 못하면 사람을 알 수가 없다."

언言을 모르면 사람을 모르는 것이라고 했으니 말이 곧 사람으로 언행으로 그 사람을 알 수 있다는 뜻입니다. 성경만큼 많이 읽히고 있고, 공자와 그의 제자들의 어록을 엮은 경전으로 수많은 짜깁기로 완성된 책이 바로 논어입니다. 맨 처음 문장과 맨 마지막 문장을 이어보면 논어는 사람을 알기 위한, 즉 군자라고 부르는 지도자가 되는 방법을 설명한 책입니다.

논어의 첫 구절은 보신 바와 같이 배울 학學으로 시작합니다. '학이시습지 불역열호學而時習之 不亦說乎'라는 논어의 첫 구절은 모르는 사람이 없을 정도로 많이 듣고 배운 문장이지요. 상론 10편, 하론 10편 총 600여 문장으로 구성된 방대한 논어에서 처음의 시작으로 학學이 선택된 이유가 있지 않을까요? 공자의 철학을 네 글자로 줄인다면 극기복례克己復禮라고 할 수 있습니다. 즉 나를 극복하고 예로 돌아간다는 말입니다. 여기서 기己는 지금의 나로서 부정하고 싶고 완성되지 않은, 만족스럽지 않은 나입니다. 즉 극복의 대상입니다. 그리고 예禮는 미래의 나로서 노력을 통해 완성될 나를 뜻합니다. 다시 말하면 부족한 나로부터 완전한 내가 되기 위한 지침서라고 할 수 있습니다. 공자가 제시한 완전한 내가 되기 위한 정답은 바로 '배움'입니다. 그래서 논어의 첫 글자가 배울 학學인 이유입니다.

道可道 非常道

도가도 비상도

이건 노자의 도덕경 1장 중 첫 구절입니다. 논어의 첫 구절과 더불어 아주 유명한 문장으로 노자의 사상을 한마디로 표현한 말입니다. 해석하면 이렇습니다.

"도라고 말할 수 있는 도는 영원한 도가 아니다."

여러 해석이 있지만 도는 말로 해석하고 글로 정의할 수 있는 대상이 아니란 뜻입니다. 또한 노자의 사상 중 자주 등장하는 무위無爲는 아무것도 안 한다는 뜻이 아니라 여기서 위爲는 '~을 위하여'의 뜻으로 이미 굳어 고정된 기준이나 규칙을 위해 행동한다는 뜻입니다. 즉 무위無爲를 풀어 해석하면 어떤 기준이나 규칙을 위해 행동하지 않는 것으로 '사실을 그대로 볼 수 있는 단계'가 됩니다. 즉, 고정되어 편협한 생각, 치우친 편견 없이 제대로 볼 수 있는 단계가 바로 무위입니다. 이제 도덕경의 첫 구절을 다시 볼까요? '도道는 무엇이다'라고 정의해 버리면 기준과 규칙이 되어 도를 따르는 것은 무위無爲가 아니게 되어 도가 아니라는 것입니다.

공자와 반대의 사상을 가진 노자와 장자의 철학을 네 글자로 표현한다면 거피취차去彼取此라고 할 수 있는데 이 뜻은 저것彼을 버리고去 이것此을 취한다取는 말로, 저것彼은 미래의 나이고, 이것此은 지금의 내가 됩니다. 즉 이상보다 현실을 추구하고 사회적 통념보다 내면의 본성에 충실하라는 겁니다. 공자의 철학이 지금을 참고 견뎌 다가올 미래를 준비하라는 뜻이라면 노자의 철학은 미래를 준비하기보다 솔직한 마음으로 지금을 살라는 뜻입니다. 유교에 뿌리를 둔 우리나라 문화에서 공자의 철학이 대세였지만 최근 많은 생각들의 변화로 인해 장자와 노자의 현실주의도 환영받고 있습니다.

학學은 플러스(+)의 개념으로 매일 배워 더해가는 것이고, 도道는 마이너스(-)의 개념으로 매일 비워가는 것이라고 볼 수 있습니다. 즉 도道는 비움, 비워 낸다는 뜻인데 없는 상태에서 비울 것이 있을까요? 비운다는 것은 기존의 배움, 배운 지식을 버리라는 뜻으로 그래야 편견, 선입견에 빠지지 않고 제대로 보고 배울 수 있다는 뜻입니다. 이를 노자의 '배우지 말라'는 사상과 '거피취차去彼取此'를 연결하면 공부한 미래의 나보다 공부 안 하는 지금의 나를 즐기라는 말이 되는데 과연 노자가 이런 뜻으로 말했을까요? 노자의 '배우지 말라'는 사상은 다른 사람들이 만들어 놓은 모범적 이론 체계, 즉 위爲를 따르게 되면 창조적 활동이 될 수 없다는 말입니다. '무위無爲'와 이어지는 말입니다. 이를 곡해曲解하여 노자의 사상에서 '배움은 위험하다, 배워선 안 된다'라고 정의하는 것은 무위無爲를 제대로 이해하지 못했기 때문입니다. 노자가 말하는 무위적 삶을 살기 위해서는 공자가 말하는 개념이나 기준에 대한 학습學習이 선행되어야 합니다. 배우고 익히는 것은 공자의 바람이고, 그렇게 몸에 쌓인 배움을 다시 비우고 새롭게 세상을 보는 것은 노자의 바람입니다. 이렇게 두 사상가의 철학은 서로 보완하고 상충하는 관계로 배움이라는 기본에서 시작합니다. 이번 장에서는 배울 학學과 익힐 습習에 대한 이야기를 나누어 보겠습니다. 배움이 무엇이고 익힘이 무엇인지 글자를 통해 여러분과 함께 알아보는 시간을 가지려 합니다.

배움에서 깨달음으로

배울 학이라는 글자를 잘 볼까요? 학學의 윗부분을 분석하는 다양한 파자破字의 방법이 있는데, 지식을 감싸고 있는 머리혈이 아직 닫히지 않은 어린아이의 머리(절구 구臼)를 본뜬 형상이란 해석도 있고, 혹은 책장에 꽂힌 많은 책冊들을 형상화한 것이란 해석도 있습니다. 갑골문을 기준으로 하면 팔괘(八卦=괘 효爻)를 손으로 잡은 모양인데, 모든 해석이 지식, 배움을 가리키고 있지요. 글자의 아래는 지붕 아래에 아이가 있는 모양으로 집 혹은 학교(서당)에서 공부를 하는 의미를 담고 있습니다. 이렇게 배울 학學은 몰랐던 것을 잡고 채우는 뜻으로 새로운 걸 만나 배운다는 의미입니다. 한편 배울 학學의 아래에 있는 아들 자子를 볼 견見으로 바꾸면 깨달을 각覺이 되어 육체적으로 느끼는 감각感覺이 됩니다. 각覺은 곧 보고 배운 것으로 견학見學을 의미하며 누군가의 행동이나 가르침을 보고 배우는 것에서 파생되어 깨달음의 뜻까지 연결되었습니다. 술에서 깨는 뜻을 가진 깰 성醒과 만나면 깨어 정신 차린다는 각성覺醒이 되고, 깨달을 오悟와 만나면 각오覺悟가 되어 깨달음을 통해 새롭게 마음을 준비하는 뜻이 됩니다. 배울 학學은 이렇게 깨달을 각覺을 탄생시켰는데 중간에 과정이 있습니다. 깨닫기 위해서는 바로 학습이라는 과정이 필요합니다. 그래서 습習에 대한 이해도 필요한 것이죠.

남의 나라 글자를 왜 배우냐고?

이 글자를 잘 볼까요? 우선 깃털을 본뜬 깃 우羽가 보입니다. 깃털이 아니라 살별 혜彗의 고자古字가 후대에 깃 우羽로 변한 것이라는 학설도 있습니다. 그리고 흰 백白이 보이는데 갑골문에서는 흰 백이 아니고 태양을 뜻하는 날 일日이었답니다. 다소 무리가 있긴 하지만 해석해 보면 새가 날개를 펼쳐 태양을 가로질러 날아가는 모습을 본뜬 글자라고 할 수 있습니다. 새는 태어나서 떨어지는 법부터 배웠겠죠. 그러다 다시 일어서 날갯짓을 하며 오르고, 또 내려왔다가 다시 날아오르며 하늘을 가로지릅니다. 이 새에게 어느 정도를 날면 배웠다고 할 수 있을까요? 10미터를 날아도 난 거고, 100미터를 날아도 난 것 아닐까요? 나는 법을 배웠지만 그게 몸에 익지 않아서 더 멀리 못 날아간 것뿐입니다. 쉬지 않고 계속 수천 킬로를 날아갈 수 있는 정도면 몸에 배었다고 말할 수 있겠죠? 그게 바로 '익힘'입니다. 내 것이 된 거예요. 굳이 노력하지 않아도 저절로 날 수 있는 상태를 습習이라고 합니다. 이렇게 습習은 앉아서 배우는 것이 아니라 실행하며 몸소 배워 익히는 뜻이 강합니다. 그래서 보고 배워 익히는 견습見習, 실제로 해보며 배우는 실습實習, 오랜 기간 반복적으로 행해져 내려오는 관습慣習에 씁니다. 미리 공부하는 예습豫習과 다시 공부하는 복습復習에도 쓰는데 왜 여기엔 학學이 쓰이지 않았느냐고 질문하실 수 있을 텐데요, 습習이라는 글자에는 반복의 의미와 더불어 스스로 행하는 의미가 포함되어 있기 때문입니다. 학學이 다소 수동적이고 앉아서 배우는 뜻이라면 습習은 능동적 실행이라고 이해하시면 됩니다. 그래서 혼자 공부하는 걸 자학自學이 아니라 자습自習이라고 하는 겁니다. 스스로 하는 게 자습입니다.

장자에 나오는 포정해우庖丁解牛 이야기를 잠깐 언급해 볼까요? 포정이라 불리는 백정이 이렇게 말합니다. "흔한 일반 백정은 한 달에 한 번 칼을 바꾸는데 칼로 뼈를 건드려 칼날이 쉽게 상하기 때문이고, 뛰어난 백정은 일 년에 한 번 칼을 바꾸는데 뼈는 피할 줄 알지만 살을 억지로 손질하려고 해서 칼날이 무디어지게 된다. 그런데 신의 경지에 이른 백정은 칼을 뼈와 뼈 사이, 살과 살 사이로 지나게 하여 칼날이 상할 일이 없다." 눈을 감고도 소 한 마리를 손질할 수 있을 정도의 경지에 오르기 위해선 수많은 노력이 필요했을 텐데 그건 바로 실행입니다. 누가 하라고 해서 하는 게 아니고 배운 걸 스스로 실행하는 것이 바로 습習입니다. 여기서 우리는 견학見學과 견습見習의 차이를 알 수 있죠. 견학은 위에서 설명한 대로 보며 배우는 것을 말하고, 견습은 배운 것을 직접 해보는 것을 말합니다. 그래서 견습見習은 곧 실제로 해보는 것이기에 실습實習이라고도 합니다. 학學에서 멈추지 않고 습習으로 승화시켜야 진정한 배움이 됩니다. 배운 뜻 그대로 익힌다는 뜻으로 습習을 해석해 버리면 논어의 첫머리를 깊게 이해할 수 없습니다.

배움을 향한 태도의 예로 제가 겪었던 일을 하나 풀어놓을까 합니다. 어느 구독자 분께서 가슴 아픈 댓글을 남기셨습니다. 생각을 정리하고 답을 드려야겠다 하고 조금 지나서 봤더니 글을 지우셨더라고요. 남기신 댓글은 '한자에 재미가 붙어 자주 보게 되었고 공부하는 재미가 있었는데 주변에서 중국 문자를 배운다며 중국 가서 살라는 말을 들어 가슴이 아픕니다'라는 내용이었습니다.

처음 유튜브를 시작할 때 배움에 재미와 감동을 더하겠다는 생각으로 시작했습니다. 그냥 보고 웃고 스쳐 지나치기보다는 영상에서 재미와 감동도 함께 얻어 배움에 대한 거부감을 줄이고자 했지요. 순기능을 살린 선한 영향력을 전달하고 싶었는데 최악의 글자, 쓰레기 글자라며 한자와 중국을 동일시하며 보기도 싫다는 댓글들을 자주 만납니다. 한자의 한은 한나라의 한漢을 쓰고 있어서 저도 가급적 한자라는 말 대신, 글자라는 말을 사용합니다. (엄밀히 말하면 글자라고 부르는 것도 잘못된 표현입니다. 초성, 중성 등을 가리키는 우리 한글의 'ㄱ, ㄴ, ㄷ'이나 'ㅏ, ㅑ, ㅗ, ㅛ' 또는 로마자의 알파벳 'a, b, c' 등의 부호(letter)를 글자라고 합니다. 문자는 설명드린 대로 문과 자의 조합, 체계가 합쳐져 있는 말입니다.) 중국의 문자 이전에 동아시아 공용 문자라고 생각하기 때문에 저는 한자를 달리 부르고 싶었습니다. 부르는 이름이 모든 것을 정의하게 되기 때문입니다. 하지만 여기서는 우선 '한자'라고 부르도록 하겠습니다.

우리나라가 한자를 완전 폐기했다고 말할 수는 없지만 2016년 11월 헌법재판소가 '한자 교육 필수화는 헌법 불일치'로 결정하면서 2017년 수능부터 한자와 관련된 문제가 일체 사라집니다. 그렇게 한자 교육은 학교 정규과정에서 사라졌습니다. 수능에 출제되지 않으니 배울 필요도 가르칠 필요도 없었으니까요. 배움의 문이 닫혀버리는 안타까운 순간에 한자는 일부 필요한 사람들만을 위해 공교육에서 사교육으로 넘어가게 됩니다. 그리고 한자의 필요성에 대한 찬반론은 '문해력'이라는 화두를 타고 지금까지 침을 튀기며 설왕설래하고 있지요.

우리나라 한자 교육도 문제가 없었던 것은 아닙니다. 제가 말하고자 하는 건 찬반에 대한 어느 의견이 아닙니다. 배움은 배울 사람의 자유입니다. 배울 사람은 계속 배우는 겁니다. 수능이 끝났다고 책을 놓고 남은 생을 살아갈 수 없듯이, 평생 학습의 길을 걷는 게 우리 인생입니다. '평생 학습'은 영어로 'lifelong learning' 이라 하고 개인적 또는 직업적 이유로 "지속적이고(ongoing), 자발적이며(voluntary), 동기를 부여하는(self-motivated)" 학습 추구입니다. 한자를 반대하는 사람들은 정치적, 경제적으로 중국이라는 거부감 때문에, 언어와 문자를 구분하지 않고 한자를 '중국말'로 치부하며 배척합니다. 수능에도 안 나오는 것을, 게다가 중국에서 만든 것을, AI 시대에 곧 없어질 원시적인 문자인 것을 하면서 말입니다. 그런데 중요한 건 모두 옛말에 있습니다. '배워서 남 주냐?'라는 부모님 말씀입니다. 한자가 되었든, 중국어, 영어, 일본어가 되었든 배우면 모두 고스란히 남게 되지요. 배울 필요가 있고 배워서 좋으면 계속 배우면 되지요.

한편 무언가를 배우게 되면 불편한 게 진실입니다. 내가 알던 것이 그게 아니고 이거였구나 하며 개방적으로 수용할 수 있는 사람은 많지 않거든요. 배움의 첫 단추는 그런 심적 불편함을 즐기고 재미로 승화시켜야 하는데, 그게 불편함으로 끝나버리면 배움이 절대 재미로 둔갑할 수 없겠지요. 비워져 있기에 채울 수 있음에 감사하며, 배움의 즐거움을 만끽할 수 있어야 합니다. 그럼 저절로 배워지고學, 쌓이면 몸에 붙어習 떨어지지도 않습니다. 누가 뭐라고 해도 지금 배워 채워지는 나를 느끼며 즐기세요. 배워서 남 줄 것 아니니까요. 이제 학學과 습習을 배웠으니 '학이시습지 불역열호 學而時習之 不亦說乎’를 다시 해석하면 이렇게 됩니다.

“배운 것을 때에 맞게 실행하면 또한 기쁘지 않겠는가?”

여기서 때 시時는 때때로, 가끔이 아니라 ‘때에 맞게’라고 해석해야 합니다. 공자가 우리에게 배운 걸 가끔만 실행하라고 했을 리는 없으니까요. 즉 배운 것을 잊기 전에 완전한 내 것으로 만들기 위해 직접 실행하며 체득하면 기쁘지 않을 수 없다는 말입니다. 이 문장은 단 한 글자로 요약이 될 수 있는데 그건 바로 익을 숙熟입니다. 익을 숙은 그릇에 담긴 음식을 불로 익히는 모습을 본뜬 글자로 음식이나 고기가 다 익었음을 뜻합니다. 참고로 형통할 형亨, 드릴 향享은 제사 용기를 본뜬 글자랍니다. 그래서 토끼를 잡으면 다 쓴 사냥개는 삶는다는 토사구팽兎死狗烹의 뜻을 팽烹으로 쉽게 이해할 수 있지요. 또한 익을 숙에 쓰인 둥글 환丸은 손으로 잡는 뜻을 가리킵니다. 잡을 집執이라는 글자에도 잘 나타나 있습니다. 이제 다시 익을 숙熟을 보면 조리한 음식을 손으로 잡은 모습이 보입니다. 다 익어서 손으로 음식을 꺼내는 뜻인데 익었다는 말은 ‘눈에 익다, 손에 익다’로도 파생되어 습관이 되었다는 뜻이 됐고 일이 익숙해진 숙련熟練, 숙달熟達 등에 쓰입니다. 학學은 습習이 되어 즐겁고, 습習이 쌓여 숙熟이 되면 또 즐겁습니다. 이렇게 배움은 지식이 되어 쌓이는데 남들의 생각이 과연 중

요할까요? 배움의 기회를 놓치면 후회만 남겠지요. 학이시습지^學
而時習之에 시時가 들어간 이유를 다시 한 번 생각해 볼 필요가 있
습니다. 지식이 계속 쌓이면 지혜가 될까요? 이제 지식과 지혜의
차이를 알아볼 시간입니다.

學而時習之

학 이 시 습 지

學而時習之

不亦說乎

불 역 열 호

不亦說乎

배운 것을 때에 맞게 실행하면 또한 기쁘지 않겠는가?

알면 안다고,
모르면 모른다고 하는 지혜

知·智

學而不思則罔 思而不學則殆

학이불사즉망 사이불학즉태

논어 위정편에 나오는 구절로 해석하면 이렇습니다.

"배우고 생각하지 않으면 속기 쉽고, 생각만 하고 배우지 않으면 위태롭다."

知人者智 自知者明

지인자지 자지자명

노자의 도덕경 33장에 나오는 구절로 지知와 지智에 대한 이해를 도울 수 있는 문장으로 해석하면 이렇습니다.

"남을 아는 것을 지혜라고 하고, 자신을 아는 것을 통찰이라고 말한다."

다음 장에서도 나오겠지만 소크라테스도 "내가 유일하게 아는 것은 아무것도 모른다는 사실이다"고 말했습니다. 물론 공자도 "모르는 것을 모른다고 하고, 아는 것을 안다고 하는 것이 아는 것이다"고 말했지요. 이렇게 고대 사상가들은 앎에 대해 끊임없이 생각한 것 같습니다.

　먼저 예시로 든 논어의 문장은 배움學에서 멈추면 없어져 아무 것도 남지 않는다고 경고하고 있지요. 또한 궁리만 하고 안 될 것 이라 생각하며 포기하고 배우지 않는 것에 대한 위험도 경고하는 구절입니다. 여기서 없을 망罔의 숨은 뜻은 속을 망, 어두울 망惘 으로 '멍하다, 속다'의 뜻입니다. 배우기만 하고 생각하지 않으면 속기 쉽고, 생각만 하고 배우지 않으면 혼자만의 세상에 빠져 위 태롭다고 말하고 있습니다. 이 문장을 잘 보면 학學과 사思의 대 칭된 구조로 배움學은 함께하는 것을 뜻하고, 생각思은 혼자 하 는 것을 의미합니다. 즉 함께 배운 것을 다시 생각하고 깨닫고 반 성하면 속지 않는 '지혜'를 가질 수 있다는 뜻이지요. 한편 혼자만 생각思하고 다른 사람들과 함께하지 않으면不學 위태롭다는 뜻은 다른 사람들과 배운 것을 함께 나누지 않는다면 자신만의 세상에 빠져 위험에 처할 수 있다는 말입니다.

　이어 예로 든 도덕경의 '지인자지 자지자명知人者智 自知者明'을 볼까요? 사람 인人은 일반적으로 내가 아닌 남을 가리키는데 노 자도 다른 사람을 아는 것이 지혜라고 말하고 있습니다. 즉, 지知 를 단순한 지식과 앎, 혹은 배움이라고 한다면 지智는 남들과 소 통하고 교류하면서, 즉 사회적 경험을 통해서야 이룰 수 있는 게 지혜智慧가 됩니다. 그런데 노자는 지혜에서 끝내지 않았습니다. 사람들을 통해 얻은 지혜로 다시 나를 보라고 말합니다. 이건 깨달음입니다. 지혜로 끝나지 않고 다시 나를 살펴 깨닫는 과정을 거쳐 다가올 상황을 예측明하라는 말입니다.

이번 장에서는 지식과 지혜를 포함한 다양한 앎에 대한 주제로 길을 떠나볼까 합니다. 저는 어렸을 때 한 권의 백과사전이 유일한 책이었는데 그 당시부터 시작하겠습니다.

젊은 독자분들은 잘 모르시겠지만 예전에는 백과사전을 팔기 위해 집집마다 다니며 책을 판매하는 분들이 계셨습니다. 그런 분들을 외판원이라고 불렀고 물론 저희 집도 찾아오셨었지요. 한참 설명을 들은 어머니께서는 형편상의 이유로 거절했지만 끝없는 설득을 이기지 못해 저희 집에 백과사전 한 권이 들어왔습니다. 보통 백과사전은 전질全帙이라고 해서 수 권의 책으로 구성된 한 세트가 기본이었는데 저희 집엔 딱 한 권짜리 백과사전이 들어왔어요. 지금은 질帙이라는 말도 거의 사라졌군요. 옷처럼 한 벌이라고도 말하지만 하나의 완전한 구성을 한 '질'이라고도 했습니다. 어쨌든 그 백과사전 한 권 덕분에 요긴하게 숙제도 하고 시험공부도 했던 기억이 납니다.

우리는 살아가면서 수많은 사실과 정보를 익힙니다. 특히 요즘처럼 미디어가 발달한 시대를 살면서 정보는 누구나 쉽게 얻을 수 있을 정도로 차고 넘칩니다. 특히 비싼 백과사전을 살 필요도 없이 인터넷에서 찾으면 못 찾을 정보가 없으니, 어머니의 눈물과 아버지의 땀방울이 없어도 배우고자 하면 배울 수 있는 시대가 열렸습니다.

모른다는 부끄러움을 이겨내야 지식을 얻을 수 있다

지식은 이제 특정 계층의 전유물이 아닌 누구나 공유하고 접근 가능한 자원이 되었지요. 지식을 한 글자씩 풀어보면, 지知는 알 지라고 하고, 식識은 알 식이라고 합니다. 둘 다 안다는 뜻인데 무슨 차이가 있을까요? 알 식의 오른쪽 부분은 찰흙 시라는 글자로 소리 음音과 창 과戈가 만났네요. 전쟁터에서 구호를 외치는 뜻으로 똘똘 뭉쳐 찰흙 시가 되었다는 설도 있습니다. 여기에 말씀 언言이 붙어 '구호(구령)을 듣고 안다'라고 하여 '알다'의 뜻으로 자리 잡은 글자입니다. 그리고 알 지知는 화살 시矢와 입 구口가 만났네요. 창이나 화살이 나오면 우선 군대, 전쟁터라고 생각하시면 됩니다. 여기서 화살은 무기가 되고, 입은 누군가 말을 하는 의미로 합쳐져 '무기를 다루는 방법'을 알게 되는 뜻에서 '알다'의 뜻으로 자리 잡은 글자입니다. 식識은 사람과의 소통을 통해 생겼고, 지知는 지식 전달을 위해 생긴 글자랍니다. 그런데 전할 지식이 없으면 무식無識하다고 하고, 지식이 차고 넘치면 유식有識하다고 하니 지와 식은 이제 구별 없이 안다는 뜻으로 사용되고 있습니다. 안다, 깨닫다는 뜻의 글자를 모아 영상을 만든 적이 있습니다. 10개를 골라 아는 단계, 수준으로 정리를 했는데 이 책의 장 후반에 소개하도록 하겠습니다.

알 지知의 쓰임새는 다양하지만 어떤 사실에 대해 인지하게 되는 수준으로 전 장에서 나온 배울 학學의 개념과 통하는 글자입니다. 배울 학이 과정이라면 알 지는 배운 결과를 뜻하고, 배울 학이 아이들을 위한 글자였다면, 알 지는 어른들을 위한 글자가 됩니다. 그래서 어른이 되면 세상에 널리 알리는 공지公知도 받고, 법원의 고지서告知書를 받기도 합니다. 알게 되었을 때 불편함이 있습니다. 내가 이런 것도 몰랐구나 하고 스스로 발견할 때 생기는 마음의 불편함이 있고, 남들도 다 아는데 나만 몰랐다는 것이 밝혀지는 살짝 부끄러운恥 불편함이 있습니다. 그런데 그런 불편함이 해소되면 얻은 지식은 용기로 변신합니다. 어디서나 갑옷을 두른 듯 당당해지고, 아는 게 많아져 어깨가 들썩이기도 하는데 부작용도 있어 가끔 안하무인의 마음으로 혼자 옳다고 생각하기도 합니다.

한 번은 저도 영상을 만들며 구독을 부탁하는 글씨를 써서 영상에 이렇게 올린 적이 있습니다. "구독과 좋아요, 알람 설정까지"라고요. 그런데 한 구독자분께서 댓글로 알람이 아니라 알림이라고 수정해 주셨습니다. 이때 제 머릿속의 변화를 한 번 추적해 볼까요?

· 알람이 아니라 알림이었군. (知)

· 이런 것도 몰랐다니. (恥)

· 근데 알람이나 알림이나 뭔 차이가 있다고 그래? (反)

· 그래도 생각해보니 알림이 맞는 것 같네. 하나 배운 날이야. (合)

· 다음부턴 좀 더 생각하고 만들어야 되겠군. (智)

예가 조금은 다를 수 있어도 일반적인 사람의 생각은 3번까지는 같을 겁니다. 우리가 수많은 사실과 정보를 배워도 그 후에 어떤 선택을 하느냐에 따라 지知가 지智로 넘어가느냐가 결정됩니다. 같은 지식을 가진 두 사람이 전혀 다른 선택을 한다면 전혀 다른 결과를 만들 수밖에 없습니다. 제가 만약 3번에서 저렇게 마음을 먹고 '별 걸 다 가지고 그래?'라고 넘겨버렸다면 다음의 사실에 대해서는 모르고 그냥 지나쳤을 것입니다.

· 알람: 불안, 공포 및 경보. 자명종의 기상 알람(alarm)

· 알림: 새로운 메일이나 메시지 등의 도착을 알리는 일 (notification)

이렇게 알게 된 이상 계속 '알람 설정까지'라 하며 부탁하는 건 무리일 것입니다. 이렇게 지知를 지智로 바꾸는 것은 실천의 유무입니다. 전 장에서 학學에서 습習으로 가는 길도 실천이었습니다. 실천의 유무에 따라 지식이 지혜가 되기도 하고, 배움이 습관이 되어 나만의 것이 됩니다. 즉, 우리가 어떻게 마음을 먹는가에 따라 인생은 완전히 다르게 전개됩니다.

지식과 지혜는 어떻게 다른가

보시는 바와 같이 智와 知의 차이는 日이 있고 없음의 차이입니다. 지智의 현재 부수는 날 일日이지만 맨 처음 지혜 지智가 생겼을 때에는 말한다는 뜻의 가로 왈曰이었습니다. (참고로 가로 '왈'은 가로 세로의 가로가 아니라 '가로다'라는 '말하다'를 예스럽게 이르는 말을 가리킵니다.) 우선 지금 부수인 날 일日을 기준으로 지혜 지智를 본다면 '지知라는 지식에 시간이 쌓이고 경험이 축적되어야 지혜智로 바꿀 수 있다'는 뜻으로 해석할 수 있습니다. 지혜를 의미하는 지智는 갑골문에서는 나타나지 않고 시간이 지난 후에 나타나는 것으로 봐서도 지식이 쌓인 후에 지혜로 변했음을 알 수 있지요. 이제 원래의 의미였던 왈曰에 대한 이야기를 해볼까요? 지知가 무기 사용 방법을 전해 들은 앎知이라면 지智는 지知를 말하는, 전달하는 뜻으로 무기 다루는 방법을 다시 다른 사람에게 말로 전하는 의미가 됩니다. 우리는 여기에서 지식과 지혜의 차이점을 발견할 수 있습니다. 배움을 혼자서 간직하느냐, 아니면 배움을 남에게 전달하느냐 하는 것입니다. 배워서 나만 알고 있으면 그건 지식에 불과하고, 남들과 공유하고 나누면 지혜가 된다는 의미로 해석할 수 있겠지요. 바로 지금 이 시대를 살아가며 필요한 지혜가 지식의 나눔이 아닐까 생각합니다.

실제로 배움을 몸으로 익히고 지혜로 승화시키는 방법 중 하나는 남을 가르쳐보는 것입니다. 이는 뇌의 능동적 학습과 뇌가소성이라는 연구 결과에서도 나타납니다. 우리 뇌는 새로운 지식이나 경험이 쌓이면 뉴런이라는 신경세포들은 더욱 성장하고 서로 더 많이 연결됩니다. 이를 뇌가소성(neuroplasticity)이라고 하는데 뇌가 성장한다는 것은 뇌 세포의 개수가 늘어나는 것이 아니라 뉴런들 간의 연결망이 학습에 따라 변화하는 것입니다. 즉 지식의 습득이 잦을수록 똑똑해질 수 있다는 연구의 결과입니다. 캐롤 드웩 교수의 성장 마인드셋(growth mindset) 이론을 보면 개인의 능력과 자질이 노력과 경험을 통해 누구나 발전시킬 수 있다고 합니다. 실패를 두려워하지 않고 성장하는 과정을 즐길 줄 아는 것이죠. 반면에 고정 마인드셋(fixed mindset)을 가진 사람들은 능력은 타고난 것으로 변화시킬 수 없다고 믿기 때문에 성장을 위한 노력을 하지 않습니다. 이를 뒷받침하는 학습 개념 중 하나가

능동적 학습입니다.

능동적 학습은 학습 과정에서 학생의 참여를 강조하는 개념으로 그룹 토론을 포함한 비판적 사고를 촉진하는 모든 학습 방법을 말합니다. 수동적으로 앉아서 받아들이는 학습이 아닌, 학생의 참여를 통해 학습 능률을 최대한 끌어올리는 방법으로 직접 나서서 경험하는 것입니다. 전 장에서 나눴던 학學과 습習에서 언급한 것처럼 능동적 학습은 '스스로'와 '반복'의 개념이 들어간 습習에 가깝다고 할 수 있습니다. 능동적 학습의 기본은 함께 학습하기로 자신의 의견을 남들과 나누는 것입니다. 가장 좋은 방법은 배운 것을 자신의 생각으로 만들어 남들과 나누는, 즉 다른 학생을 가르쳐보는 것입니다. 즉 획득한 지식을 남과 나눌 수 있는 정도가 되어야 지혜의 문에 이르렀다고 할 수 있습니다. 지知에서 지智로 승화시키는 방법은 곧 지식의 나눔이고, 가르침인 것입니다. 지智에 반복(시간)을 뜻하는 일日과 나눔을 뜻하는 왈日이 있는 이유입니다.

또한 알 지知는 앞으로 나아가는 원동력이라 할 수 있고, 지혜 지智는 때를 알고 멈출 수 있는 용기라고 말할 수도 있습니다. 서두에 예시로 들었던 논어의 한 구절을 인용해볼까 합니다. 공자의 제자 자로가 아는 것이란 무어냐고 공자에게 묻습니다. 그때 공자의 대답이 바로 유명한 "지지위지지 부지위부지 시지야知之爲知之 不知爲不知 是知也"입니다. "아는 것을 안다고 하고, 모르는 것을 모른다고 하는 것이 '아는 것'이다"고 말하지요. 아는 것과 모르는 것을 구분할 줄 아는 것, 그것이 '아는 것'이라고 말합니다. 공자가 가장 중시했던 '인의예지신仁義禮智信'이라고 들어보셨지요? 공자가 강조하는 다섯 가지 덕목으로, 어질고 의롭고 예의를 지키고, 지혜로우며 믿음이 있어야 한다는 것을 뜻합니다. 공자는 이렇게 지知보다 지智를 강조했던 사람입니다. 배울 학學도 잊기 전에時 실천해서 익힐 습習으로 만들라고 했으니까요. 게다가 논어에서는 지知와 지智의 구분 없이 대부분 지知로 쓰였습니다. 그럼 이런 의문을 가지지 않을 수 없죠. 자로가 공자에게 물은 것은 지知가 아니고 지智가 아니었을까? 그렇다면 이런 해석이 가능합니다.

"아는 것을 안다고 하고, 모르는 것을 모른다고 하는 것이 바로 지혜다."

아는 것은 앞으로 나아가는 원동력으로 앎이 힘이 되는 때가 있습니다. 생각에도 관성의 법칙이 적용되어 그 힘을 멈출 줄 모르고 앞으로 계속 나아가는 경우도 있지요. 지식이 고착화되어 쌓여가며 아집으로 바뀐 경우랍니다. 아집我執은 남도 아니고 내가 잡고 있다는 뜻입니다. 잡을 집執은 수갑에 끌려가는 죄인의 모습을 의미하는 글자로 '아집'은 내가 나에게 스스로 수갑을 채웠다는 뜻이 됩니다. 내가 아는 지식이 발목을 붙드는 경우가 많습니다. 영화 어벤져스 영화를 좋아하시는 독자라면 인피니티 워에서 타노스와 아이언맨의 전투 중 타노스가 '지식의 저주'를 언급했던 장면을 기억하시겠지요? "지식의 저주에 갇힌 것이 너만은 아니지…"라고 했던 장면이 기억납니다. (타노스의 고향 타이탄은 인구과잉으로 인해 종말을 눈앞에 두고 있었는데 타노스는 무작위로 인구 일부를 골라 죽이자고 했지만 다른 이들은 모두 반대했고 결국 타이탄은 멸망했습니다.) 지식의 저주라는 말은 내가 알고 있는 지식을 다른 사람도 알 것이라는 고정관념으로 인식의 왜곡을 의미합니다. 즉, 내가 아는 것이 진리라는 왜곡으로 아집이 되고 지식의 저주라는 틀 안에서 빠지게 됩니다. 공자의 말을 다시 풀어보면 또 다른 지혜를 발견합니다.

아는 것이라도 제대로 다시 알아보고, 모르는 것에 대해서는 아는 것처럼 하지 말고 모른다고 하는 것, 이 말은 다시 메타인지로 이어집니다. 남의 지시 이전에 자기 스스로 자신의 생각을 생각하는 능력입니다. 즉, 자기 성찰 능력입니다. 그게 바로 멈출 줄 아는 능력입니다. 메타인지 능력이 높을수록 자신의 한계를 정확히 파악하게 되고, 그만큼 알맞게 시간과 자원을 배분해서 일의 효율성이 높아집니다.

知之爲知之 不知爲不知 是智也

"지혜란 무엇입니까?" 제자 자로가 던진 이 질문에 공자는 "나의 한계를 알고 적절하게 대응하는 것이 지혜다"라고 말한 겁니다. 그래서 저는 '지식은 앞으로 나아가는 원동력이 되지만 지혜는 나를 멈추게 하는 힘'이라고 말하고 싶습니다.

그렇다면 내가 아는지 모르는지는 어떻게 알 수 있을까요? 우선 다양한 앎에 대한 과정을 거쳐야겠죠. 앎에 대한 종류와 방법은 다양합니다. 다음 장에서 앎의 방법에 대한 여행을 떠날 텐데 그 전에 앎의 종류에 대해 정리했던 영상의 스크립트를 여러분들과 공유하며 이 장을 마치도록 하겠습니다.

오늘은 지식과 지혜라는 제목으로 여러분들과 안다는 뜻을 가진 글자들을 알아볼까 합니다. 안다, 깨닫다는 뜻을 가진 글자들 10개를 뽑았는데 쓰기 쉬운 글자부터가 아니라 아는 수준, 단계로 구분하여 낮은 단계부터 높은 단계까지 정리해 봤습니다. 물론 철저한 고증을 통해 분석한 것은 아니고 용례를 통해서 정리한 내용임을 미리 말씀드리고요, 그래도 글자를 이해하시는 데 도움이 될 것이니 참고하시길 바라겠습니다.

그럼 첫 번째 단계의 글자부터 알아보겠습니다. 지금 쓰는 글자는 말씀 언과 참을 인이 만났는데요, 이 글자는 알 인認이라고 합니다. 증운增韻이라는 책에서의 풀이는 알아채는 것이라고 설명하고 있는데요. 대상을 분별해 판단하는 인지認知, 인식認識에 쓰여 철학의 기초과정을 뜻하고, 누구나 인정하고 아는 자타공인 自他共認 등에 씁니다. 알 인이라는 이 글자는 형태, 외형을 알아보는 초기 단계의 앎이라고 아시면 되겠습니다.

두 번째 단계의 글자는 역시 말씀 언과 찰흙 시가 만났습니다. 이 글자는 알 식識이라고 하는데요, 사전상에서는 '아는 것이다'라며 단순하게 설명되어 있지만 이건 구별해 내는 의미가 강합니다. 즉, 형태나 상황의 본질을 구체적으로 아는 걸 뜻합니다. 아까 나온 알 인認이 철수라는 이름을 가진 사람을 안다는 뜻이라면 알 식識은 철수의 얼굴은 물론 사는 곳, 좋아하는 것과 성격까지 아는 단계라고 할 수 있습니다. 알 식은 알 지와 만나 지식知識에 쓰이고, 만나서 얼굴을 아는 면식面識, 누구나 알아야 할 기본 교양인 상식常識 등에 쓰고 있습니다.

세 번째 단계의 글자는 우리가 잘 아는 알 지知라는 글자입니다. 이건 화살 시와 입 구가 만났지요. 화살을 어떻게 쏘는지 누군가 옆에서 알려주는 겁니다. 그래서 알게 된 거에요. 방법을 아는 거죠. 아까 나왔던 인과 식은 구분할 줄 알고 구체적으로 아는 것이라면 알 지는 인과 식의 기초 위에 체계적으로 알게 되는 겁니다. 화살을 쏘려면 당겨야 하고 언제 어디로 어떻게 쏘아야 하는지 알아야겠죠. 그게 바로 알 지입니다. 그래서 우리는 어떤 사람이 '인적이다, 식적이다'라고 말하지 않고 '지적이다'라고 말하죠.

알 지는 지식知識, 지능知能에 쓰고, 알게 되는 인지認知, 그리고 느껴 아는 감지感知에 쓰는데요, 인지는 간접적 이해로 복잡한 과정을 통해 알게 되는 것이고, 감지는 직접적 이해로 단순한 과정으로 느껴 알게 되는 앎입니다. 여기까지 잘 이해하셨죠?

네 번째 단계의 글자는 지식에 시간을 더한 의미로 알 지에 날 일이 더해진 지혜, 슬기 지智라는 글자입니다. 이 글자 쉽게 해석하면 지식이 매일 쌓여 지혜가 된다고 말할 수 있는데요, 원래 알 지 아래에 있는 건 날 일이 아니라 가로 왈, 말할 왈입니다. 그럼 무슨 의미로 해석될까요? 네, 자신이 알게 된 것을 남에게 말해줄 수 있는 정도가 지혜가 되는 거예요. 그렇게 되기 위해서는 쌓인 지식도, 시간도 필요하겠지만 실행과 경험이 중요하겠죠. 그렇게 지식이 지혜로 바뀌기 위해서는 남에게 가르쳐주는 과정이 필요하다는 뜻입니다. 슬기로울 혜와 만나 지혜智慧로 쓰이고, 경우에 따라 재치 있게 대응하는 기지機智에 씁니다. 왜 기지라는 말이 생겼는지는 이따가 설명 드리겠습니다.

다섯 번째 단계의 글자는 바로 배울 학과 볼 견이 만나서 탄생한 느낄 각覺, 깨달을 각입니다. 이게 어떻게 지혜보다 윗 단계냐… 하실 수 있는데요, 깨달을 각은 견과 학이 만나 견학見學, 즉 보고 배운 겁니다. 그럼 배울 각이라고 해도 되는 이름을 굳이 깨달을 각이라고 했죠? 네, 뭔가를 느끼고 잘못된 것을 바로잡도록 깨닫는 겁니다. 지혜보다 높다 낮다를 떠나서 배움, 앎이라는 차원에서만 놓고 보면 깨닫는 것이 좀 더 위가 아닐까 생각해서 여기에 두었습니다. 각에는 볼 견이 들어갔듯이 시각視覺, 청각聽覺 등 오감에 쓰이고 신체적으로 깨닫는 의미가 강합니다. 또한 스스로 깨닫는 자각自覺, 실재하지 않는 대상을 느끼는 환각幻覺에도 씁니다.

여섯 번째 단계의 글자는 다 함이라는 글자와 마음 심이 만난 느낄 감感이라는 글자예요. 이것도 안다는 것과 관계가 있나 궁금해하실 수 있는데요. 아까 나왔죠, 감지感知라고. 그렇게 안다는 뜻으로도 쓰입니다. 방금 소개한 깨달을 각覺이 신체적인 감각으로 느껴 아는 것이라면 지금 이 글자 느낄 감感은 무형의 정보를 느낌적으로 알아채는 겁니다. 감이 살아있네, 오늘은 감이 좋아… 이런 '필feel'이 오는 것, 이게 바로 느낄 감입니다. 즉, 직접 경험하지 않아도 정신적으로 미리, 여기서 '미리'가 중요하죠. 미리 아는 것, 이게 바로 느낄 감이에요. 일상적으로 많이 쓰고 있습니다. 고마운 감사感謝, 이성이 아닌 감성感性에도 쓰는데 감기感氣, 그리고 감염感染도 이 감, 느낄 감이에요. 여기서 감은 어떤 원인이 된다는 뉘앙스를 가지며 움직인다는 뜻입니다. 퍼지는 거죠. 그래서 감염은 더러워지는 것이 퍼지는 것이고, 감기하면, 좋지 않은 기에 감염된 것입니다.

일곱 번째 단계의 글자는 바로 마음 심에 다섯 오가 두 개가 쌓인 나 오吾가 합쳐진 깨달을 오悟라는 글자입니다. 당연히 형성자이긴 한데 말씀 어에서도 나 오가 우리라는 뜻으로 복수를 뜻하잖아요. 전 그래서 이걸 이 마음 저 마음이 여기저기서 느껴지는 뜻이라고 생각합니다. 실제로 아까 나왔던 느낄 감도 다 함과 마음 심이 만나서 모든 마음의 뜻인데 지금 소개하는 깨달을 오도 같은 겁니다. 그런데 느낄 감보다는 깨달을 오가 배움, 앎의 단계에선 더 위에 있겠죠. 깨우치는 겁니다. 그럼 깨달을 각과 깨달을 오는 어떤 차이가 있을까요? 깨달을 각이 경험적 체험을 통한 깨달음이라면 깨달을 오는 정신적 경험에서 오는 깨달음입니다. 지난 과거를 통해서도 깨닫는 것, 바로 이게 깨달을 오가 되겠습니다. 깨달음은 반성이라고 했죠. 그래서 깨달을 각과 만나 각오覺悟에 씁니다. 각오의 뜻만 보면 깨닫고 깨닫는 뜻일 텐데, 앞으로 어떻게 하겠다는 마음의 준비를 뜻하는 이유가 바로 여기에 있답니다.

이제 여덟 번째 단계의 글자 보시겠습니다. 살별 혜라는 글자와 마음 심이 만난 건데요, 이게 바로 슬기로울 혜慧라는 글자입니다. 살별은 우산살처럼 길게 늘어지는 별을 부르는 순우리말인데 한자어로는 여러분들이 다 아시는 혜성彗星이 바로 살별입니다. 혜성이 지나가면서 꼬리가 길게 생기죠? 그래서 우리 조상님들은 그걸 살별이라고 불렀답니다. 참 멋지지 않나요? 다시 혜성이라는 살별을 떠올려보세요. 밤하늘에 쏜살같이 날아갑니다. 그러다가 마음을 뚫고 휙 하고 지나가요. 뭔가 느껴지시나요? 그래서 살별 혜에 마음 심을 붙였습니다. 마음을 관통하는 깨달음이에요. 당연히 지혜 지와 만나 지혜智慧에 쓰고요, 사물을 꿰뚫어 본다는 뜻의 혜안慧眼에 쓰입니다. 이제 확실히 아시겠죠? 그런데 지혜 지와 슬기로울 혜도 등급이 있는 게 참 신기합니다. 그래서 알아봤습니다. 당나라 백거이라는 시인의 시에 나오는 말로 급즉생지急則生智라는 게 있습니다. 사자성어로 굳어진 말인데요, 급하면 바로 지혜 지가 만들어진다는 뜻입니다. 또 다른 사자성어가 있는데요, 정능생혜靜能生慧라는 게 있습니다. 고요함은 슬기로울 혜를 만들어낸다는 뜻이에요. 이걸 풀어서 해석하면 이렇습니다. 급할 땐 총기聰氣가 발휘되고, 정적 속에선 슬기가 생겨난다. 아까 지혜 지를 설명하면서 기지機智에 쓰인다고 했죠. 기지의 뜻이 경우에 따라 재치 있게 대응하는 것인데, 바로 급할 때 생겨나는 것이 기지인 것입니다. 급하지 않은 상황, 평상시에도 항상 가지고 있는 것은 슬기로울 혜인 거예요. 이제 지혜 지보다 슬기로울 혜가 더 위라는 것을 아셨으리라 믿고 다음으로 넘어가겠습니다.

아홉 번째 단계의 글자는 젊을 소와 눈 목이 만나 만들어진 살필 성省이라는 글자입니다. 이게 왜 안다는 뜻이냐고 물으실 수 있습니다만… 이 글자 갑골문에서 원래 모양은 날 생과 눈 목으로 이루어져 있었어요. 후대에 바뀌었는데요, 원래 글자의 모양대로 뜻을 풀면, 작은 새싹이 땅에서 돋아나는 걸 눈으로 보는 겁니다. 아주 작아서 잘 보이지 않지요. 자세히 보고 살펴야 새싹을 발견할 수 있는 겁니다. 작은 싹을 발견하고 눈이 뜨이는 뜻으로 살필

성이 된 겁니다. 즉 관찰한다는 뜻인데 이게 논어에서 이렇게 나옵니다. 오일삼성오신吾日三省吾身이라고요. 공자의 제자 증자가 한 말인데 '나는 매일 나 자신을 세 번 반성한다'라는 뜻입니다. 그 뒤로 나오는 말은 '남을 위해 최선을 다했는가? 지인들과 지내며 믿음을 주었는가? 그리고 스승께 배운 것을 실천했는가?' 이 정도면 깨달음이지요. 자신의 하루를 살피고 느끼고 반성하고 깨닫는 것이 바로 이 글자 살필 성입니다. 앞에 나온 모든 것이 구비된 상태여야 이 정도의 반성과 깨달음이 되기에 이 글자를 9단계에 놓았습니다.

자, 이제 마지막 10단계의 글자 보시겠습니다. 이 글자 몇 번 나왔었는데 집 면이 있고 그 안에 제사를 뜻하는 제사 제祭가 들어가 있습니다. 제사 제 안에 보일 시示가 있죠? 이건 제사상을 본뜬 글자예요. 그리고 보일 시 양쪽 위엔 두 손이 올라가 있습니다. 이게 바로 제사예요. 제사를 집에서 지내죠? 그래서 집 면을 씌웠습니다. 이건 바로 살필 찰察이라고 하는 글자인데, 살펴 아는 것입니다. 아까 나온 살필 성과 비슷한 개념이지만 살필 찰은 제사상에 제대로 잘 올려졌는지, 내 옷차림과 내 마음은 잘 갖추었는지 등등 모든 것을 아주 자세히 살피는 뜻입니다. 그런데 살필 찰은 한 번 살피고 끝나는 게 아니라 살피고 또 살피고 보고 다시 보고 고치고 바꾸고… 무한 반복의 개념을 가진 게 바로 찰입니다. 이런 찰의 과정이 쌓이면 살핌에 밝아져 통찰洞察이 되는데요, 통찰의 통은 명동 할 때의 고을 동洞으로 불리기도 하지만 여기선 밝을 통洞입니다. 찰과 만나서 통찰이 되어 예리한 관찰력으로 사물을 꿰뚫어 보는 거예요. 총기, 지혜, 슬기, 경험, 지식, 깨달음, 반성 모든 것이 합쳐진 상태, 바로 통찰입니다. 간단히 말하면 알고 있는 것으로 여러 정보를 뽑아내고 여러 정보를 토대로 새로운 정보를 뽑아 내는 것, 바로 창의성이 들어간 앎이 바로 통찰이랍니다.

오늘 배운 글자들을 빠르게 정리하면 이렇습니다. 알 인은 대상의 외형을 알아채는 제일 기본적인 앎이고, 알 식은 다방면, 구체적으로 아는 상태를 말합니다. 알 지는 알 인과 알 식의 기초 위에 체계적으로 아는 것, 그리고 지혜 지는 지식에 시간과 경험이 더해져 남에게 가르치며 배우는 총기를 말합니다. 한편 깨달을 각은 보고 배우며 신체적 경험으로 깨닫는 것, 느낄 감은 느낌적으로 미리 알아채는 의미를 가지고 있습니다. 깨달을 오는 정신적 경험으로 깨닫는 것, 각과 만나 각오가 되어 다음을 준비하는 과정이 됩니다. 슬기 혜는 혜성처럼 마음을 뚫고 지나가는 깨달음이고, 살필 성은 눈이 뜨이는 의미로 체계적인 반성과 개선을 말합니다. 마지막 최고의 단계는 살필 찰은 통찰의 의미로 꿰뚫어 이해하고 상황을 통해 새로운 정보를 뽑는 창의적 단계입니다.

學而不思則罔

학 이 불 사 즉 망

學而不思則罔

思而不學則殆

사 이 불 학 즉 태

思而不學則殆

배우고 생각하지 않으면 속기 쉽고,
생각만 하고 배우지 않으면 위태롭다.

책상 앞을 떠나
부딪혀 봐야 한다

觀·察

不積蹞步 無以至千里

부적규보 무이지천리

不積小流 無以成江海

부적소류 무이성강해

　명심보감에도 비슷한 내용이 나오지만 위 구절은 순자荀子가 엮은 순자의 권학편勸學篇에 나오는 말로 늦은 나이에도 배움을 위해 유학의 길에 올라 최고의 학자가 된 순자의 가르침이 담긴 문장입니다. 그 뜻을 해석하면 이렇습니다.

　"반 발짝의 걸음이 쌓이지 않으면 천 리에 이를 수 없고, 작은 물줄기가 모이지 않으면 강과 바다를 이룰 수 없다."

　이 문장은 《아웃라이어》의 저자 말콤 글래드웰이 말한 어떤 분야든 1만 시간을 투자하면 그 분야에 통달할 수 있다는 '1만 시간의 법칙'과 통하는 구절로 꾸준함이 배움의 유일한 방도이자 첩경임을 말하고 있습니다. 작은 물방울이 바위를 뚫는다는 수적천석水滴穿石이란 말처럼 꾸준함은 평범한 오늘을 비범한 미래로 바꿀 수 있습니다. 맹자의 성선설性善說을 부정한 순자의 이론은 성악론性惡論으로 단순화되기도 했지만 순자는 '본성으로부터의 선이 아닌 후천적인 교육과 학문으로부터 선善이 탄생한다'고 주장했습니다. 맹자와 달리 학문과 교육을 실용과 필요에 접목시킨 사상가로 꾸준하면 성취하고, 멈추면 잃는다는 배움의 왕도를 전한 사람입니다. 배워서 얻은 지식을 나누면 지혜가 될 수 있다고 말씀드렸습니다. 꾸준함이 정답이라고 하지만 그래도 배움의 방식을 알면 좀 더 구체적인 답을 찾을 수 있지 않을까요? 이번 장에서는 배움의 다양한 방법에 대해 얘기를 나누어 볼까 합니다.

할아버지의 이야기처럼 누군가에게 들어 얻어 배우기도 하고, 선생님의 가르침처럼 혼나면서 배우기도 합니다. 가끔은 친구가 몰래 알려준 비법을 믿으며 그대로 따라 하다가 낭패를 보는 배움도 있습니다. 여러 배움이 있겠지만 우리는 여전히 많은 지식을 책에서 얻습니다. 물론 요즘은 유튜브나 블로그를 통한 다양한 방식도 있지요. 또한 최근 들어 전자책으로도 많이 읽고 있습니다. 그래도 저는 서점 입구부터 풍기는 종이의 냄새가 좋습니다. 게다가 책장을 넘기는 사람들을 보는 재미도 쏠쏠하지요. 이렇게 종이책의 향기와 책장을 넘기는 소리는 독서 중 빠질 수 없는 요소 중 하나입니다. 종이 얘기를 해볼까요? 종이는 중국의 채륜蔡倫이란 사람이 약 2,000년 전에 발명한 것으로 잘 알려져 있죠. 덕분에 우린 책의 향기를 그대로 느낄 수 있으니 참 좋습니다. 종이가 없던 시절엔 가죽이나 비단에 쓰기도 했는데 가장 많이 쓰였던 종이 대체 용품은 죽간竹簡이었습니다. 죽간은 대나무를 세로로 잘라 엮어 만든 글씨를 쓰는 기록 수단으로, 엮은 죽간은 둘둘 말아 보관하기 편했고 세로로 줄 맞추어 쓰기도 참 편한 문방구였습니다. 죽간을 펼쳐보면 세로로 잘린 대나무를 끈으로 엮었습니다. 이 모양을 본뜬 글자가 바로 책冊인데 2,000년 전 죽간의 형태가 문자로 그대로 남아 우리에게 전달되어 아직도 많이 쓰고 있는 글자랍니다. 순우리말일 것이라고 생각해서 많이들 충격을 받는데 저는 거기에 배움의 묘미가 있다고 생각합니다.

또 하나의 배움을 이어볼까요? 빈 죽간은 둘둘 말아 보관했을 것이고 그건 세계 최초의 공책空冊이 되었습니다. 오른손으로 붓을 잡고 공책에 글씨를 쓰는 상상을 해보세요. 죽간 공책에 글씨를 쓰려면 말린 죽간을 왼쪽 방향으로 돌려 펴야겠죠? 그러면 당연히 오른쪽 상단부터 글씨를 쓰게 됩니다. 게다가 엮인 줄도 있으니 세로로 쓰기에 참 좋아 보이죠? 그래서 옛날 책들이 세로 본능을 가질 수밖에 없던 이유가 바로 죽간에 있습니다. 세로 본능이 아직도 남아 있는 곳이 바로 일본이죠. 오른쪽 위부터 아래로 읽어 내려가고 책장도 오른쪽으로 넘기는 또 다른 읽는 맛이 있기도 합니다. 생김새로 나눈다면 펼친 한 장의 죽간은 책冊이 되고 이것을 둘둘 말아 보관하면 권卷이 됩니다.

권이라는 글자를 파자破字하면 재미있습니다. 이 글자는 밥 뭉칠 권釆과 병부 절卩이 합쳐진 구조로 형성자인데 밥 뭉칠 권은 원래 쌀米을 두 손으로 잡은 모양을 본뜬 글자이고 병부 절은 군사용 부신(符信: 부호와 신호, 병부는 고대 중국에서 사용하던 군사 명령권으로 작은 대나무 조각으로 사용했음)이지만 원래 사람이 몸을 굽힌 모습의 글자라는 설이 있습니다. 둘둘 말린 가죽이나 죽간의 모양이 그대로 나타난 것이 책 권입니다. 우리나라에선 지금 책을 세는 단위, 책의 순서를 나타내는 단위로 쓰고 있지만 여러 책이나 작품 가운데 제일 잘된 작품을 뜻하는 압권壓卷, 돗자리를 말듯 세력 범위를 넓히는 석권席卷에도 쓰고 있습니다. 참고로 압권의 유래는 옛날 과거 시험에서 장원의 답안지를 다른 답안지들 위에 얹어 놓았던 데서 유래합니다. 또한 석권은 넓은 지역, 분야를 의미하고 있어서 단일 경기에서 1등을 했다고 '석권'이라고 하면 안 됩니다. 비슷한 의미로 등극登極이 있는데 가장 높은 곳에 이른다는 뜻으로 임금의 자리에 오름을 뜻하는 말이었지요. 따라서 1등이 아닌 2등, 혹은 TOP 5에 등극했다 등의 표현도 적절하지 않습니다. 다시 돌아와 권卷의 병부 절을 떼고 밥 뭉칠 권에 칼 도刀를 합치면 칼로 뜯어 한 장씩 떼어지는 문서 권券이 되어 증권, 채권, 회수권에 쓰이고, 밥 뭉칠 권에 손 수手를 합치면 손을 뭉친 주먹 권拳이 되어 태권도에 쓴답니다. 꼬리에 꼬리를 물었지만 우린 아직 책을 이야기하고 있지요. 책을 통해 참 많은 것을 배울 수 있습니다. 그래서 저는 이 격언을 참 좋아합니다.

讀萬卷書行萬里路

독만권서행만리로

"만 권의 책을 읽고 만리의 길을 걷는다"는 뜻으로 독서와 경험의 중요성을 강조한 말입니다. 후대엔 일부 사람들이 이 문장 중간에 불여(不如: ~만 못하다)를 넣어 이렇게 바꾸어 말했습니다.

讀萬卷書不如行萬里路

독만권서불여행만리로

"만 권의 책을 읽는 것보다 만리의 길을 걷는 것이 더 낫다"는 뜻으로 책 밖의 삶에서 배우는 것이 더 중요하다고 강조하는 말입니다. 이렇게 바뀐 문장을 보니 이력서의 추억이 떠오릅니다. 처음 회사에 입사하기 위해 입사지원서를 쓰는데 대기업이 아닌 중소기업들은 일명 소정양식所定樣式이 없어서 편지지 파는 문방구에서 이력서를 사서 자필로 써야 했습니다. 그런데 고등학교 대학교 졸업한 것 외에는 더 이상 쓸 게 없더라고요. 다양한 경험을 얻지 못한 채 사회로 향한 첫 발걸음이 그렇게 가볍고 보잘것없을 줄은 몰랐습니다. 성적이라도 좋았으면 다행이었을 텐데 정말 쓸 게 없어 난감했지요. 이력서의 뜻을 알고 있던 저는 흰 바탕의 이력서에 채울 것이 전혀 없었답니다. 이력서는 履歷書라고 씁니다. 여기서 이

는 밟는다는 뜻, 신발의 뜻을 가진 밟을 리履라는 한자인데 배 주
舟가 주검 시尸로 변했고 바를 정正과 머리 혈頁은 회복할 복復으로
변했답니다. 갑골문에서는 배를 타고 앞으로 가는 모습이었고 후
대에 신발을 신고 걷는 뜻으로 파생되어 지금의 밟을 리가 된 거
예요. 오이밭에서 신발 고쳐 신지 말라는 "과전불납리瓜田不納履"
에 쓰이고 있지요. 한편 력歷은 지날 력이라고 하며 시간의 흐름을
뜻하고 역사歷史, 학력學歷 등에 씁니다. 참고로 이력서에 쓰는 학
력은 學力이 아니라 學歷으로 배운 능력, 지식의 힘이 아니라 학
교를 다닌 경력을 쓰는 거예요. 지금은 없어졌지만 과거엔 수능을
학력고사라고 했는데 여기의 학력이 學力입니다. 한자 표기 없이
그냥 학력이라고 해도 이젠 혼용되어 소통에 큰 문제는 없지만 엄
밀히 다른 뜻이긴 합니다. 다시 이력서로 돌아와서 이력서를 글자
대로 풀어보면 '걸어 다닌 경험(시간)을 쓴 문서'가 됩니다. 즉 앉아
서 책을 본 게 아니라 밖에서 활동한 경험을 쓰는 거지요. '독만권
서'를 하더라도 '행만리로'만 못하다는 말이 맞는 순간입니다. 그
런데 시간이 더 지나 이 문장 뒤에 더 멋진 문장이 붙었습니다. 원
문보다 멋져서 소개해 드립니다.

行萬里路不如閱人無數

행만리로불여열인무수

"만리의 길을 걷는 것보다 많은 사람을 만나 교류하는 것이 더 낫다"는 뜻입니다. 행行은 밖에서 실천함을 뜻하고 열閱은 본다는 뜻으로 책을 보는 건 열람閱覽, 책을 읽는 건 열독閱讀이라고 합니다. 열인閱人이라고 했으니 많은 사람을 만나 교류하고 알아가는 것을 뜻하지요. 밖에서의 많은 경험 중에서도 사람을 만나는 것이 가장 중요하다는 뜻이랍니다. 다양한 배움의 방식을 책에서 시작해서 밖에서의 경험까지, 그리고 사람들과 교류와 소통 속에서 배우는 경험이 중요하다는 얘기로 이어 왔습니다. 그럼 어떤 사람들을 어떻게 만나야 할까요? 사람을 볼 줄 알아야 할 텐데, 사람을 제대로 보려면 어떻게 해야 할까요?

세 개의 시선

여기서 공자의 멋진 문장을 또 꺼내지 않을 수 없네요. 논어의 위정편에 나오는 말로 사람을 제대로 알기 위한 방법을 제시하고 있습니다.

視其所以 觀其所由 察其所安

시기소이 관기소유 찰기소안

"그 사람의 언행을 보라, 그리고 그 사람이 그렇게 하는 이유를 잘 살펴보아라, 그리고 무엇으로 편안해 하는지 꼼꼼히 들여다 보라."

이 문장에서 '보다'는 '알다'로 해석해도 충분히 그 뜻이 통합니다. 여기에 등장하는 세 개의 글자는 볼 시視, 볼 관觀 그리고 살필 찰察인데, 모두 '보다'의 뜻을 가졌습니다. 본다는 뜻을 가진 글자들도 참 많죠. 게다가 뜻도 살짝 달라서 우선 '보다'의 뜻을 가진 글자들을 미리 알아보고 이 문장을 다시 보도록 하겠습니다.

우선 제일 간단해 보이는 시示부터 보겠습니다. 우리가 보일 시라고 배운 글자 시示는 조상에게 제사를 지내는 제단을 모양을 본뜬 글자로, 보인다는 피동의 뜻이 아니고 영어로 Show와 같은 '보여주다'의 뜻입니다. 그래서 보이기 위해 진열한 전시展示, 내걸어 두루 보이게 하는 게시揭示 등에 씁니다.

한편 볼 견이라고 부르는 견見은 그냥 눈으로 보는 뜻을 떠나 실제로 만나는 의미를 포함하여 영어로는 'meet'와 비슷한 개념으로 직접 만나는 접견接見, 서로 만나는 상견相見 등에 쓰지요.

볼 시視는 보이다示와 만나다見가 붙어 일반적인 본다는 뜻을 가진 볼 시視가 되었습니다. 이 글자는 그냥 눈에 보이는 것을 보는 뜻으로 영어로는 'see' 정도의 의미라 할 수 있는데 주로 실제 눈과 관련된 시력視力, 시각視覺 등에 쓰입니다.

볼 간看이라는 글자도 있습니다. 눈 목目 위에 손 수手가 붙은 모양으로 이건 눈에 손을 올리고 보는 뜻을 갖습니다. 우리가 멀리 있는 뭔가를 좀 자세히 보려고 할 때 눈에 손을 올리고 봅니다. 그래서 볼 간看은 의지를 가지고 자세히 보는 걸 뜻해서 속내를 꿰뚫어 보는 간파看破, 환자 등을 돌보는 간호看護 등에 쓰이고 있답니다. 영어로는 'look'이나 'look after' 정도가 어울리겠네요.

조금 복잡하지만 볼 관觀이란 글자는 날개와 큰 눈 두 개를 가진 황새를 의미하는 관雚과 볼 견見이 합쳐진 글자로 눈을 크게 뜨고 제대로 본다는 뜻의 볼 관觀이 되었답니다. 물론 이건 소리(관)과 뜻(견)이 만난 형성자이지만 소리도 뜻을 지니고 있는 건 분명합니다. 볼 관은 생각을 더해 집중해서 보는 의미로 영어로는 'watch'에 해당하고 생각을 담은 관념觀念, 그리고 집중해서 경기를 보는 관람觀覽 등에 씁니다.

속을 들여다 보는 인-사이트

이제 마지막으로 알아볼 글자는 살필 찰察입니다. 앞 장의 '앎'의 단계에서 제일 높은 단계로 소개했던 글자입니다. 집에서 두 손을 올려 제사를 지내는 의미를 담은 글자(집 면+육 달月+또 又(=손手)+보일 示)로 제사를 지낼 때의 마음가짐을 의미합니다. 매우 조심스럽고 매우 세밀하게 살피는 겁니다. 찰察은 매우 자세하게 보아

꿰뚫어 보는 의미로 파생되어 예민한 관찰력으로 사물을 꿰뚫어 보는 통찰洞察과 검찰檢察, 경찰警察 등에 씁니다. 통찰의 의미로 영어로는 'insight'에 가깝습니다.

이렇게 보는 뜻을 가진 한자들을 알아봤으니 이제 공자의 말로 다시 돌아가 보겠습니다. 여기서 소이所以는 수단을 뜻하는데, 하는 일, 하는 바의 뜻으로 어떤 사람이 살아가는 방법, 즉 말과 행동을 의미합니다. 그래서 시기소이視其所以하면, 그 사람의 말과 행동을 보라는 뜻입니다. 한편 소유所由는 이유를 뜻하며, 살아가는 과정으로 어떤 사람이 일을 하는 이유나 방법을 의미하여 관기소유觀其所由하면, 그 사람이 왜 그러는지 이유를 잘 살피란 뜻이 됩니다. 마지막으로 소안所安은 안심하고 편안해 하는 것을 의미하여 찰기소안察其所安은 그 사람이 언제 어떻게 편안해 하는지 꼼꼼히 들여다 보라는 뜻입니다. 공자의 이 말은 사람의 됨됨이를 파악하는 단계적 방법을 제시하고 있습니다. 사람의 인성, 품격을 올바르게 판단하기 위해서는 밖으로 드러나는 언행뿐만 아니라 그 의도와 동기를 잘 보고, 또한 언제 어떻게 마음을 놓고 편하고 즐거워하는지 자세히 살피면 됨됨이가 어떤 사람인지 확실하게 알 수 있다는 말입니다. 여기서 각 문장에 쓰인 '보다'라는 뜻을 가진 동사들을 잘 보세요. 예문에서 공자는 우선 사람의 언행을 보라고視 말합니다. 가려서 보는 게 아니고 보이는 그대로 다 보는 겁니다. 겉으로 드러나는 말과 행동所以을 먼저 봅니다. 다음으로는 그 사람의 방식을 보라고觀 말합니다. 어떻게 하는지, 왜 하는지를 봐야 하니 눈을 크게 뜨고 자세히 봐야 알 수 있습니다. 그다음은 그 사람이 무엇으로 편안해하는지를 보라고察 합니다. 언제 어떻게 무엇으로 편안해 하는지는 그 사람을 정말 제대로 꿰뚫지 않으면 알 수 없겠지요. 살피고 헤아려서 마음으로 봐야 보이는 부분입니다. 공자는 이렇게 눈으로 보는 시視, 머리(생각)로 보는 관觀, 마음으로 보는 찰察을 통해서라면 사람을 제대로 알 수 있다고 말합니다.

배움 중에서 어쩌면 가장 중요한 게 사람 보는 법입니다. 보는 법을 단계로 나눈다면 찰察, 마음으로 헤아려 꿰뚫어 보는 통찰까지 도달해야 사람 공부 좀 했다고 말할 수 있겠지요. 많이 만날수록 경험과 배움은 축적되고, 그 축적은 자신의 인생을 제대로 볼 수 있는 성찰省察에 이르게 합니다. 배움의 종착역, 성찰에 이르기 위해 이젠 우리 자신에게 물을 시간입니다. '나는 누구인가?'라는 질문을 시작할 때입니다.

不積跬步 無以至千里

不積跬步 無以至千里

不積小流 無以成江海

不積小流 無以成江海

반 발짝의 걸음이 쌓이지 않으면 천 리에 이를 수 없고,
작은 물줄기가 모이지 않으면 강과 바다를 이룰 수 없다.

좋은 스승은
기다려주는 사람

問答·問聞

善問者如攻堅木 先其易者 後其節目 及其久也 相說以解 不善問者反此

善待問者如撞鐘 叩之以小者則小鳴 叩之以大者則大鳴 待其從容 然後盡其聲 不善答問者反此

위 문장은 예법의 이론과 실제를 풀이한 예기禮記라는 경전에 나오는 말입니다. 질문과 대답에 대한 중요성을 강조한 구절로 길지만 간략히 해석하면 아래와 같습니다.

"질문을 잘 한다는 것은 단단한 나무를 베는 순서와 같은데, 자르기 쉬운 곳을 먼저 자른 후 마디와 옹이가 있는 부분을 나중에 자르면 시간이 지나면서 스승과 제자 모두 즐겁게 이해할 수 있지만 질문을 잘하지 못하는 사람의 경우는 이와 반대다. (학생의 자세: 쉬운 것을 먼저 묻고 어려운 것을 나중에 물으면 문제는 쉽게 해결된다.) 답을 잘 기다려주는 것은 종을 치는 것과 같아서 가볍게 치면 작은 소리가 나고, 세게 치면 큰 소리가 난다. 이처럼 시간을 두고 치면 그 소리를 끝까지 제대로 들을 수 있다. 답을 기다릴 줄 모르는 사람은 이와 반대다. (스승의 자세: 질문과 대답은 연주와 같아서 질문을 던진 후 답을 할 수 있는 시간까지 기다렸다가 또 다른 질문을 해야 한다.)"

문장이 길어 어려운 것 같지만 위 문장은 질문의 방법에 대해 두 가지로 설명하고 있습니다. 우선 배우는 입장에서 제대로 이해하려면 쉬운 걸 먼저 물어 완벽히 이해한 후 그 다음 어려운 것을 차례로 물어가야 하고, 가르치는 입장에서 제대로 가르치려면 질문을 한 후 학생이 답을 할 수 있는 시간까지 기다렸다가 그 다음 질문을 이어가야 한다는 의미입니다. 이렇게 물음은 배움의 방법이기도 하고 가르침의 방법이기도 합니다.

우리는 배움의 방법을 알아보는 짧은 여행 중입니다. 이번 장에서는 배움과 가르침의 방법인 질문과 답에 대하여 여러분과 얘기를 나누고자 합니다.

물어보아야 아는 법

전 장에서 눈으로 보는 다양한 방식으로 성찰에 도달하는 법을 알아봤고, 지식을 얻는 구체적인 방식으로 책과 여행을 통한 직간접 경험 등이 있었습니다. 지식과 지혜 편에서 언급했던 능동적 학습 방식에 대해서 기억하실 겁니다. 대화, 질문을 통한 학습 방법이 바로 지식을 쌓을 수 있는 방식인데 질문이란 게 저도 아직은 참 어렵습니다. 제가 학교 다닐 때를 기억해 볼까요? 여러분도 한 번 생각해 보세요. 선생님께서 "질문 있는 사람?"하고 물으십니다. 그런데 수업 시간이 50분이라면 거의 끝날 무렵에 물으시죠. 그때마다 눈치 없는 학생이 꼭 있어요. 당당하고 용기 있게 질문합니다. 그리고 남은 학생들의 눈총을 한 몸에 받게 되지요. 10분이라는 짧은 쉬는 시간이 째깍째깍 줄어들어 아우성의 소리가 교실 안에 꽉 찹니다. 어쩌면 우리가 질문에 자유롭지 못한 배경에는 이런 이유가 있을 수도 있습니다. 그러면서 우린 질문과 점점 멀어졌지요. 대학에 들어가서도 마찬가지예요. 지금은 많이 바뀌었을 거라 믿지만 교수님의 강의 방식도 일방적인 지식 전달이었고 1:1 혹은 1:소수가 아닌 1:다수의 학습 방법에서 토론과 질문의 방식은 적합하지 않았을 겁니다. 유독 한일중韓日中 아시아 3국의 학습 방식은 단방향의 지식 전달에 가까워 많이 아쉽습니다. 왜냐하면 토론과 대화를 통해 여러 사람의 의견을 들으면, 거기에 새로운 답이 보이는 경우가 많습니다. 선생님이나 교수님의 전달 내용을 외우기만 한다면 100이라는 정보를 받아 120으로 만들기는 쉽지 않지요. 선생님이 100을 던졌다고 치고 80을 받아냈다면 그것도 잘 한 걸 겁니다. 토론과 질문을 통해서 이 사람 저 사람의 의견과 지식이 모여 시너지 효과로 심지어 선생님도 몰랐던 새로운 지식을 얻을 수도 있는데 말입니다.

질문이라고 하면 아주 큰 화제가 되었던 사건이 있습니다. 2010년 11월 G20 서울정상회의에서 버락 오바마 미국 전 대통령이 폐막 연설을 하고 한국 기자들에게 질문해달라고 말했습니다. 개최국 역할을 한 우리나라에 감사하다며 우선 질문권을 줬던 거예요. 그런데 기자회견장은 정적으로 가득 찼고 오바마는 한국어로 질문하면 통역사가 필요할 것이라며 농담을 던지면서 한국어도 괜찮다며 재차 질문을 기다렸던 상황이었습니다. 아무도 질문하지 않자 갑자기 중국 CCTV 방송의 한 기자가 혼자 일어나 질문을 합니다. "아시아 기자를 대표해 질문해도 되겠느냐"는 그의 질문에 오바마는 그래도 한국 기자들에게 먼저 기회를 주겠다고 했지요. 오바마는 몇 차례 더 우리 기자들에게 질문을 요청했지만 꿀 먹은 벙어리가 된 우리 기자들은 아무 질문도 하지 않았고, 중국 기자는 결국 질문권을 빼앗아 갔습니다. 오바마도 중국 기자의 질문은 피하고 싶었을 텐데 우리 기자들의 질문 공포증 덕분에 중국 기자는 오바마가 피하고 싶었던 질문을 던지게 됩니다. 15년도 더 지났지만 아직도 답답한 사건입니다. 물론 언어라는 장벽이 있었겠죠. 거기엔 통역도 있었을 텐데 우리 기자들에게는 물어볼 용기와 사전 준비가 없었나 봅니다. 우린 질문을 무서워합니다. 질문하면 마치 자신의 부족함이 드러나는 것 같아서 몰라도 아는 척하고, 무엇을 질문해야 할지 몰라 안 하는 경우도 있지요.

다시 물음으로 돌아오겠습니다. 질문엔 용기뿐만 아니라 열정과 준비가 필요한 것을 위의 두 사례에서 확인했습니다. 첫 번째 수업 시간의 질문은 남들의 눈총이 따가워도 궁금한 건 묻겠다는 배움에 대한 열정, 두 번째 기자들에게 주어진 질문 시간의 사례에서는 물음이란 준비된 사람에게 주어진 특권일 수 있다는 것입니다. 돌발 상황에 대비했던 중국 기자는 준비하고 있었고, 우리 기자들은 준비하지 않았기 때문이겠지요.

미술사학자 유홍준 교수의 책 《나의 문화유산답사기》에 처음 등장한 말로 아는 만큼 보인다는 말이 있습니다. 아는 만큼 보이듯이, 아는 만큼 질문을 할 수 있습니다. 예기의 문장에서 나왔던 것처럼 배움은 쉬운 것을 묻고 다시 어려운 것을 물어 얻을 수 있다고 했듯이 이런 선순환을 통해 눈덩이 커지듯 불어나는 게 지식입니다. 묻는다는 질문은 바탕 질質과 물을 문問이 합쳐진 말인데, 우리는 한 번도 궁금해본 적 없이 '질문質問'이라고 쓰고 있습니다. 왜 '바탕 질質'이 붙었는지 한 번도 묻지 않고 지금도 쓰고 있지요. 한 번 알아보고 가겠습니다. 바탕 질質의 원래 뜻은 '저당 잡다'입니다. 조개패 위에 도끼근 두 개가 있는 구조로 도끼 두 개가 당시 재물을 뜻했던 조개 하나와 같은 무게, 같은 가치라는 뜻이었지요. 한편 질質은 본래 물음이란 뜻도 함께 가지고 있었습니다. 돈으로 물건을 사려면 얼마인지 물어야 하기에 값을 묻는 물음으로도 질質이 쓰였고, 이렇게 질質은 돈으로 물건과 바꾸는 것을 뜻했습니다. 여기서 물질物質이란 말이 생겨났죠. 물질은 무게를 재서 돈과 바꿀 수 있는 걸 뜻하게 되었고, 지금은 물체를 이루는 본질이라는 뜻이 되었습니다. 여기서 파생되어 돈으로 사람과 바꾸는 것이 인질人質입니다. 사람의 가치를 재서 돈과 바꾸는 것입니다. 그렇게 시간이 지나서 가치에 해당하는 뜻을 가지면서 물건이나 사람의 성질, 본질을 뜻하게 되었고 우리말로 바탕이라고 이름을 붙였습니다.

한편 앞서 소개했던 논어 옹야편에 문질빈빈文質彬彬이라는 말이 나옵니다. 문文과 질質이 고루 빛나야 한다는 말로, 문은 무늬 문紋과 같아서 꾸밈, 외양을 뜻하고, 질은 바탕 질質로 본바탕, 본질을 뜻합니다. 즉 '겉으로 드러나는 외양外樣과 속으로 품어진 바탕이 고루 빛나야 군자다' 라는 말로 형식도 내용도 모두 중요하다는 의미를 담고 있습니다. 이를 통해 질문을 다시 해석하자면, 모르면서 화려한 말이 아닌 본바탕이 깔린 상태로 묻는 것이 질문이란 말입니다. 즉, '질문'은 단순히 묻는 것 이상으로 대상의 본질을 알고자 하는 적극적인 행위를 뜻합니다. '알아야 묻고, 알아야 답을 들어도 이해할 수 있다'가 숨어 있는 셈입니다.

이제 질문의 문에 대해서 잠깐 알고 갈까요? 물을 문問에 대한 풀이는 많이 보고 들으셨을 겁니다. 문門에 입口을 대면 문 사이로 묻는 것(물을 문問)이고, 귀耳를 대면 문 사이로 듣는 것(들을 문聞)이고, 문에 해日가 뜨면 그 사이(사이 간間)로 빛이 새어 들어옵니다. 문을 나무木로 막아 놓으면 쉬고 있다는 뜻(쉴 한閑)이 되고, 문에 빗장一을 두 손卄으로 풀고 있으면 연다는 뜻(열 개開)이 됩니다. 한편 문에 빗장才을 걸어 잠그면 닫는다(닫을 폐閉)는 뜻이 되지요. 이렇게 문은 여러 글자들과 만나 새로운 글자들을 만들어 냈습니다. 특히 입口이 붙은 물을 문과 귀耳가 붙은 들을 문은 참 잘 만든 글자인 게 분명합니다. 문 틈으로 묻고 답을 듣기 위해 문 틈에 귀를 기울인 모습을 상상해보세요. 답을 듣기 위해 애타게 묻는 사람의 마음이 읽혀지지 않으십니까?

질문으로 치자면 소크라테스를 얘기하지 않을 수 없습니다. 공자보다 약 80살 정도 어린(?) 소크라테스는 플라톤의 스승이기도 합니다. 공자의 논어도 공자가 쓴 글이 아니라 그 제자들이 공자의 이야기를 적었듯, 소크라테스의 사상과 삶 모두 플라톤과 그의 지인들이 쓴 글을 바탕으로 합니다. 이렇게 생애 시기도 비슷한 공자와 소크라테스는 배움과 질문에 대한 생각도 비슷했습니다. 우선 공자의 말 중 '불치하문不恥下問'이 있습니다. 아래 사람에게 묻는 하문下問을 부끄러워恥하지 말라는 뜻입니다. 욕될 치恥는 형성자이지만 잘 보면 마음을 듣는다는 뜻으로 해석할 수 있지요. 자신의 마음에 귀를 기울인 형상입니다. 무언가 부끄러운 행동 뒤에는 시간이 지났어도 자꾸만 생각이 납니다. 마음의 소리가 쉬지 않고 들리는 부끄러움입니다. 불치不恥라고 했으니 아래 사람에게 묻는 것도 필요하다면 당연한 일이 된다는 뜻으로 질문의 바탕을 말하고 있습니다. 또한 소크라테스의 말 중 유명한

"Gnothi Seauton(그노티 세아우톤, 너 자신을 알라)"이 있지요. 누구나 들어봤을 말일 텐데 과연 나 자신을 어떻게 알아야 한다는 뜻인지는 잘 모르실 것 같습니다. '무지의 지'는 서양 철학의 기초라고 할 수 있는데 내가 무지하다는 사실 자체를 아는 것이 위대한 앎이라고 하는 소크라테스 철학의 핵심입니다. 자신의 무지를 인정함으로써 참된 지혜에 도달할 수 있다는 통찰을 담고 있는데 이 말은 정확하게 공자가 했던 말과 일맥상통합니다. 앞서 나왔던 문장으로 제자 자로의 질문에 대한 공자의 대답이 바로 "지지위지지 부지위부지 시지야知之爲知之 不知爲不知 是知也" 입니다. "아는 것을 안다고 하고, 모르는 것을 모른다고 하는 것이 '아는 것'이다"고 말하지요. 아는 것과 모르는 것을 구분할 줄 아는 것, 그것이 '아는 것'이라고 말합니다. 동양철학과 서양철학의 근본은 모두 무지의 지에서 출발합니다. 즉, 자신이 가진 지식을 절대시하지 않는 것으로 이건 노자가 말한 비움과 또 통합니다. 비운다는 것은 기존의 배움, 배운 지식을 버려야 편견, 선입견에 빠지지 않고 제대로 보고 배울 수 있다는 뜻입니다. 이렇게 소크라테스도 공자도 모두 대화와 질문으로 우리에게 깨달음을 던지고 있습니다. 이제 답을 알아볼까요?

삶에 정답은 없지만

답答이라는 글자는 뜻을 나타내는 죽竹과 소리를 나타내는 합할 합合이 만났습니다. 종이가 없던 시절 대나무에 글을 써서 답을 했다는 데서 답할 답이 되었는데, 답答은 반드시 물음에 대한 대답뿐만 아니라 무엇인가에 대한 반대의 뜻으로도 사용됩니다. 영어로 counter 정도에 해당하는 말로 예를 들면 도움이나 호의에 대한 감사 표현인 답례答禮, 다른 사람의 방문에 대한 답례인 답방答訪, 은혜나 호의에 대한 보답報答 등이 그렇습니다. 즉, 답答은 저절로 생겨나는 게 아니라 어떤 물음問이나 상대방의 행위가 있을 때 생기게 되지요. 그래서 그런지, 질문에 대한 엉뚱한 대답을 뜻하는 동문서답東問西答, 어리석은 질문에 현명하게 대답하는 우문현답愚問賢答, 스스로 묻고 스스로 답하는 자문자답自問自答처럼 사자성어에도 문과 함께 짝을 이루어 나타납니다.

우리말은 정말 많은 신조어가 탄생합니다. 범람汎濫이라고 할 정도로 많은데 한자어, 영어, 순우리말이 공존하면서 다양한 형태로 조합이 됩니다. 답이 들어간 단어 중에 '답이 없다'는 노답No答, '답은 정해져 있으니 넌 대답만 하면 돼'라는 답정너答定너가 있네요. 화자話者가 청자聽者에게 이미 정해진 답을 강요하는 화법이나 구사하는 사람을 뜻하는 말인데 상대방의 대답을 꼭 기다리는 건 아닙니다. 혼자만의 결정과 결론을 이미 내린 사람을 가리키며, 자신이 생각한 답을 꼭 들어야 하는 집착을 가진 사람을 가리킵니다. 이렇게 준말이 생겨 쓰이는 이유는 일상에서 그런 사람들을 많이 만날 수 있음을 보여줍니다. 말은 세상을 반영하기 때문이죠. 그만큼 우리는 자기만의 답이 있고 남의 답을 기다려주지 않는 경향이 있습니다. 답이란 글자를 다시 보면 죽竹이 있어서 나의 뜻이 글과 합合쳐졌다고 할 수 있습니다. 종이가 없어 대나무에 써서 전하는 것이 답입니다. 그냥 말로 답하지 않고 글로 써서 답하는 시간을 요하는 과정이 쌓인 게 답答입니다. 즉, 기다림이 포함된 글자입니다.

앞에서 소개한 예기의 두 번째 문장을 볼까요? '선대문자여당종善待問者如撞鐘'이라고 했습니다. 여기서 대문待問은 묻고 답을 기다리는 뜻으로 위에서 해석한 대로 '답을 잘 기다려주는 것은 종을 치는 것과 같다'고 한 것입니다. 답은 재촉하는 것이 아니라 기다리는 것이라는 뜻이지요. 묻고 기다리지 않고 재차 묻기만 하며 자신이 생각한 답이 나오기만을 기다리면 절대 원하는 답이 나오지 않습니다. 상대방의 생각을 들으며 기다릴 줄 아는 사람만이 원하는 답을 들을 수 있지요. 문제나 물음에 대한 답이 아닌 마음을 열 준비가 되어야 나오는 답도 있습니다. 김윤나 님의《말그릇》을 잠깐 인용하겠습니다.

조개를 해감하는 방법을 알고 있는가? 조개를 소금물에 담가서 빛이 들지 않도록 그늘에 두거나 검은 봉지를 씌워 놓으면, 조개는 본래 살던 곳처럼 편안하게 느끼기 때문에 스스로 모래와 찌꺼기를 내뱉는다. 인간관계도 마찬가지다. 상대방의 마음을 얻고 싶을 때, 혹은 아끼는 마음으로 돕고 싶을 때 우리가 할 수 있는 일은 믿음을 주고 기다리는 것뿐이다.

내 마음을 알아주는 사람에게 마음이 열리고 그 사람에게 답이 열립니다. 알아준다는 건 내 말을 들어준다는 뜻이지요. 우리는 위의 사자성어에서도 물음問과 대답答이 하나로 연결된 것으로 알았지만 잘 생각해보면 묻고 기다려야 답을 들을 수 있습니다. 기다림, 즉 시간을 양보한 배려가 들어주는 겁니다. 듣는다는 뜻을 가진 두 개의 글자가 떠오르네요. 문聞과 청聽, 모두 들을 문, 들을 청이지만 들을 문聞은 소리나 소식을 접하는 수동적이고 표면적 의미가 강해서 신문新聞, 소문所聞 등에 쓰고, 들을 청聽은 주의 깊게 듣는 능동적이고 내면적인 의미가 강해서 귀 기울여 듣는 경청傾聽, 몰래 듣는 도청盜聽에 씁니다. 귀 기울여 상대방의 말을 들어주는 경청, 기다리며 내 시간을 양보할 때 답을 만날 수 있습니다.

이번 여행에서는 배움이라는 주제로 여러분들과 짧은 나눔을 가졌습니다. 이제 성장이라는 주제로 넘어가 보겠습니다.

善問者如攻堅木

선 문 자 여 공 견 목

善問者如攻堅木

先其易者 後其節目

선 기 이 자 후 기 절 목

先其易者 後其節目

及其久也 相説以解
급 기 구 야 상 설 이 해

及其久也 相説以解

不善問者反此
불 선 문 자 반 차

不善問者反此

질문을 잘 한다는 것은 단단한 나무를 베는 순서와 같은데,
자르기 쉬운 곳을 먼저 자른 후 마디와 옹이가 있는 부분을 나중에
자르면 시간이 지나면서 스승과 제자 모두 즐겁게 이해할 수 있지만
질문을 잘하지 못하는 사람의 경우는 이와 반대다.

4부

잘못을 고치지 않는 것이 잘못

군자는
편을 짓지 않는다

與·野

君子 和而不同 小人 同而不和

군자 화이부동 소인 동이불화

논어 자로편에서 만난 위 문장에서 우린 대의大義를 좇아 정도를 걷는 군자君子와 무리 지어 이익만 좇는 소인小人의 극명한 차이를 알 수 있습니다. 해석하면 이렇습니다.

"군자는 서로 화합해도 뇌동雷同*하지 않으며 소인은 뇌동雷同하기만 하고 화합을 하지 못한다."

여기서 화和는 화합을 이루기 위해 상대를 존중하는 의미이며, 이해관계에 연연하지 않는 것을 화이부동和而不同이라고 합니다. 한편 동同은 이익을 위해 자신을 버리고 동화同化되는 것으로, 동이불화同而不和는 이익을 위해 이합집산離合集散을 거듭하는 소인배들은 화합을 이룰 수 없음을 의미합니다. 이렇게 공자가 말하는 군자는 남들과 함께 있으며 조화롭게 지내지만, 소신所信을 가진 독립된 존재여서 무턱대고 같아지지 않습니다. 즉, 홀로 있어도 자족自足할 줄 알고, 함께 있으면 어울려 화합和合할 줄 아는 이상적

---

* 뇌동(雷同)은 고사성어 부화뇌동(附和雷同)에서 온 밀로, 우레(천둥)가 지면 만물이 덩달아 호응하듯 줏대 없이 행동한다는 의미를 가짐

관계를 유지해야 한다는 뜻입니다.

또한 논어의 위령공 편에서는 이런 말을 만날 수 있습니다.

君子 矜而不爭 群而不黨

군자 긍이부쟁 군이부당

"군자는 당당하되 다투지 않으며, 무리 짓되 편당하지 않는다"는 뜻으로 여기서 긍矜은 자긍심自矜心의 긍으로 자만하지 않고 스스로 당당함을 말합니다. 즉 당당해도 자신을 내세우려 하지 않고, 다른 사람들과 어울리되群 편을 이루지 않는 것이 군자의 자세라고 말합니다.

이렇게 홀로 있으면서 당당하고, 함께 있으며 화합해도 어느 한쪽으로 치우치지 않는 자세는 사람이 성장하면서 꼭 염두에 두어야 할 항목일 것입니다. 특히 다양한 환경에서 생각의 자세가 중요할 텐데 성장의 과정에서 반드시 겪어야 할 것입니다. 이번 여행의 주제는 성장입니다. 성장은 배움과 비슷하긴 해도 좀 더 사회적 관계에 집중됩니다. 함께 같이 있어도, 혹은 홀로 따로 있어도 존중받아야 할 우리 생각들을 알아보도록 하겠습니다.

협력의 기원을 알아보면 인류 이전부터 "편을 먹고 함께 행동하는" 습성이 있었습니다. 침팬지는 사냥이나 다른 그룹과 싸움에서 협력했고, 보노보는 갈등을 줄이기 위한 사회적 유대 행동을 강조했는데 대표적인 예로 그루밍grooming이라고 하는 털 고르기가 있습니다. 서로 그루밍을 해주면서 유대 관계가 돈독해집니다. 본격적인 협력의 진화는 약 200만 년 전 호모 에렉투스가 등장하면서 나타납니다. 강한 협력 체계를 갖추게 되어 사냥을 하고 불을 사용하면서 공동생활 속에서 음식도 공유하고 아이들 돌보는 분업도 필요하게 되지요. 모두 생존을 위해서였습니다. 생존을 위해 협력에 더욱 의존할 수밖에 없었습니다.

약 30만 년 전에 나타난 호모 사피엔스는 협업을 유지하기 위한 언어, 문화, 규범을 만들기 시작했고 이를 통해 "우리 편"과 "저쪽 편"이라는 구분이 생겼습니다. 바로 집단集團이죠. 새 추隹와 나무 목木이 만나 여러 마리의 새들이 나무 위에서 떼를 지은 모습을 본뜬 글자인 모일 집集과, 찹쌀 경단瓊團 등에 쓰는 둥글 단團이 합쳐져 집단이 되었습니다. 즉, 둥글게 모인 게 집단입니다. 편을 가르는 유전자는 지금 인간이 가진 뇌에 내집단(內集團, in-group)과 외집단(外集團, out-group)을 구분하도록 설계했습니다. 이렇게 편을 먹고 함께하는 행동은 인간 본성의 핵심이며 사회적 동물로서의 유산이라고 할 수도 있습니다. 내집단은 신뢰할 수 있는 동맹이지만 외집단은 경쟁의 대상이 되면서 갈등도 함께 생겨났지요.

시간이 지나면서 문화와 언어를 바탕으로 훨씬 더 복잡하고 정교해집니다. 우리 편, 저쪽 편으로 시작한 무리는 민족으로 나뉘고, 국가로 나뉘었습니다. 생존을 위해 함께하는 것이 인간의 본능이라면, 내집단 속에서의 화합과 협동이 우선임에도 불구하고 인간 본성의 다양성과 복잡한 생존 전략의 이유로 집단 내 독단적 행동이 발생합니다. 집단 내 갈등과 마찰입니다. 집단 내 독단적 행동은 탈집단脫集團을 불러 다른 집단으로 이동하거나 때로는 집단 내에서 다시 편을 갈라 또 다른 집단 내 집단을 만듭니다. 이게 바로 위에서 언급했던 이합집산離合集散입니다. 직역하면 헤어졌다가 만나고 모였다가 흩어지는 것으로 우리 현대인들의 가장 큰 특징 중 하나이죠. 합습을 보면 지붕 아래에 입구口가 있어 말이 서로 합치된다는 뜻으로 합하다, 모이다의 뜻이 되었습니다. 이별의 리離의 갑골문을 보면 그물로 잡은 새가 도망가는 모습을 그렸는데 그게 떠난다는 뜻이 되었지요. 그렇게 뜻이 맞으면 합치고, 뜻이 맞지 않으면 흩어지는 게 인지상정人之常情입니다.

정치에서 말하는 여당과 야당이 있습니다. 화자話者 기준으로 보면 여당은 위에서 말한 내집단內集團이고 야당은 외집단外集團입니다. 여당과 야당은 일본에서 만든 말로 중화권에는 없던 말입니다. 우리나라로 넘어온 한자어 중에 많은 단어들이 중국을 거치지 않고 일본에서 넘어왔는데 문호를 일찍 개방한 일본에서 만들어진 경제, 사회, 의학 용어들이 그런 경우입니다. 경제經濟는 세상을 다스리고 백성을 구제한다는 경세제민經世濟民을 줄인 말로, 지금 쓰는 경제와는 전혀 다른 뜻이죠. 사회社會도 그렇습니다. 원래는 없던 말로 일본에서 'society'를 번역해서 쓰던 말이 건너온 겁니다. 그런 한자어는 과학科學, 혁명革命, 전화電話, 잡지雜誌 등 참 많습니다. 물론 우리나라만 쓰고 있는 한자어도 있는데 월세月貰, 전세傳貰, 회식會食 등이 있습니다. 나라마다 문화가 다르고 필요한 글자를 접목시켰기 때문입니다. 다시 여야與野로 돌아와서 더 이야기를 나눠보겠습니다.

함께하면 더욱 강해진다

여與는 더불 여, 혹은 줄 여라고 하는데 아래에 있는 두 손과, 위에 있는 두 손이 가운데 어금니 아牙처럼 생긴 것을 함께 들고 있는 모습을 본뜬 글자입니다. 설문해자에서는 이걸 술잔을 뜻하는 작勺이라고 설명하고 있습니다. 술잔을 두 손으로 건네고 받는 모습인 겁니다. 두 손을 '함께' 모아 들어 '올린다, 준다'는 뜻이 있어 두 가지 뜻을 가진 글자 여與입니다. 한편 여與를 준다는 뜻으로 사용되는 경우는 대표적으로 노동의 대가인 급여給與가 있습니다. 여기서 급給도 준다는 뜻으로 급수給水, 급식給食 등에 쓰입니다. 급여給與는 엄밀히 말하면 준다는 행위의 뜻만 가지고 있지만 품삯을 주는 급료給料, 봉급俸給 등과 만나면서 함께 품삯을 뜻하는 말이 되었습니다. 품삯과 같은 뜻의 말은 임금賃金입니다. 임금을 일컫는 말들이 참 많은데 잠깐 알아볼까요? 우선 임금은 품 삯 임賃을 써서 가치, 비용을 뜻합니다. 그래서 돈을 안 내고 타는 무임無賃승차, 빌리거나 빌려주는 임차賃借와 임대賃貸에 씁니다. 임 금은 가치에 해당하는 돈을 의미해서 노동의 대가가 되었습니다. 임금을 주는 기간, 방식에 따라 나누면 월급月給, 주급週給, 일급日給, 시급時給이 있는데 일급과 함께 쓰이는 일당이라고 하는 말은 하루 품삯을 뜻하는 일당日當으로 하루와 대등하게 맞바꾼 임금이라는 뜻입니다.

예전에 녹봉이란 말도 있었습니다. 복무에 대한 대가로 녹祿은 고정적으로 지급되는 임금이고, 봉俸은 특수한 경우에 지급되는 임금입니다. 녹은 잘 쓰이지 않지만 봉俸은 그대로 남아서 품삯을 뜻하는 봉급俸給, 아주 작은 품삯을 뜻하는 박봉薄俸, 급여 등급을 뜻하는 호봉號俸에 쓰이고 연봉年俸은 1년 동안 받는 급여의 총합 입니다. 한편 금일봉은 금액을 밝히지 않고 봉하여 주는 상금, 기 부금의 뜻으로 봉俸을 쓰지 않고 금일봉金一封이라고 씁니다. 임금 을 노동 형태에 따라 나누면 정해진 임금을 지급하는 고정급固定給 과 실적에 따라 임금이 달라지는 성과급成果給이 있습니다. 물론 수당手當이란 말도 있죠. 일에 대한 보상을 의미하는 단어였지만 지금은 일정 급여 외에 추가로 붙는 보수를 가리킬 때 씁니다. 예 를 들면 야근 수당, 생명 수당 등으로 말이죠.

또한 어떤 일에 도움이 되도록 이바지하는 것을 기여寄與라 하고, 줄 수授와 만나서 상장 등을 주는 수여授與에도 씁니다. 여與는 위에서 언급한 것처럼 주는 뜻 외에 두 손을 모은 '함께'의 뜻도 가집니다.

술잔을 함께 드는 뜻으로 시작한 여與는 준다는 의미에서 교류의 뜻으로 확장되었고, 교류에서 연합의 뜻까지 파생되어 '함께'라는 뜻을 갖게 되었습니다. 어떤 일이나 활동에 함께 끼어들어 관계하는 참여參與 등에 쓰는데 서두에 잠깐 소개한 내용으로 여與는 정치에서 말하는 여당與黨과 야당野黨의 기원이 되었습니다. 여당의 여는 '함께하다' 또는 '편들다'의 의미로 대통령 혹은 국가 원수를 배출한 정당을 의미합니다. 일본의 메이지 시대에 근대적인 의회 제도가 도입되면서 Government Party(혹은 Ruling Party)를 한자로 번역하면서 만들어진 용어가 정권과 함께 하는 여당與黨입니다.

당黨이라는 글자도 무리, 패를 뜻하는데 고대의 지방조직 중 하나로 500가구를 모아서 당黨이라고 불렀습니다. 정치적 배경으로 탄생한 글자라 대부분 정치 용어로 쓰이며 떼를 지어 어떤 일을 꾀하는 작당모의作黨謀議에 쓰고, 나쁜 무리들 악당惡黨과 그 무리들이 망하고 조금 남은 잔당殘黨에 씁니다. 특히 예전부터 붕당朋黨이란 말에 사용되었는데 정파적, 학파적 성격에 의해 당을 이루는 것을 말합니다. 붕당은 당송팔대가(唐宋八大家: 당나라 송나라 때 활동한 8명의 대표적 문인) 중 하나로 필체도 수려했던 구양순

(557~641)이 처음 사용한 말로 이렇습니다.

"군자는 군자와 더불어 도를 같이 함으로써 붕朋을 삼으며, 소인은 소인끼리 이를 같이 해 붕朋을 이루니, 이는 자연의 이치라 하겠습니다. 그러나 신臣은 소인에게는 붕이 없고, 오직 군자에게만 있다고 생각합니다."

이렇게 구양순은 진정한 붕당은 군자에게만 있고, 소인은 이익에 따라 모였다 흩어졌다 하므로 소인의 붕당은 없는 것이나 마찬가지라고 하면서 붕당에 대한 긍정론을 펼쳤습니다. 즉, 도의道義를 우선하는 붕朋에 기반한 당黨의 필요성을 강조했지요. 주자학을 존숭尊崇했던 조선의 사대부들이 붕당정치를 시작한 계기가 되었습니다.

한편 또 다른 '함께'라는 뜻을 가진 공共은 그릇 모양의 제기를 두 손으로 들고 올리는 모습을 본뜬 글자입니다. 그래서 이걸 들 공이라고도 부르는데 둘이 함께 든다는 뜻도 가져 후대에 함께 공이라고 부르게 되었습니다. 그래서 함께 느끼는 것을 공감共感이라 합니다. 공동에 쓰인 동同도 '함께'의 뜻입니다. 갑골문에서는 토담틀을 본뜬 상형자인 무릇 범凡 아래에 입 구口가 있는 모양으로 모든 사람이 입을 맞대고 모인 합合과 같은 뜻이었습니다. 그래서 함께라는 뜻을 가졌지요. 함께 공共과 잘 붙어 함께 살아가는 공동생활共同生活, 함께 구매하는 공동구매共同購買, 공구共購에 씁니다.

더불 여與는 대세大勢와 함께하는 뜻이 강합니다. 또한 대부분의 경우 권한을 쥔 다수에 해당합니다. 그러나 큰 소리 속에서 작은 소리를 내는 무리가 나타나는데 우린 그걸 야野라고 부르기로 했습니다.

경계선 너머의 세계

밖은 험했습니다. 사냥을 위해 함께 나갔지만 돌아올 땐 혼자인 경우도 많았습니다. 지붕 밑에서合 함께 입을 맞대고同 있을 땐 즐거웠지만 집 밖에 나오니 외롭습니다. 이게 야野입니다. 야野는 갑골문부터 존재하던 글자로 두 개의 나무 목木 안에 흙 토土가 있는 모양으로 마을 밖의 산야山野를 뜻했습니다. 지금은 들 야野라고 훈독하는 글자, 그래서 아무것도 없는 넓은 들판을 가리킵니다. 그래서 드넓은 들판을 광야廣野라 하고, 들짐승이 사는 자연 그대로의 상태 야생野生에 씁니다. 들판은 하나의 범위로 간주되어 야野는 눈으로 확인 가능한 범위 시야視野, 여러 갈래로 나뉘어진 분야分野에도 씁니다.

이렇게 자연 그대로의 상태를 가리키며 꾸미지 않는 뜻으로 파생되어 촌스럽다는 뜻도 가집니다. 문화가 발전하지 못한 야만野蠻에 쓰고, 국가의 사관이 아닌 민간에서 개인이 저술한 역사를 야

사野史라고 합니다. 한편 꾸미지 않았다는 건 옷을 차려 입지 않았다는 뜻으로 거친 매력의 야성미野性美에 쓰고, 야하다의 '야'도 야野라는 설이 있지만 여기서 '야'는 요염妖艶하다는 뜻도 함께 가진 풀무 야冶에서 왔다는 설이 더 강합니다. (冶는 금속을 다루는 기술, 야금술(冶金術)에 씁니다.) 이렇게 야野는 안이 아니라 밖을 뜻하고 다수의 함께가 아닌 소수의 홀로 느낌을 가진 글자입니다.

다수와 함께 안에 있으면 특정 의견이나 사상이 절대적인 정의正義라는 착각에 빠지기 쉽습니다. 인간 사회에서는 다수결에 의해 다수의 찬성을 받으면 그것이 올바른 선이라고 인정되는 경우가 많아 소수의 반대를 주장하는 쪽은 잘못이고 악으로 폄하되는 경우도 있습니다. 이를 다수의 횡포(tyranny of the majority)라고 하는데, 특히 요즘 같은 인터넷 접근성이 발달한 시대에 누가 썼는지도 모를 악의적 내용에 다수가 동조하며 횡포로 변하게 되면 사이버 폭력이 되고 집단의 횡포는 멈출 줄 모르고 공론公論으로 위장되어 사실이 왜곡되고 정의가 무너지게 됩니다.

이를 막기 위해 반드시 필요한 것이 소수의견에 대한 경청일 것입니다. 밖의 소리를 귀 기울이지 않고 안에서 함께하며 굳어진 생각을 맹종하게 되면 눈을 뜨고 살아도 세상의 반쪽만 보며 사는 신세가 되겠지요. 그래서 안에서 나와 밖에 있는 것을 야野라고 할 수 있습니다. 그래서 벼슬하지 않고 민간에 있는 뜻에서 시작해 지금은 정당에 속하지 않은 상태로 간접적 정치활동을 하는 영역을 재야在野라고 하지요. 또한 불명예로 보는 시각도 짙긴 하지만 재야로 내려가는 의미를 가진 하야下野도 같은 의미로 쓰입니다. 그래서 정부여당(政府與黨, government party)의 반대 의미로 정권을 잡고 있지 않는 재야정당在野政黨을 줄여 야당(野黨, opposition party)이라고 합니다. 건전한 비판과 견제를 통해 한 집단의 독주를 막는 역할을 하기 위함으로 진보, 보수와는 다른 개념입니다. 대통령 후보들을 보면 지지율이나 지명도 등에서 전혀 당선의 가능성이 없어도 출마하는 재야 인사들이 많습니다. 승산이 크지 않더라도 출마하는 여러 이유가 있겠지만 집권한 여당, 혹은 다수당에서 출마한 후보의 공약公約이 공약空約이 되지 않도록 정책을 국민의 눈으로 비판하고 정치적 관심사에서 배제되었지만 중요한 사안들을 제시하여 관심을 유도하기 위함도 있습니다. 함께與하는 무리와 있으면서도 언제나 건전한 비판의 생각野을 가져야 건강한 정신적 성장을 이룰 수 있습니다.

　한편 여론이라고 인터넷에서 검색을 하면 함께 여, 줄 여與를 써서 여론與論이라고 쓴 경우를 쉽게 발견할 수 있는데 우리가 알고 있는 여론은 與論이 아니라 輿論입니다. 여론與論이라 하면 함께 논의하는 정도의 뜻으로 명확한 단어가 되지 않는데 '여론'을 사전에서 찾으면 이렇게 나옵니다. '사회 구성원 전체에 관련되는 모든 일에 대해 제시되는 각종 의견 중에서 대다수의 지지를 받고 있다고 인정되는 의견.'

여론興論의 여는 수레를 만들기 위해 여러 사람이 모인 형상을 본뜬 글자인데 중앙에 수레가 있어서 손으로 드는 수레, 즉 가마를 뜻했던 글자입니다. 후대엔 여럿, 다수를 의미하는 뜻으로 파생되어 여론, 대다수의 지지를 받는 여론이 되었지요.

이 설명을 곰곰이 여러 번 읽다 보면 여론興論이라는 대다수의 의견은 지지를 받고 있는 것일 뿐, 맞다고 할 수는 없음을 알게 됩니다. 비판의 과정, 즉 밖의 시야視野를 통한 검증이 있어야 비로소 정의正義가 포함된 공정하고 합리적인 판단을 내리게 되는데, 그것이 바로 공론公論입니다. 여론이 다양한 의견의 평균이라고 한다면, 공론은 그런 의견들을 충분히 논의하고 검토하여 형성된 집단의 의견입니다. 즉 사회구성원 모두의 이익, 공익公益에 더 부합된 의견이라고 할 수 있습니다. 공평할 공公은 나눈다는 뜻을 가진 여덟 팔八에 사사로울 사私가 합쳐져 어느 한쪽에 치우치는 사리사욕私利私慾 없이 공평하게 나누는 뜻을 가집니다. 그래서 공론은 공평公平하고 공식公式적이고 공정公正한 것입니다.

공자가 말한 군자의 자세를 다시 볼까요? 군자는 함께 어울리면서도 소신所信 있게 행동한다고 했습니다. 함께 어울림을 화和라 했고 이익을 위해 소신을 버리고 하나가 되는 것을 동同이라 하여 군자는 화이부동和而不同이라고 했습니다. 즉, 어울려 함께 하는 것은 여與이고, 자신만의 소신所信은 야野라고 할 수 있습니다. 개인의 생각도, 사회의 구성원도 여與와 야野가 함께 해야 화和가 되

고 공公이 됩니다. 나와 다르다고 틀린 게 아니고 내가 가진 소신
이 고집이 되어서도 안 되겠지요. 온라인 네트워크 속에서 다양한
사람들과 소통하고 교류하는 시대에 살면서, 다양한 차이를 인지
하고 함께 성장하기 위한 자세가 필요할 때입니다. 함께 같이 있어
도, 또는 홀로 따로 있어도 모두 존중받아야 할 생각들입니다. 올
바른 성장의 목표는 나와 다른 남을 존중하되 자신만의 소신을 가
지고 부화뇌동附和雷同하지 않으며 공정한 판단을 이끌어내는 것
입니다. 이번에는 또 새로운 갈래길로 여러분을 안내하겠습니다.

君子 和而不同

君子 和而不同

小人 同而不和

小人 同而不和

군자는 서로 화합해도 뇌동하지 않으며
소인은 뇌동하기만 하고 화합을 하지 못한다.

사람은
고쳐 쓰는 것이 아니다?

改·變

過而不改是謂過矣

과이불개시위과의

논어의 위령공衛靈公편에서 한 구절을 뽑았는데 해석하면 이렇습니다.

"잘못을 하고도 고치지 않는 것을 잘못이라 한다."

과過는 쉬엄쉬엄 갈 착辵과 입 삐뚤어질 괘咼가 만난 글자로 괘咼의 속에 있는 冎는 뼈 골骨의 옛 글자입니다. 이 글자는 뼈가 앙상할 정도로 오래 걸렸다고 해석할 수도 있겠지요. 이렇게 정도나 경계를 지나침을 뜻해서 지날 과過라고 훈독訓讀하며, 기준을 지나쳐 벗어나 실수와 잘못을 뜻하는 과過, 즉 과오過誤가 되었습니다. 한편 개改는 몸 기己와 칠 복攵이 만난 글자로 여기서 몸 기己는 잘못을 한 아이가 무릎을 꿇고 있는 모양을 본떴고, 칠 복攵은 몽둥이를 손又에 쥔 모습을 본뜬 글자로, 둘이 만나 잘못된 행실을 고친다는 뜻을 가졌습니다. 공자는 잘못을 했으면 고치길 꺼리지 말라고 말합니다. 또 다른 말로 꺼릴 탄憚을 넣어 과즉물탄개過則勿憚改라고도 말했습니다. 이렇게 허물過과 고침改은 쌍을 이루어 등장합니다.

여기서 하나 짚고 넘어가야 할 부분은 공자는 우리에게 잘못을 하지 말라고 전하는 것이 아니고 잘못이 있으면 고치라고 전하고 있음입니다. 즉, 잘못과 허물은 없어야 할 것이 아니라 고쳐야 할 것으로 누구나 잘못이 있을 수 있다는 걸 알아야 합니다. 또한 실수와 잘못이 있어야 고칠 수 있는 배움을 얻습니다. 과過가 있어야 개改가 있습니다. 이번 장에서는 변화에 대해서 여러분과 얘기를 나누고자 합니다. 변함과 고침, 바로 변變과 개改입니다.

꼬인 실타래를 푸는 과정

복잡하고 어지럽게 생긴 글자 변할 변입니다. 이 글자를 파자破字하면 윗부분의 어지러울 련䜌과 칠 복攵이 만났습니다. 소리를 가진 련䜌이 분명한 뜻도 가져서 '겸성회의자兼聲會意字라고 합니다. 어지러울 련䜌을 잘 보면 실타래를 뜻하는 실 사絲안에 말씀 언言이 있는데 이에 대한 해석이 참 다양합니다. 그중 하나는 어지럽게 엉킨 실타래를 손으로 푼다는 뜻인데, 말이 중간에 있으니 복잡하게 얽힌 일을 뜻합니다. 여기에 마음 심心이 아래에 붙으면 마음이 복잡한 그리워할 련戀이 되어 연모戀慕와 연연戀戀에 쓰고, 여기에 손 수手가 아래에 붙으면 손과 발이 굽는 뜻의 걸릴 련攣이 되어 경련痙攣 등에 씁니다. 이렇게 복잡하고 어지러운 뜻을 가진 련䜌 밑에 칠 복攵이 붙은 변할 변變은 복잡한 일을 처리하는 뜻을 가져 물건의 성질, 상태 혹은 일의 상황이 이전과 다르게 변했음을 뜻합니다. 변화는 좋을 수도 있고 나쁠 수도 있습니다.

그런데 한 가지 꼭 알아야 하는 건 변화는 자연스러운 것이고 또한 모든 것은 변한다는 사실입니다. 어릴 적 두 발뒤꿈치를 들어도 보이지 않던 전철의 창문 밖을 어느새 내려다보고 있었고, 거울 속 세월이 묻은 내 얼굴에서 아버지의 모습을 확인하기도 합니다. 세상은 언제나 그 자리에 있는 것처럼 보였지만 끊임없이 움직였고 쉬지 않고 변했습니다. 알아채지 못했던 건 변화가 언제나 아주 가까이에서 섬세하게 일어났기 때문이 아닐까요? 살아온 시간만큼 세월이 빠르듯, 지내온 시간만큼 변화도 많은 건 당연하겠지요. 지난 한 세대 30년의 변화는 지난 100년보다 컸고, 지난 100년의 변화는 지난 천 년의 변화보다 빨랐습니다. 또한 요즘 느끼는 변화는 변화무쌍變化無雙이란 말을 다시금 실감케 합니다.

한편 쌍雙은 두 마리의 새隹를 한 손又에 올린 뜻을 가진 한자로 쌍, 둘을 의미합니다. 쌍둥이雙童이, 쌍방雙方 등에 씁니다. 한편 새를 한 마리만 쥐고 있는 건 외짝 척隻이라 하고 현대 중국어에서 지只로 간추려 쓰며 마리, 개 등을 뜻하는 양사量詞로 쓰이고 있지요. 무쌍無雙이라 함은 말 그대로 둘도 없다, 하나뿐이라는 뜻으로 둘도 없는 '제일', '최고'의 뜻이 됩니다. 그래서 변화무쌍變化無雙이라고 하면 변화가 둘도 없이 하나다, 변화가 없다는 뜻이 아니라 변화가 무척이나 많다, 매우 심하다는 뜻입니다.

무상無常이란 말도 함께 많이 쓰는데 특히 인생무상人生無常이라고 인생에 영원한 건 없다는 뜻으로 여기서 쓰인 항상 상常은 영원을 뜻해서 무상無常은 영원한 것은 없다는 의미로 변화變化와 같은 뜻입니다. 또한 변화에 무궁無窮을 붙여 변화무궁變化無窮이 되어 변화가 끝이 없음을 나타내기도 합니다. 이렇게 변화무쌍, 변화무상, 변화무궁은 모두 표준어로 등재되어 함께 쓰고 있는 말들입니다. 변한다는 뜻을 가진 한자들도 많은데 뉘앙스가 살짝 다르니 개改로 넘어가기 전에 정리하면 이렇습니다.

변할 변變은 복잡한 일을 처리하는 뜻에서 시작해 상황, 정황 등이 바뀌는 변화(change)를 의미하고, 될 화化는 똑바로 선 사람과 거꾸로 된 사람을 붙여 만든 글자로 뒤바뀐 변해서 됨(become)을 뜻합니다. 그래서 지금은 ~화化를 써서 변함을 대표하는 글자이지요. 한편 바꿀 환換은 서로 가진 것을 맞바꾸는 뜻으로 교환exchange의 의미이고, 고칠 경更은 처음엔 돌丙을 쳐서攴 시간을 알리는 뜻이었지만 지금은 '다시(갱)' 그리고 '고치다, 바꾸다(경)'의 뜻으로 쓰고 있습니다. 그래서 다시 살아나는 건 갱생更生이고 기록을 갈아치우는break 것은 경신更新이라 해야 맞습니다. 또한 구를 전轉은 굴러서 앞뒤 혹은 위아래가 바뀐다(reverse)는 뜻을 가졌고 전화위복轉禍爲福, 반전反轉 등 상황이 뒤바뀜에 씁니다.

다시 변화로 돌아와서 창밖을 보니 비가 옵니다. 어느새 대지가 젖었습니다. 마른 나뭇잎에 빗방울이 뭉칩니다. 빗소리를 들으며 변화는 거부할 두려움이 아니라 받아들여야 할 가능성임을 깨달 았습니다. 그렇게 섬세하게 일어나서 보이지 않던 변화가 보이기 시 작합니다. 궁즉통窮則通이란 말이 있습니다. '궁하면 통한다'라는 말이죠. 아까 변화무궁變化無窮에서 설명했듯 무궁無窮은 끝이 없 다는 뜻이니 궁窮은 끝이란 뜻입니다. 즉 끝에 이르러 꼼짝못하는 것이 궁窮입니다. 이 글자를 잘 보면 구멍 혈穴 밑에 몸을 구부린 몸 궁躬이 있습니다. 몸을 구부려 구멍 안으로 들어가는 모습입니 다. 그래서 '궁窮하다'의 뜻으로 지지리 궁상窮狀에 쓰고, 힘들고 가난한 궁핍窮乏에 씁니다. 그런데 궁지에 몰려 힘든 삶을 살고 있 는데 통通한다는 궁즉통窮則通, 그대로 받아들이기엔 뭔가 부족합 니다. 주역에 나오는 원문은 이렇습니다.

窮則變 變則通 通則久
궁즉변 변즉통 통즉구

궁하면 변하고, 변하면 통하며, 통하면 오래 간다는 뜻으로 궁즉 통窮則通은 이 말의 줄임말인데 그냥 궁해졌으니 통하겠거니 기다려 서는 절대 통하지 않겠지요. 궁지에 몰린 상황에 처하면 변화를 통해 해법을 찾아야 한다는 것을 강조하는 말입니다. 이렇게 숨어 있는 변變을 찾아낼 수 있어야 하고, 변화에 맞추어 함께 변해야 합니다. 그냥 변하는 게 아니라 바꿔 고쳐야 하는데 그건 바로 개改입니다.

개改는 몸 기己와 칠 복攵이 만난 글자로 여기서 몸 기己는 잘못을 한 아이가 무릎을 꿇고 있는 모양을 본떴다고 도입부에서 설명했습니다. 칠 복攵은 몽둥이를 손又에 쥔 모습을 본뜬 글자로, 몸 기己와 만나 잘못된 행실을 고친다는 뜻을 가졌습니다. 칠 복攵이 붙은 글자들을 볼 필요가 있습니다. (참고로 攵 = 攴) 가르칠 교敎는 사귈 효爻, 아들 자子, 그리고 칠 복攵을 합하여 만들어진 글자로 공부하는 아이 옆에서 회초리를 들고 가르치는 모습을 나타내어 가르친다는 뜻을 가졌습니다.

한편 진다는 뜻을 가진 질 패敗는 조개 패貝와 칠 복攵이 만났지만 패貝는 솥 정鼎이며 솥을 쳐서 적을 물리치는 패배시키다의 뜻에서 지금은 패배敗北의 뜻만 남아 쓰고 있습니다. 또한 칠 공攻은 공격하다는 의미로 쓰고 있는데 소리를 나타내는 장인 공工이 칠 복攵과 만났습니다. 공工은 도구를 뜻하니 어떤 물건으로 때리는 공격이 됩니다. 정치에 쓰이는 정사 정政에도 칠 복攵이 있지요. 논어에서 제자 안연이 정치政란 무엇이냐 물으니 공자는 바르게 하는 것正이라 말합니다. 즉, 바르게 하는 행동攵이 정치政인 겁니다.

개과천선改過遷善이라는 말이 있습니다. 쉽게 해석하면 지난 잘못을 고치고 착한 사람이 된다는 뜻이지만, 이 또한 주역에 나오는 원문을 줄인 말입니다. 원문은 군자 이견선즉천 유과즉개君子

以見善則遷 有過則改로 군자는 다른 사람의 선행을 보면 그를 따라 배우고, 자신의 과오를 발견하면 스스로부터 고친다는 말로, 잘못을 다스리고 고치는 개改는 비단 잘못 행동한 아이를 꾸짖어 고치는 뜻뿐 아니라 자기 스스로己를 고치는 근본적 자기 혁신을 의미하기도 합니다.

앞에서 설명한 변變이 일반적인 변화, 변동을 의미한다면, 개改는 허물과 잘못過를 고치는 뜻으로 좀 더 나은 변화, 즉 개선改善의 의미를 품고 있습니다. 물론 고치려다 더 나빠지는 개악改惡이라는 특수한 쓰임도 있지만 고칠 개改 자체는 선善을 향한 뜻이 포함되어 있어 좋게 고쳐 만드는 개조改造, 제도나 기구 등을 새롭게 바꾸는 개혁改革, 잘못을 뉘우치고 고친다는 회개悔改 등에 쓰고 있습니다. 이미 낸 책의 내용을 고쳐서 다시 출판한 책을 개정판改訂版이라고 하지요. 또한 수정판修訂版이라고 하기도 합니다. 이렇게 고칠 개改는 닦을 수修을 통해서 스스로를 다스리고 고쳐 발전시키는 성장의 과정입니다.

이를 두 글자로 줄이면 수신修身이 되어 천하를 다스리기 위해 가장 먼저 해야 할 것이 자신의 몸과 마음을 다스려야 한다는 수신제가치국평천하修身齊家治國平天下의 수양의 기본이며, 자기개선의 개改 없이는 어떤 변화變도 없음을 말해주고 있습니다. 한편 수정修訂과 개정改訂에 쓰인 고칠 정訂은 때려서 고치는 개改와 달리 말로서 논하여 바로잡는 뜻에서 시작했습니다. 그래서 개정改訂은 잘못된 내용을 논하여訂 바로잡는 것이고, 개정改正은 규정 등을 바르게正 고치는 것이고, 개정改定은 요금표 등을 고쳐서 새로 정定하는 것입니다. 이렇게 고치는 방법도 참 다양하듯 고치는 것도 대단한 일입니다. 그래서 명나라 최고의 사상가였던 왕수인(王守仁, 1472~1529)이 이렇게 말했나 봅니다.

不貴於無過 而貴於能改過
불귀어무과 이귀어능개과

"잘못이 없는 건 대단한 것이 아니다. 잘못을 고칠 수 있는 것이 대단한 일이다."

변화는 무쌍하며 무궁하다고 말씀드렸습니다. 우주에 변하지 않는 유일한 것은 '변한다'는 사실뿐이라는 헤라클레이토스의 말은 불변의 진리입니다. 이를 만물유전萬物流轉이라 하는데 모든 사물은 흐르고流 구른다轉는 뜻으로 흐를 류流는 무상無常을, 구를 전轉은 변화變化를 뜻해 모든 것은 쉬지 않고 변한다는 말입니다. 이렇게 짧은 한마디를 깨닫는 데 참 오랜 시간을 보냈습니다. 배움은 즐거웠는데 깨달음은 좀 아프더군요. 그 아픔은 아마도 너무 늦게 깨달은 나머지 이젠 시간이 없는 게 아니라 기회가 사라졌기 때문일 것입니다.

어른이 되지 않고 평생 걱정 없이 세상을 살면 좋겠다는 생각을 했습니다. 딸아이의 커가는 모습이 아쉬워 시간이 멈추길 간절히 바란 적이 있습니다. 부모님의 주름이 깊어가는 세월을 잡을 수 없어 원망하며 애태운 적이 있습니다. 시간이 흘러 어른이 되고 남편이 된 후 아빠가 되면서 깊은 주름이 제 얼굴에 새겨지며 모든 것이 변했습니다. 꽃은 모두 열매가 되려 하고 아침은 모두 저녁이 되려 한다고 말한 헤르만 헤세의 말처럼 세상엔 변화와 세월의 흐름만 있었습니다. 그걸 받아들이는 데 참 많은 시간이 필요하더군요. 그제서야 마음을 고치기로, 받아들이기로 했습니다.

공자가 말한 과이불개시이과의過而不改是謂過矣의 뜻이 누구나 잘못이 있을 수 있는데 잘못을 알면서 고치지 않는 것이 잘못이라면, 모든 것은 변한다는 진리만큼 누구나 잘못할 수 있다는 것도 80~90퍼센트 정도 진리에 가깝지 않을까 생각합니다. 대부분의 사람이 실수도 잘못도 하니까요. 그래서 이 말을 다시 해석한다면, 변한다는 것을 인정하지 않고 스스로를 고치지 않으면 그것이 바로 잘못이라는 의미로 해석할 수 있겠지요. 1960년 우리나라 기대 수명은 52.4세였는데 지금 2025년의 기대 수명은 84.5세로 32년이 늘어났습니다. 또한 우리나라 중위 연령은 1960년 당시 19세였는데, 65년이 더 흐른 지금 중위 연령은 46.7세입니다. 이렇게 세상이 변했습니다. 중위 연령이란 말이 생소生疏할 수도 있는데 참고로 평균 연령과 중위 연령은 다른 뜻입니다. 평균 平均은 평평하고 균등하게 나눈 뜻으로 집단의 특징을 전혀 알 수 없는 평균값일 뿐이고 중위中位는 중간값(자리)을 뜻하여 중위값의 변화로 고령화 추세와 정도를 알 수 있습니다. 우리나라의 중위 연령은 점점 뒤로 움직이고 있습니다. 고령화 사회로 변하고 있다는 말입니다.

중위 연령이 늘어나고 고령화 사회로 진입하면서, 기대 수명은 더 늘어납니다. 따라서 은퇴 후 생활 기간은 길어지고 이에 따라 노후老後 준비의 중요성은 더욱 커지고 있습니다. 과거에는 20~30년 정도의 노후 생활을 준비했지만 지금은 40년 이상을 준비해야 할 수도 있습니다. 노후老後 생활을 위한 준비로 경제적 준비가 물론 우선시됩니다만 건강이 더 중요할 것입니다. 기대 수명은 단지 숨을 쉬고 살아가는 수명에 대한 기대일 뿐 건강하게 사는 기간을 의미하는 건강 수명은 확연히 다른 수치를 보여줍니다. 2025년 우리나라 국민의 기대 수명은 84.5세이지만 건강 수명은 70.6세에 불과합니다. 즉 사망 전까지 14년의 시간을 원활히 활동하지 못하는 상태로 보낼 가능성이 매우 높은 상황이지요. 노후를 대비한다는 말을 자주 씁니다. 위에서 노후老後라고 쓰고 나이 든 후를 준비함을 가리켰지만 진정한 준비는 노후老朽를 준비해야 합니다. 오래되고 낡은 뜻을 가진 노후의 후朽는 썩을 후로 형성자이지만 나무가 썩어 휜 모습을 나타내고 있습니다. 우리 몸은 반드시 노후老朽되어 제 구실을 하지 못할 때가 올 겁니다. 물론 그것도 받아들여야 할 변화 중 하나이겠지요. 그래서 영원한 불멸을 뜻하는 불후不朽의 몸을 가질 수 있다면 좋겠지만 그럴 수 없으니 오래 살게 된 세상에서 노후老朽에 대비한 준비가 더 중요할 수밖에 없습니다. 경제적으로 이미 성공한 사람들이 가진 불안은 건강이겠지요. 그래서 그런지 경제적 안정을 이룬 사람들의 운동 시간이 일반인보다 훨씬 많다고 합니다. 재정적, 시간적 여유가 있는 이유도 있겠지만 성공한 사람들의 공통점은 모두 변화에 발맞추어 계속 성장을 했다는 것입니다. 즉, 변화를 긍정적으로 받아들이는 습관이 몸에 베어 있고 습관이 만든 변화에 대한 적응력도 남보다 뛰어납니다. 그런데 많은 사람들은 여전히 변화를 두려워하고 불편해합니다. 변화를 받아들여야 고칠 수 있는 기회라도 생길 텐데 주변의 변화엔 민감하고 부정적이면서 내 처지는 바뀌고 좋아지길 바라는 건 어불성설일 것입니다. 인터넷에서 한참 퍼졌었던 아인슈타인의 말을 빌리면 이렇습니다.

"어제와 똑같이 살면서 다른 내일을 기대하는 것은 정신병 초기 증세이다."

이 말을 정말 아인슈타인이 했는지가 중요한 게 아니라 정곡正鵠이 찔렸음에도 변하지 않으려는 우리의 방관적 자세를 돌아봄이 중요합니다.

정곡正鵠은 과녁의 한가운데의 점을 가리키는 말입니다. 바를 정正과 과녁 곡鵠을 써서 과녁을 바로 맞춘 뜻으로 해석하지만 원래 정正은 민첩한 솔개를 가리켰고, 곡鵠은 높이 나는 고니를 가리킨 말로 활로 잡기 가장 어려운 새들이었습니다. 즉 그 자리에 가만히 있지 않고 위치가 계속 변했던 겁니다. 세상 변하듯 수시로 변하는 과녁이 정곡입니다. 갈 곳을 미리 예측하고 때에 맞추어 활시위를 놓아야 적중할 수 있습니다.

하루하루가 쌓여서 미래가 된다는 것을 먼저 깨닫고 무의식적인 움직임이 습관이 되어 살아가고 있는 지금의 생각과 자세를 바꿔야 할 것입니다. 즉 나를 바꾸려면 빨리 아파해야 합니다. 그래야 고칠 수 있는 시간이 주어지고 대비할 수 있겠지요. 바뀌기는 바라면서 궁즉통窮則通 안에 숨겨진 변變을 놓치지 말아야 하겠습니다. 상전벽해桑田碧海의 세상에서 여전히 뽕밭에서 누에 치며 살 수는 없는 법이니까요. 이제 당연시했던 세상의 맛을 좀 더 찾아갑니다.

過而不改
과　이　불　개

過而不改

是謂過矣
시　위　과　의

是謂過矣

잘못을 하고도 고치지 않는 것을 잘못이라 한다.

당연한 것은
아무것도 없다

當·然

天地有大美而不言 四時有明法而不議 萬物有成理而不說

천지유대미이불언 사시유명법이불의 만물유성리이불설

이번 장에서는 장자 제22편 지북유知北游 편에 나오는 구절로 시작할까 합니다.

"천지는 큰 아름다움을 가지고 있으면서 말로 표현하지 않고, 사계절은 명확한 법칙에 따라 움직이지만 따지지 않으며, 만물은 이루어진 이치를 가지고 있으면서도 말하지 않는다."

여기서 천지天地는 하늘과 땅, 즉 우리를 둘러싼 거대한 공간입니다. 사시四時는 우리를 두고 끊임없이 흐르는 시간이며, 만물萬物은 우리 주변에서 함께하는 모든 것입니다. 우리를 둘러싼 공간도, 옆에서 흐르는 시간도, 주위의 만물도 모두 있는 그대로 아름답고, 그대로의 법칙과 이치가 있지만 굳이 이유를 말하지는 않습니다. 공간은 끊임없이 변하고, 시간은 쉬지 않고 흐르고, 만물은 이치에 따라 있고 없음을 반복합니다. 장자는 이렇게 말 없는 자연과 만물을 통해 인간이 나서지 않아도 돌아가는 세상의 법칙을 말하고 있습니다. 세상이 돌아가는 법칙은 그래서 당연하다고 말할 수 있습니다. 당연의 당當은 마땅한 것으로 그 속에서 우리가 마땅히 해야 할 것이고, 당연의 연然은 본래 그러한 것이니 우리가 이해하고 받아들여야 할 것입니다. 한편 당연과 필연必然은 비슷해도 차이가 있습니다. 당연은 마땅하다고 생각하는 다소 주관적인 의미가 포함되어 있고, 필연은 반드시 그렇게 될 수밖에 없다는 다소 객관적인 의미입니다. 당當과 필必만 비교해볼까요? 당에는 선택의 가능성이 있다면, 필에는 선택의 가능성이 없지요. 선택의 가능성이란 생각을 통해서 '마땅히 그래야 한다', 아니면 '마땅히 그래서는 안 된다'의 판단을 부를 수 있는데, 선택의 가능성이 없다는 것은 짜여진 그대로 가기만 하면 되는, 즉 판단할 필요가 없는 것입니다. 그래서 필연보다 당연에서 배울 게 더 많습니다. 우린 성장하며 마땅히 지켜야 할 것들과 자연스럽게 받아들여야 할 것들을 배웁니다. 이번 여행에서는 마땅함과 그러함의 차이를 이해할 수 있는 당연當然에 대해 얘기를 해보겠습니다.

선택의 가능성이 있는가

당이라는 한자는 오히려 상尙 밑에 밭 전田이 붙은 형태입니다. 전田에 뜻이 있고 상尙에 소리가 있는 글자인데 상尙은 숭상崇尙의 뜻도 가지고 있습니다. 옛 글자를 보면 상尙이 밭 전田을 크게 감싸고 있는 만큼 풍년을 크게 기대하는 것 같습니다. 설문해자에서는 본래는 두 개의 밭 크기, 가치가 서로 같다고 설명하고 있습니다. 즉 '서로 대등하다', '서로 맞서다'의 뜻에서 후대에 들어 '마땅하다', '적합하다'의 뜻으로 파생되었습니다. 표현이 좀 그렇지만 속어로 '맞짱을 뜬다'는 말이 있죠. 앞에 당당當當하게라는 말을 붙이면 의미가 살아납니다. 이렇듯 당當은 굽힘 없이 맞서는 뜻을 가진 글자입니다. 사랑하는 내 당신에 쓰이는 당신當身도 풀어보면 내 몸 앞에 맞대고, 마주보며 있는 의미에서 상대방이라는 뜻을 가졌습니다. 참고로 '여보 당신'이라고 할 때 여보는 보물과 같다는 여보如寶에서 왔다는 설도 있습니다. 이렇게 당신當身은 부부 사이엔 살가운 사이로 쓰이는 말이지만, 남과 맞서 싸울 때는 상대를 낮잡아 부르는 말로 쓰이기도 합니다. '당신當身이 뭔데 참견이야?'처럼 말이죠. 또한 앞에서 말한 사람을 높여서 강조하며 다시 가리킬 때 쓰는 재귀칭再貴稱 대명사로 쓰이기도 합니다. '할머니께서는 당신 과거를 회상하셨다'에서처럼 '자신自身'보다 높임말로 '당신當身'을 씁니다. 당신當身의 신身은 나의 몸이고 당當은 맞대고 있는 뜻이니 내 쪽의 반대말이 되어 내 앞쪽의 뜻을 가집니다. 그래서 어떤 상황을 직면했을 때를 '당면當面한 상황'이라고 합니다.

또한 당當은 마주친, 맞댄 뜻에서 1:1, 즉 Man to man의 뜻으로 파생되었습니다. 그래서 맡는다는 뜻도 가지는데 어떤 일을 맡고 있는 사람을 담당자擔當者라 부르고 그날 청소를 맡는 사람을 청소 당번當番이라고 합니다. 담당자도 당번도 마땅히 잘해야 하는 의무를 가집니다. 그래서 '마땅히'라는 뜻까지 파생되어 마땅히 그러하다는 당연當然이란 말까지 이어졌습니다. 그래서 마땅히 그러하면 안 되는 걸 부당不當이라 하고, 바르게 마땅한 걸 정당正當이라고 합니다. 또한 가히 마땅하지도 않은 건 가당可當하지도 않다(절대 불가능하다)고 하지요. 당當은 쉬워 보이는 글자이지만 다양하게 활용되고 있어 쉽지 않은 글자입니다. 시기적, 상황적으로 딱 맞는 것도 당當을 쓰는데, 그때를 일컬어 당시當時라고 하고, 그 해를 당當해 년도라고 말하지요. 영웅본색에서 장국영이 불렀던 노래 제목이 당년정當年情인데 해석해보면 그 당시의 사랑 정도가 되겠습니다.

위에서 당當과 필必에 대해서 짧게 설명했는데 당當은 선택의 가능성이 있고, 필必은 선택의 가능성이 없다고 했지요. 예를 들어 당번, 담당처럼 당當은 의무의 뜻을 가지긴 하지만 지키지 않을 수도 있습니다. 한편 필必은 이수하지 못하면 졸업을 못하는 전공필수專攻必修, 없으면 살아갈 수 없는 생필품生必品처럼 반드시 있어야 하기 때문에 선택의 가능성이 없습니다. 즉 당當은 내가 스스로 선택했기 때문에 지키는 것이고, 필必은 의지와 상관없이 무조건 지켜야 하는 것입니다. 고사성어 중에 당무지급當務之急이란 말이 있습니다. 맹자의 진심盡心편에 나오는 말로 간단히 소개하면 이렇습니다. 맹자의 제자들이 지금 알아야 할 것들도 많고 해야 할 것들도 많다며 힘들다고 맹자를 찾아와 어떻게 해야 하는지를 묻습니다. 그러자 맹자가 이렇게 말합니다.

"지혜로운 사람은 모르는 것이 없는 사람이지만 그들도 항상 눈앞의 시급한 일을 우선 순위에 두는 법이다. 知者無不知也, 當務之爲急 인하고 어진 사람은 모든 사람들과 친분을 만들려 애쓰나 그들도 언제나 가까운 사람과 똑똑한 사람을 먼저 찾는 법이다. 仁者無不愛也, 急親賢之爲務"

이렇게 지혜로운 사람이든, 인하고 어진 사람이든 보이는 일이라고 무조건 다 할 수 없고, 옆에 있는 사람이라 해서 모두 아끼고 사랑할 수는 없다는 말입니다. 즉, 모든 일에는 순서가 있으며 그 순서는 자신이 스스로 판단해서 정할 수밖에 없습니다. 이걸 당무지급當務之急이라고 하는데, 당면한 가장 시급한 문제라는 말로 지금 가장 중요한, 가장 시급하게 해결해야 하는 과제를 가리킵니다. 일을 잘하는 사람은 모든 일을 하는 사람이 아니라, 안 해도 될 일을 골라내는 사람이 일을 잘하는 사람인 것입니다. 이렇게 주어진 자원은 한정되어 있고 이 자원을 어떻게 효과적으로 만들고 활용할 것인가의 선택과 결정이 당當입니다. 누구에게나 공평하게 주어진 24시간, 혹시 하루가 48시간이라면 더 할 수 있다고 생각할 수도 있겠지만 선택과 집중이 없다면 어떤 결과도 없을 겁니다. 그래서 당當은 선택이면서 집중입니다. 집중은 버림과 같아서 어떤 것에 집중한다는 건 어떤 것을 버리는 것과 같지요. 손에 무엇을 쥔 채로 받을 수 없고, 사탕을 한 움큼 쥔 손은 유리병에서 나올 수 없는 법입니다.

길티 플레저guilty pleasure라는 신조어가 있습니다. 말 그대로 죄책감이 드는 즐거움의 뜻으로 어떤 일을 할 때 죄책감과 죄의식이 느껴지지만 다른 한편으론 쾌락을 느끼는 심리를 말합니다. 다이어트를 위해 열심히 운동한 후에 괜찮을 거라고 합리화하면서 고칼로리 음식을 먹기도 하고, 시험을 앞두고 있지만 잠깐은 괜찮겠거니 하며 여유를 즐기기도 합니다. 길티 플레저는 '욕심 많은 게으름뱅이의 결정 장애'라고 말할 수 있습니다. 해야 할 것과 하고 싶은 것을 두고 하나만 결정하지 못하는 상황입니다. 어쩌면 결정을 안 하기로 결정한 것일 수도 있는데 이런 심리의 특징은 마지막까지 시간을 끄는 경우가 많습니다. 식욕을 참지 못하는 다이어트는 몸무게 앞자리가 변해야 후회하고, 시험을 앞두고도 쉬고 싶은 마음은 시험이 코앞으로 다가와야 사라집니다. 마지막까지 와서야 자세가 바뀝니다. 그래서 이런 최후의 장면場面을 맞닿은 상황이 바로 당장當場인데 당장의 뜻이 '지금 바로'라는 뜻을 가진 이유가 여기에 있습니다.

한편 게으른 사람은 시작하기 전 생각을 많이 합니다. 마치 안 하는 것 같지만 그것도 하는 것일 수 있는데, 최대한 시간을 절약하기 위해 고민을 한다고 볼 수도 있습니다. 그래서 게으른 사람은 시간을 아낍니다. 일의 효율도 높습니다. 회의를 하다 보면 정말 기막힌 아이디어를 먼저 쏟아내는 경우가 많은데 대부분 게을

러서 빨리 끝내고 쉬거나 다른 걸 하기 위함입니다. 게으른 사람이 최선을 다하지 않는다는 건 쉽게 이해할 수 있지만 일의 효율이 높다는 건 이해하기 힘들 수 있지요. 그런데 TV 리모컨 등을 생각하면 분명히 무척 게으른 사람이 안 움직이기 위해 효율적으로 발명했음이 틀림없습니다.

저도 참 게으릅니다. 게다가 최선을 다하지 않는 이상한 버릇도 있습니다. 회사를 다닐 때였는데 한 분이 저에게 100% 최선을 다하지 않는 것 같다며 저의 게으름에 아쉬움을 토로하신 적이 있습니다. 농담처럼 들릴 수 있겠지만 저는 항상 20%를 남겨놓았는데 100%를 다 쓰고 나면 다음에 태울 불씨마저 꺼져 다시 일어날 수 없을까 두려웠기 때문입니다. 물론 지금도 변함은 없습니다. 최선을 다하면 좋겠지만 너무 다하진 마세요. 자신을 위해 아껴둘 필요도 있습니다. 하지만 때를 놓치진 마세요. 당當을 놓치면 다시는 돌아오지 않습니다. 당은 바로 지금입니다.

고기를 익혀 먹는 일

이제 연을 알아볼까요? 연이라는 한자도 풀어서 볼 필요가 있습니다. 달 월月과 개 견犬, 그리고 연화발灬이라는 점 네 개의 불화가 함께 만났습니다. 연화발이라는 이름이 참 생소하지만 이렇게 점 네 개를 찍은 불 화를 연화발이라 부릅니다. 제비 '연燕'에 쓰인 불 '화火'인데 '발'처럼 생겨서 연화발이라고 합니다. 열렬熱烈의 더울 열熱, 초점焦點의 탈 초焦, 조명照明의 비칠 조照은 모두 불과 관련된 뜻을 가지고 있습니다. 그런데 제비 연燕은 제비를 위에서 본 모습을 그린 상형문자로 연燕에 쓰인 연화발은 불이 아니라 제비의 꼬리를 나타낸 겁니다. 이와 비슷한 경우가 또 있는데 바로 물고기 어魚의 점 네 개도 연화발이 아니라 물고기 꼬리지느러미랍니다. 다시 연然으로 돌아올까요? 여기서 달 월은 '육달월'이라고 부릅니다. 달 월月과 같은 모양이지만 원래는 고기 육肉이 변한 모양이에요. 달 월月이 다른 한자를 만날 때 왼쪽에 붙으면 고기 육이라는 뜻으로 사람 몸 등을 뜻하고, 오른쪽에 붙으면 진짜 달 월로, 밝다는 뜻을 가진다고 아시면 쉽습니다. 예를 들어 허리 요腰, 배 복腹, 골 뇌腦, 창자 장腸은 모두 달 월이 앞에 붙었으니 사람의 몸을 뜻하고, 밝을 명明, 밝을 랑朗, 아침 조朝는 달 월이 모두 오른쪽에 붙어서 진짜 달로 밝음의 뜻을 가졌지요. 단 예외가 있는데 눈이 흐리멍덩하고 의식이 흐린 걸 몽롱朦朧하다고 하는데, 이 한자는 밝기를 나타내는 달 월이지만 왼쪽에 붙었답니다.

다시 돌아와서 그럴 연然을 보겠습니다. 이젠 달 월이 고기로 보이시나요? 네 맞습니다. 개고기라는 뜻이 되었고 그 밑에서 불로 그슬리고 있습니다. 개고기를 구워 먹는다는 뜻이 담긴 한자예요. 그렇게 개고기를 익혀 먹는 것이 당연한 것이 되었고 이 한자는 그렇다, 당연하다의 뜻을 갖게 되었답니다. 이런 걸 가차假借라고 합니다. 잠시 뜻을 빌려주었다는 뜻입니다.

그런데 빌려준 뜻이 그대로 남아버려 태운다는 연然이 그럴 연然이 되어 버렸습니다. 상황이 이러니 불로 태운다는 글자가 다시 필요해서 그럴 연에 불 화를 붙여 불태울 연燃을 추가로 만들었지요. 이제 그럴 연然에는 태운다는 의미는 이제 하나도 남지 않았습니다. 이렇게 뜻이 가차假借되어 본래 뜻을 버리고 다른 뜻이 되어 버려 '가차없다'라는 말이 탄생하게 되었습니다. 그래서 가차없다는 것은 앞에서 설명한 것처럼 잠시도 빌려줌이 없다, 사정을 봐 주지 않거나 용서할 수 없다는 뜻으로 사용됩니다.

이렇게 한자는 태어나고 변하고 다시 생기면서 역사와 문화를 담고 있답니다. 마땅히 그런 건 당연當然이고, 생각지도 못했는데 갑자기 그런 건 돌연突然이고, 원래부터 그런 건 본연本然이라고 합니다. 당연지사當然之事, 돌연변이突然變異, 본연本然의 아름다움 등으로 쓰고 있습니다. 한편 덮개를 뜻하는 덮을 개蓋를 그럴 연然과 합치면 개연蓋然으로 그럴 것이라고 덮어두는 의미로 절대적으로 확실하지는 않으나 아마도 그럴 것 같다고 생각되는 성질인 개연성蓋然性에 씁니다. 문학작품에서 앞뒤의 논리가 맞지 않을 때 개연성蓋然性이 없다고 하지요.

혹시 기연미연其然未然이라는 말을 들어보셨나요? 해석을 하면 '그其러한 지然, 그러하지 않은지未然'라는 뜻입니다. 그런지 아닌지라는 뜻으로 분명하지 않을 때 쓰는 말인데 이 말을 들어보지 않으셨다면 혹시 ‘긴가민가’는 어떻습니까? 긴가민가가 바로 ‘기연其然미연未然’에서 온 말입니다. 기연其然가? 미연未然가? 하던 말이 긴가민가가 된 것입니다.

자연自然이라는 말에서 자는 스스로 자自입니다. 스스로 생겨난 현상과 만물을 가리켜 자연이라고 합니다. 비슷한 말로 하늘이 준 그러한 것, 사람이 힘을 가하지 않은 것은 천연天然입니다. 자연은 ‘있는 그대로’의 뜻이고 천연은 사람과 이어서 인공을 가하지 않은 ‘자연 그대로의 상태’입니다. 자연색소라 하지 않고 천연색소라고 합니다. 자연감미료가 아니라 천연감미료라고 하지요. 천연은 자연 그대로의 상태를 뜻하지만 사람이 만들어낸 상태이기도 합니다. 그래서 주로 상품이나 재료 등에 많이 씁니다. 자연스럽다는 말은 원래 있던 것처럼 조화롭고 어긋남이 없음을 뜻합니다.

그런데 ‘천연스럽다’라는 말도 있습니다. 꾸밈이 없는 의미를 가졌지만 만들어낸 느낌도 찾을 수 있을 겁니다. 그래서 지금은 시치미를 뚝 떼어 아무렇지도 않은 척하는 걸 천연스럽다고 하지요. 이런 의미를 강조하기 위해 사람들이 덕德을 붙여 하는 말이 바로 ‘천연덕天然德스럽다’입니다.

자연스러운 것은 거짓이 없는, 진실 그대로의 삶입니다. 또한 세상이 우리에게 준 조건이고 그에 맞춰 사는 것이 자연스러운 삶이고 안분지족安分知足하는 삶인 것이지요. 거기에 만족하지 못하고 좀 더 높이 올라가려는, 즉 하늘만큼 올라가려는 것이 천연스러운 것입니다. 살짝 거짓을 보태도 천연덕스럽게 참인 양 흉내 내며 사는 것이지요.

안분지족을 괴롭고 힘든 처지지만 만족하며 살라는 뜻으로 해석하면 씁쓸하기 그지없습니다. 그래서 저는 천연덕스러운 안분지족의 삶을 추구하는 것이 세상 살기 좀 더 쉬운 것 같아요. 욕심도 부리고 살짝 거짓도 보태면서 노력하고, 그 후에 만족하는 삶은 어떨까요? 당연시했던 세상을 새롭게 볼 수 있는 눈을 가졌습니다. 이제 일을 찾아 나설 차례입니다.

天地有大美而不言

天地有大美而不言

四時有明法而不議

四時有明法而不議

萬物有成理而不說

萬物有成理而不說

천지는 큰 아름다움을 가지고 있으면서 말로 표현하지 않고,
사계절은 명확한 법칙에 따라 움직이지만 따지지 않으며,
만물은 이루어진 이치를 가지고 있으면서도 말하지 않는다.

나의 직은 무엇이고,
업은 무엇인가

職·業

居其位 安其職 盡其誠而不逾其度

명말청초의 유학자 왕부지(王夫之, 1619~1692)가 쓴 독통감론讀通鑑論에 나오는 한 구절입니다. '독통감론'은 통감을 읽고 쓴 비평이란 뜻인데 여기서 통감은 북송시대 유학자인 사마광(司馬光, 1019~1086)이 쓴 자치통감資治通鑑을 말합니다. 위 구절을 이해하기 전에 사마광과 그의 제자 유안세劉安世가 나눈 대화를 한 번 볼까요?

유안세: 수만 개의 한자 중에서 가장 중요한 글자는 무엇입니까? 일생을 살아가면서 좌우명으로 삼을 만한 글자를 하나 골라 주십시오.

사마광: 그것은 성誠이다.

유안세: 성誠이란 무엇입니까?

사마광: 거짓말을 하지 않는 것에서 시작한다. 不妄於始

위 대화는 마치 어디서 본 듯한 장면인데 공자와 그의 제자 자공이 나눈 대화가 떠오릅니다.

자공: 평생토록 마음에 새겨두고 지켜야 할 한 글자가 있다면
　　　무엇입니까?

공자: 그것은 서恕이다.

자공: 서란 무엇입니까?

공자: 자기가 원하지 않는 것을 남에게 베풀지 않는 것이다.

　　　己所不欲 勿施於人

　사마광이 다섯 살 때 누나와 함께 호두를 먹고 있었는데 호두를 까는 것이 참 어려웠습니다. 누나가 잠시 자리를 비운 사이에 여종이 뜨거운 물에 호두를 불려 까주었습니다. 얼마 후 돌아온 누나가 사마광에게 어떻게 호두를 깠냐고 물으니 사마광은 자기 스스로 발견했다며 자기가 한 것처럼 말했습니다. 그런데 그 광경을 아버지가 멀리서 보고 있던 겁니다. 아버지는 사마광을 불러 거짓말을 한 죄로 엄하게 혼냈고 성실과 정직에 대해 가르쳤습니다. 그 이후로 사마광은 평생 거짓말을 하지 않았다고 합니다. 이렇게 사마광은 성실誠實과 정직正直의 대명사가 됐습니다. 사마광이 유안세에게 추천한 한 글자는 성誠이고, 공자가 자공에게 추천한 한 글자는 서恕입니다. 성誠을 구조적으로 해석하면 말言을 이루는成 것으로, 말에 거짓이 없도록 정성을 다하는 것입니다. 한편 서恕를 구조적으로 해석하면 다른 사람의 마음心과 같아지는如 것

으로, 남의 마음을 이해하고 같아지는 것입니다. 이 두 장면의 대화를 통해서도 어떻게 살아야 하는지 쉽게 배울 수 있습니다.

한편 사마광이 쓴 자치통감을 읽은 후의 평을 쓴 왕부지의 구절을 해석하면 이렇습니다.

居其位 安其職 盡其誠而不逾其度

"어떤 위치에 있든 맡은 책임을 편안히 수행하며, 충직한 마음으로 일을 하고 자신의 권한을 넘어서는 행동을 하지 않아야 한다."

여기서 자리 위位는 자신의 위치, 직위를 뜻하고, 직분 직職은 맡은 책임, 즉 구체적인 일의 대상을 뜻합니다. 그리고 정성 성誠은 충직한 마음으로 일을 하는 자세이고, 법도 도度는 권한으로 일의 범위를 의미합니다. 이 말은 사회적 지위나 맡은 일에 따라 책임을 다해야 함을 강조하고 있으며 또한 그 일을 함에 있어 최선을 다하되 본분을 지켜 선을 넘지 말라며 일에 대한 방법을 명쾌하게 설명합니다. 여기서 직職을 단순한 일, 일자리로 보지 않고 사회적, 도덕적 책임의 표현으로 간주하고 있습니다. 쉬워 보이지만 쉽지 않은 게 일입니다.

일은 과연 무엇일까요? 일이 많으면 많은 대로, 없으면 없는 대로 스트레스를 받는 현대인들에게 일이라는 말은 해야 한다는 강박관념 때문인지 그다지 좋은 느낌을 선사하지는 않습니다. 일은 노동勞動의 순우리말로 한자로 표기하면 일 사事가 됩니다. 사事는 갑골문에서도 나타나는데 처음엔 사냥도구를 잡은 손을 본뜬 모양이었다가 깃대를 손으로 잡고 있는 모양으로 변하면서 일이라는 뜻을 갖게 되었습니다. 글자의 모양과 뜻이 변하는 과정을 보면 시대에 따라 글자의 쓰임이 어떻게 변했는지 알 수 있어 재미있습니다.

일 사事는 분명 생존을 위한 활동에서 시작했습니다. 사냥을 통해 먹이감을 구하는 의미였으니까요. 그 후엔 잡고 있던 무기가 깃발이 달린 깃대로 변했습니다. 여기선 생존을 위한 경제적 활동에서 벗어나 사회적 구성원으로서 역할을 수행하고 있지요. 자아실현의 활동입니다. 그리고 다른 글자들과 만나 단어를 구성하며 여러 뜻으로 파생됩니다. 일과 일에 걸림돌이 없는 단계라는 뜻을 가진 불교용어 사사무애事事無碍처럼 사事는 모든 만물을 뜻하는 철학적 의미를 가지기도 합니다. 이렇게 일事은 경제적 측면, 사회적 측면 그리고 철학적 측면 모두를 가진 숭고한 활동임은 틀림이 없습니다.

수렵시대의 일은 시간적 자유가 있었습니다. 배가 고프면 편한 시간에 맞춰 나가 물고기를 잡거나 사냥했을 겁니다. 시간이 한참 흘러 농경시대를 맞은 인간은 '때'를 놓치지 않기 위해 당장當場

해야 하는 일들이 생겼는데 그게 농사農事입니다. 농農은 원래 수풀 림林 모양과 별 진辰이 만난 형태였습니다. 진辰은 새벽晨에 하는 일을 뜻해서 농農이라는 글자엔 새벽부터 해야 한다는 시간적 강제 조항이 붙어 있습니다. 그래서 농사農事는 때에 맞춰 반드시 해야 하는 일입니다.

한편 여자들은 집에서 가축을 기르며 집안 일을 했는데 지붕을 뜻하는 집 면宀 안에 돼지 시豕가 있는 집 가家에서 하는 일이 바로 가사家事입니다. 여자는 가사를 끝내고 밖에서 일한 남자가 아무 탈 없이 무사無事히 돌아오길 기다립니다. 이렇게 일은 협동協同과 분업分業의 개념을 만들었고 먹이사슬에서 피식자被食者 역할만 담당했던 인간은 포식자의 꿈을 이루는데 그건 바로 성사成事입니다. 그렇게 인간만의 문화를 만들고 각자의 일을 담당하며 직업이란 개념을 갖게 됩니다. 맡은 일을 한다고 참여한다는 종사從事가 여기서 나오게 되지요. 일을 하면서 새로운 사람들을 만나 안부人를 묻고 하는 일事을 묻습니다. 그게 바로 인사人事입니다. 이렇게 인류의 역사는 일과는 뗄 수 없는 불가분의 관계입니다. 이번 장에서는 이런 저런 일에 대한 얘기를 나누며 짧은 여행을 떠나 보겠습니다.

책임과 역할

직분 직職은 뜻을 가진 귀 이耳와 뭉친 뜻을 가진 찰흙 시戠가 만난 글자입니다. 찰흙 시는 소리 음音과 창 과戈가 만나 군대에서 명령을 통해 단결하는 의미를 가진 글자로 여기에 실 사絲가 붙으면 날줄과 씨줄이 얽혀 천이 만들어지는 짤 직織이 되어 옷감을 뜻하는 직물織物, 뭉쳐서 협력하는 조직組織에 씁니다. 한편 찰흙 시에 말씀 언言이 붙으면 말들이 머리에 쌓인 알 식識이 됩니다.

직분 직職 옛 글자를 보면 귀 이耳가 아닌 머리 수首의 모양입니다. 머리 수의 아랫부분이 변해서 귀 이耳가 되었고 원래는 머리를 뭉쳐 맞대고 함께 모인 뜻을 가진 글자가 직분 직職인 겁니다. 분명한 목적을 가지고 뭉쳐진 의미를 갖고 있습니다. 그런데 머리 수首가 귀 이耳로 바뀐 의미도 있지 않을까요? 머리가 아닌 귀를 맞대고 뭉쳤다고 생각하면 직職에 대한 의미가 금세 바뀝니다. 말하고 명하는 뜻에서 듣는 순종으로 변합니다. 말을 경청하고 상황을 파악하는 수동의 뜻으로 바뀝니다. 그래서 직분職分 직이라고 부르는 이유입니다.

직분의 분分은 인생편에서 자세히 기술하겠지만 내게 주어진 몫입니다. 그래서 분수分數를 알라는 것은 내게 주어진 몫을 잘 헤아리라는 뜻이고 과분過分하다는 것은 내 몫, 즉 분에 넘친다는 뜻입니다. 그럼 직분은 무엇일까요? 수동적 의미를 갖는 직職

에 주어진 몫分입니다. 책임과 역할에 초점이 맞춰진 말입니다. 우리가 일반적으로 말하는 직업職業은 개인이 생계를 유지하기 위해 하는 일이고 직분職分은 어떤 조직에서 내게 주어진 책임이고 역할입니다. 쉽게 설명하면 회사원, 의사, 농부 등은 직업이고, 종교 단체의 신부님과 목사님, 회사 조직에서 부장님, 팀장님은 직분입니다. 직職은 짜여진 조직組織에서 가장 많이 쓰이고 있습니다.

그 의미와 쓰임새도 다양하니 한 번 알아보겠습니다. 우선 아까 나온 직업職業은 직과 업을 합친 말로 지금은 생계를 위해 종사하는 일을 가리킵니다. 직무職務라는 말도 있지요. 직업보다 하위 개념으로 개인이 조직 내에서 담당하는 구체적인 역할을 뜻합니다. 또한 직군職群이라는 말도 있는데 이건 유사한 직무들을 묶어 놓은 개념입니다. 만약 어떤 사람의 직업이 프로그래머라면 그는 IT 직군에 속하며 특정 분야(웹 개발, 데이터베이스 관리 등)의 프로그래밍 직무를 수행할 수 있습니다.

한편 일의 분야가 아닌 수직적 개념으로도 직職을 나눌 수 있습니다. 바로 직위職位, 직급職級, 직책職責입니다. 직위는 말 그대로 자리를 뜻합니다. 직무 상의 위치(서열)을 뜻해서 사원, 대리, 과장, 차장, 부장 등으로 나뉘지요. 일종의 호칭에 가깝습니다. 요즘은 많은 회사에서 수평적 관계 문화를 지향하고 있어 직위 호칭을 없애고 있지요. 바로 님 문화인데요, 모두 철수 님, 영희 님으로 부릅니다. 그러다 보니 신입 사원의 입장에서는 3년 차 선배 직원도 7년 차 선배 직원도 그냥 선배일 뿐입니다. 그런데 얼마 후 이 신입직원이 다른 부서로 이동하게 되면 그 조직에서는 이 직원이 몇 년 차 직원인지 모르니 더욱 수평적 관계가 이루어집니다. 게다가 요즘은 메신저로 일하는 분위기다 보니, 아무리 속 넓은 10년 차 직원이라도 3년 차 직원의 메시지가 언제나 반가울 수는 없겠지요. 상호 존경의 뜻을 담은 어휘를 잘 선택해야 잡음 없이 굴러갈 수 있습니다. 님 문화를 좋다거나 나쁘다고 말할 수는 없고 일장일단이 있기에 조직의 문화에 맞게 보완하고 수정해야 합니다.

직위가 겉으로 드러나는 위치의 뜻이라면, 속으로 숨겨진 의미로 직급職級이 있습니다. 직급은 등급等級으로 나눈 개념으로 같은 직위 내에서 나눈 직급인 과장 1호봉, 2호봉 등이 있고, 수평적 조직에서라면 5급, 6급 직원 등이 있습니다. 호봉과 급수는 연봉을 의미하기에 직위가 높다고 반드시 직급도 높은 건 아닙니다. 마지막으로 직책職責이란 말은 맡은 일 직무職務에 대한 책임責任과 권한權限을 나타내는 호칭입니다. 파트장, 팀장, 실장, 본부장 등이 직책에 해당하는데 직위와 직책이 모두 존재하는 조직이라면 대리 팀장이 있을 수도 있고 부장 팀원이 있을 수도 있습니다.

직원職員이 있으면 임원任員도 있습니다. 직원과 임원을 합쳐 임직원任職員이라 부릅니다. 근로기준법의 보호를 받는 직원과 달리 임원은 경영에 참여하는 권한을 위임委任받은 직원이란 뜻입니다. 임원도 직책으로 나눕니다. 흔히 말하는 이사, 상무, 전무, 부사장,

사장 등인데 임원의 직책도 줄여 부사장부터 시작하는 회사들도 많습니다. 직무나 직위에 따라오는 책임이 직책職責이라면 따라오는 권한은 직권職權입니다. 직무상의 권한을 함부로 쓰면 남용濫用이 되어 직권남용이 됩니다. 남용의 람濫은 범람氾濫에 쓰는 넘칠 람으로 물이 넘친다는 뜻인데, 남용은 정해진 범위를 넘어 주어진 권한을 위법하거나 부당하게 행사하는 것을 뜻합니다.

서두에서 소개한 왕부지의 문장에서 진기성이불투기도盡其誠而不逾其度를 다시 살펴보면 그 일에 최선을 다하되 그 도를 넘지 말라 했지요. 최선을 다해도 도度를 넘으면 남용濫用이 되고 도度를 넘지 않으면 성誠이 됩니다. 그 선 안에서 주어진 일이 직職인 겁니다. 귀 이耳가 붙어 순종의 의미와 함께 주어진 책임이라는 맡을 직職은 생계를 위해 하는 일의 뜻을 가졌습니다. 겉에 입은 옷처럼, 명함에 찍힌 글자들처럼 남들이 보고 판단할 수 있는 게 직職입니다. 우리가 가진 직업에서 직職을 기준으로 일한다면 그 일이 재미있을 수가 없습니다. 이제 업業을 볼 차례입니다.

세 명의 석공

다소 복잡하게 생긴 이 글자業가 상형문자라고 하면 많이들 놀랍니다. 이 글자는 고대에 종 같은 타악기를 걸어두는 틀의 모양을 본뜬 글자로 처음엔 종이 걸린 받침대가 두 개였다가 하나로 줄었고 지금의 모양으로 변하게 되었습니다. 업業은 나무를 잘라 쌓아 만들었기 때문에 '일'이라는 뜻으로 파생되었는데 고대에는 서책書冊도 업業이라 불렀고 가죽으로 싸서 보관하다가 읽을 때는 끈을 풀어 펼쳐 읽었습니다.

예기禮記에 나오는 "소습필유업所習必有業"이란 말은 배움에는 반드시 업業이 필요하다는 뜻으로 여기서 업業은 끈을 풀어 펼쳐 읽는 독서를 의미했습니다. 그리고 당나라 시대에 한유韓愈가 쓴 진학해進學解에서는 "업정어근 황어희業精於勤 荒於嬉"라고 하며 "학문은 부지런히 힘쓰면 조예가 깊어지지만 잠깐의 게으름嬉으로 망쳐버릴 수도 있다"는 뜻으로 꾸준함勤을 강조했는데 여기서 업業은 학업學業을 뜻했고 후대엔 사업事業과 업적業績을 의미하게 되었습니다. 업業도 직職처럼 다양한 글자들과 어울려 만납니다. 방금 나온 사업이 대표적으로 일을 해서 이익을 창출하는 행위를 의미하죠.

사업의 전반적인 종류나 형태는 업태業態라 하고, 업태보다 좀 더 구체적인 종류는 업종業種라 합니다. 이 둘은 사업의 유형으로 직職보다 큰 의미라는 걸 알 수 있죠. 또한 직무職務와 업무業務가 같은 의미로 사용되는 경우가 많지만 엄밀히 말하면 직무는 어떤 일을 하는가에 대한 것이고, 업무는 일을 어떻게 하는가에 대한 것입니다. 업무태도가 직무태도보다 어울리는 이유가 여기에 있습니다. 이렇게 업業은 일을 하는 자세와 방법에 대한 것으로 다소 수동적 의미를 가진 직職과는 달리 시간을 들여 이루는 의미를 내포하여 인격과 덕을 수양하는 '축적蓄積'을 위한 행위입니다. 즉, 삶의 방향을 뜻하지요.

물론 업業도 직職과 비슷하게 살아가기 위해 하는 일을 뜻하는 경우도 많습니다. 예를 들면 생업生業이 있겠죠. 하지만 생업은 직업과 많이 다릅니다. 생업의 생은 날 생으로 먹고 살기 위해 집중하는 일입니다. 한편 직업의 직은 맡을 직으로 각자 맡은 일을 하는 것일 뿐입니다. 즉, 생업은 절박함 속에서 흘리는 피땀이 포함된 의미로 일하며 시간을 보냈다고 월급을 주는 직업과 같은 의미가 아닙니다. 어떤 사람은 직업의 의미로 일을 하고, 어떤 사람은 생업의 의미로 일을 한다면 그 일을 대하는 자세도 결과도 다를 것입니다.

기업이 하는 일이 사업이라면 그 안에서 개인이 하는 일은 직무가 되겠지요. 직무는 맡아서 담당하는 일입니다. 이걸 업무로 바꾸면 그 직무를 어떻게 할 것이냐는 구체적인 활동이 포함됩니다. 그런데 회사는 사명使命이란 게 있습니다. 장기적이고 영속적인 목표입니다. 예를 들어 덴마크의 레고라는 회사는 장난감을 파는 회사입니다. 장난감을 파는 건 사업의 개념이지만 이걸 사명의 개념으로 보면 회사가 왜 존재하며 어떤 가치를 기여할 것인가입니다. 레고의 사명은 '놀이를 통해 미래의 인재들에게 영감을 주고 능력 발달을 돕는 것'이라고 합니다. 그냥 사업의 개념으로 장난감을 파는 게 아니라 꿈을 주고 돕는다는 사명이 있기에 회사가 존재할 이유가 생긴 것이죠.

개인도 마찬가지입니다. 하는 일을 맡겨진 직무로 받아들인다면 장기적 비전도 방향성도, 그리고 지속성도 있을 수 없습니다. 그래서 사명을 찾아야 합니다. 왜 이것을 해야 하는지 정해지지 않은 상황이라면 열심히 할수록 지치고 피곤할 것입니다. 사명이 정해지면 그에 따른 할 일들이 생기는데 그건 과업課業입니다. 자신이 하는 일이 과업이 되면 일이 지루할 틈이 없겠지요. 방향성과 지속성을 가진 사명의 일환이 되기 때문입니다.

자주 들어봤을 세 명의 석공 이야기가 있습니다. 지나가던 한 사람이 돌을 다듬고 있는 석공을 만나게 되어 무엇을 하냐고 묻자 첫 번째 석공은 "보면 모르겠소? 돌을 다듬고 있지 않습니까?"라며 퉁명스럽게 대답했습니다. 그리고 다른 석공에게 같은 질문을 하자 두 번째 석공은 "먹고 살기 위해 기둥을 만들고 있습니다."라고 대답했습니다. 마지막 세 번째 석공에게도 같은 질문을 하자 그는 "여기에 세워질 새 교회의 주춧돌을 다듬고 있는 중입니다. 완성이 되면 정말 아름다운 건축물이 될 겁니다"라고 했습니다. 첫 번째 석공은 하고 있는 행위를 말했고, 두 번째 석공은 일을 하는 자기 직무를 이야기했습니다. 한편 마지막 석공은 사명에 따른 과업을 말했습니다. 사명과 과업을 가진 사람은 자신의 인생을 경영하는 최고경영자와 같습니다. 자신이 세상에 존재하는 이유입니다. 그래서 업業은 생계를 위한 수단이지만 동시에 삶에 대한 태도인 것입니다.

교사라는 직職을 가진 사람의 업業은 가르치는 것입니다. 만일 이 사람이 학교나 학원이라는 직장職場에서 일을 잃었다고 가정합시다. 교사라는 직職을 잃었어도 가르치는 업業을 잃지 않았다면 불안도 고민도 길지 않을 것입니다. 또한 은퇴를 해서도 업業은 계속 남습니다. 더 이상 직職은 없지만 '업業'은 여전히 이어갈 수 있습니다. 그런데 업業만을 통해 돈을 벌고 생계를 충분히 이어갈 수 있을까요? 그렇지 않은 경우가 대부분입니다. 하고 있는 일인 직職에서 업業의 의미를 찾는 게 가장 쉽습니다. 그러면 직업은 소명이 됩니다. 그리고 소명이 된 직업을 통해 일의 보람과 경제적 보상도 함께 받을 수 있겠지요.

직은 맡겨진 것이고 업은 스스로 쌓아가는 것입니다. 그래서 직職은 책임에 가깝고, 업業은 권한에 가깝습니다. 그러나 직업職業, 이 두 글자를 붙여 놓은 이유는 업業 안에 직職이 있기 때문입니다. 즉, 직職은 나의 자리를, 업業은 나의 태도를 의미합니다. 그래서 이 둘의 조화를 통해 무엇을 하며 사는가를 넘어 어떻게 살아야 하는가를 고민하며 성장할 수 있습니다.

제 직업은 유튜버도 작가도 아닙니다만 그냥 누군가와 이야기를 하고 지식을 나누며 유익한 즐거움을 전달하는 일에서 보람을 느낍니다. 물론 언젠가는 유익하고 즐겁게 함께 배우는 재미의 행위가 직職으로 바뀌길 바라는 마음입니다. 재미라는 말은 한자어 자미滋味에서 왔습니다. 자는 불을 자滋로 물이 묻어 불어나는 것을 뜻합니다. 번성할 자라고도 하는데, 여기에 맛을 뜻하는 미味가 붙으면 '자미'라고 하며 맛이 불어나 즐겁고 유쾌함을 의미합니다. 또한 글자 자字와 맛 미味가 만난 자미도 있습니다. 바로 글맛입니다. 제 유튜브 채널의 이름인데 맛도 지식도 함께 불어나는 재미와 유익함을 함께 전달하고 싶어 만든 이름입니다. 이렇게 재미가 붙으면 직職이든 업業이든 행복하지 않을까요? 이렇게 성장의 과정을 여행했습니다. 삶은 이제 시작입니다. 또 다른 여행을 준비하겠습니다.

居其位 安其職

居其位 安其職

盡其誠而不逾其度

盡其誠而不逾其度

어떤 위치에 있든 맡은 책임을 편안히 수행하며,
충직한 마음으로 일을 하고 자신의 권한을 넘어서는
행동을 하지 않아야 한다.

5부

음지가 양지 되고,
양지가 음지 되듯이

무와 유는
단 하나의 차이

零·一

反者道之動 弱者道之用

반자도지동 약자도지용

天下萬物生於有 有生於無

천하만물생어유 유생어무

앞서 한 번 소개했던 도덕경 40장의 내용입니다. 이 짧은 문장에서 우리는 무無와 유有에 대해 확실하게 이해할 수 있습니다. 해석하면 이렇습니다.

"되돌아가는 것은 도의 움직임이고, 유약해지는 것은 도의 작용이다. 천하 만물은 유有에서 생겨나지만, 유有는 무無에서 탄생한다."

되돌아감反은 사계절이 바뀌고 음지와 양지가 변하듯 '물극필반物極必反', 모든 만물은 끝에 달하면 반드시 돌아간다는 법칙으로 반복反復을 뜻합니다. 유에서 무로, 무에서 다시 유로 되돌아가는 것입니다. 앞장에서 얘기했던 존망存亡, 진퇴進退와 연결되는 것으로 예로 들었던 낙화생落花生을 생각하면 되겠습니다. 마치 계속 똑같이 반복되는 것 같지만 나선형의 나사처럼 계속 돌아도 매번 다른 위치에 있는 개념이지요. 행복이 언제나 지속될 수 없듯, 지금 겪고 있는 불행은 끝나기 마련이고 강약은 서로 주고받으며 변하게 되어 있습니다.

노자가 말하는 '弱者道之用'의 도는 포용包容의 방식으로 쓰임(작용)을 발휘합니다. 물방울이 돌을 뚫듯, 굳은 땅에서 초목의 싹이 나오듯 유약함弱者이 단단함을 이깁니다. 이렇듯 약함은 자연의 법칙에서 결코 약하지 않습니다. 노자는 이어서 유와 무를 이야기합니다.

유有는 산천초목, 또는 구체적으로 감지되는 모든 실체를 의미합니다. 무無는 절대적인 없음이 아니라 모든 실체가 완성되기 전 본연의 상태를 가리킵니다. 이렇게 만물은 유에서 탄생하지만 유의 근본은 무로서, 무無는 종극終極의 근원이 됩니다. 이처럼 유와 무는 대립, 상대의 개념이 아니라 연결되어 있습니다.

한편 불교에서는 공空사상으로 표현하는데 '공' 또한 단순히 비어 있는 상태를 의미하는 것이 아니라, 모든 존재는 고정된 실체가 없다는 것입니다. 공空은 산스크리트어 '순야타Sunyata'를 번역한 것으로 '本無今有(본무금유)', 본래는 없지만 지금은 있는 것이고, '已有還無(이유환무)', 지금의 있음은 없음으로 (다시) 돌아간다는 뜻입니다. 이 말이 바로 반야심경에 나오는 色則是空(색즉시공) 空則是色(공즉시색)입니다. 색은 곧 공이고, 공은 곧 색이라는 뜻인데 이 문장 앞에는 色不異空(색불이공) 空不異色(공불이색), 즉 "색은 공과 다르지 않고 공은 색과 다르지 않으며, 색이 곧 공이요 공이 곧 색이다"로 번역됩니다. 여기서 빛 색色은 여색女色이 아니라 물질세계, 즉 우리가 눈으로 보고 손으로 만질 수 있는 모든 현상과 대상이며, 빌 공空은 단순한 비워져 모든 존재의 본질적 특성, 즉 무無와 통하고 있습니다. 불교 용어로 인간을 구성하는 다섯 가지 요소인 오온五蘊이 있는데 색色, 수受, 상想, 행行, 식識입니다.

색온(色蘊, 루빠): 물질적인 몸과 현상 (빛 색)

수온(受蘊, 베다나): 받은 감정, 느낌 (받을 수)

상온(想蘊, 산냐): 생각하고 연상함 (생각할 상)

행온(行蘊, 상카라): 행위, 해온 일 (행할 행)

식온(識蘊, 비즈나냐): 식별하고 구분하고 판단 (알 식)

오온을 잠깐 설명한 이유는 空則是色공즉시색 뒤로 나오는 반야심경의 문장이 이렇기 때문입니다. 수상행식受想行識 역부여시亦復如是, 수상행식(감각, 생각, 행동, 의식)도 또한 이와 같다는 뜻입니다. 색色뿐만 아니라 인간의 모든 것이 공空이란 것입니다. 그런데 공은 텅 빔의 의미도 있지만 하늘의 뜻도 가집니다. 변화무쌍한 하늘은 언제나 변하고 있지요. 그래서 공空을 좀 더 나아가 해석하면 '변화'입니다. '色則是空'을 풀어 해석하면 지금 우리가 보는 만물은 궁극에 모두 변한다는 것입니다. 존재하는 모든 것은 변하게 마련입니다.

한편 공空과 비슷한 개념의 영零이 있습니다. 전화번호를 읽을 때 우린 '010'을 대부분 공일공空一空이라고 읽습니다. '영일영'보다 소리 전달이 용이하기 때문이겠지만 '0零'은 없음을 뜻하기도 해서 공空과 통합니다. 공空은 무無와 통하기도 한다고 했고, 무無는 또한 유有의 근원이라고 했으니 영零 또한 모든 숫자의 기본이 될 수 있습니다. 이렇게 수천 년 전의 사상과 법칙에 사용된 공空, 무無 그리고 영零인데 영(0)이 일(1)을 만나 디지털 세상이 탄생했습니다. 전자 기기도 신호가 켜졌는지(1) 꺼졌는지(0)를 구별하는 이진법을 기반으로 발전했고, 지금 우리가 쓰는 디지털 기기의 근원이 된 것입니다. 이번 글자 여행에서는 영零과 일一, 또 다른 세상의 시작을 함께 알아보겠습니다.

아무것도 시작되지 않는 '공'의 상태

숫자 1, 2, 3이 一, 二, 三이듯 숫자 0은 '零'으로 표기합니다. 숫자 1~3과 한자 1~3의 모양은 정확히 같습니다. 1은 말할 필요가 없을 것 같고, 2는 이二를 흘려 쓴 모양에서 왔고, 3은 삼三을 흘려 쓴 모양에서 왔지요. 이렇게 통하는 부분이 많습니다. 그런데 숫자 0은 지금 우리가 쓰는 영零과 매우 다르지만 지금은 한자도 특별한 경우를 제외하고는0을 0영으로 표기하고 있기도 합니다. 숫자 영零은 숫자로 사용되기 전까지는 비가 내린다는 뜻을 가진 떨어질 '령'이었습니다. 비 우雨와 하여금 령令의 모양이지만 옛 글자는 비 우雨 밑에 입 구口가 세 개가 있는 '霝'의 모양이었고, '霝' 아래에 제사상을 뜻하는 보일 시示를 붙이면 귀신을 뜻하는 혼령魂靈의 령靈이 됩니다. 령靈은 무당이 하늘에서 비가 내리기를 기원하며 동물의 머리 셋을 바치는 모습을 본뜬 글자입니다. 그래서 '霝'은 떨어질 령의 옛 글자이고 지금의 령零은 빗방울이 떨어지는 뜻을 가져 '떨어질 령'이라고 부르는 것입니다. 영락零落이란 말은 원래 초목草木의 잎이 시들어 떨어지는 뜻이었습니다. 그런데 여기에 '없다'가 붙으면 '영락零落없다'가 되어 전혀 다른 뜻이 됩니다. 꼭 들어맞는 뜻이 되는데, 이유는 간단합니다. 여기서 영零도, 락落도 떨어짐으로 몫으로 나누고 남은 나머지를 영락零落이라고 합니다. 그래서 '영락없다' 라고 하면 떨어져 남는 것 없이, 조금도 틀리지 않고 딱 들어맞는다는 의미로 쓰고 있습니다. 한편 영점조절零點調節이라는 말도 자주 씁니다. 이 말을 영점, 즉 모든 조건을 없애는 제로 상태로 만드는 것으로 아는 사람이 많은데 여기서도 영은 원래의 뜻, 떨어질 령零입니다. 영점零點은 떨어지는 지점이란 뜻으로, 영점을 조절한다는 것은 조준점照準點과 총알이 떨어지는 탄착점彈着點을 일치시키는 작업을 말합니다. 즉 떨어지는 지점을 조절한다는 뜻이었는데, 영어의 Zeroing과 통하게 되면서 어떤 기구나 시스템의 기준점을 0으로 맞추는 의미도 갖게 된 것입니다. 한편 칠령팔락七零八落이라는 말도 있는데 칠락팔락七落八落이라고도 합니다. 일곱 번 떨어지고 여덟 번 떨어진다는 뜻으로 한 줄로 가지런하지 않고 드문드문, 들쑥날쑥하게 정리가 되지 않은 상태를 일컫는 말입니다. 이렇게 떨어짐의 뜻만 가졌던 영零은 시간이 흘러 1248년 중국의 수학자 이야李冶를 만나면서 숫자로 쓰이게 됩니다. 숫자의 개념은 수천 년 전에 탄생했지만 0의 개념은 7세기부터, 그리고 다시 동양에서 0이 영零으로 쓰이게 된 건 다시 600년이 지나서의 일입니다. 이렇게 0이라는 의미를 차지한 영零은 공空, 무無와 통하면서 없음의 뜻을 갖게 되었고, 음수와 양수의 중앙에 위치하면서 모든 숫자의 기준이 되었습니다. 단어로도 다양하게 쓰이는데 작고 가늘어 변변찮은 영세零細에 쓰이고 있고, 양수와 음수를 나누는 기준으로는 영상零上, 영하零下에 쓰이고 있습니다. 한편 1보다 더 먼저의 뜻, 근본의 뜻도 가져 1순위보다 앞선 것이 0순위입니다

서두에 '0零'은 없음을 뜻하기도 해서 공空과 통하고, 공空은 또한 무無와 통하고, 무無는 유有의 근원이라고 했으니, 0零 또한 이 세상의 근원이 될 수 있습니다. 숫자를 셀 때 보통 1부터 세지만 0부터 세는 경우도 있습니다. 0, 1, 2, 3, 4, 5… 이렇게 말입니다. 그렇게 0은 모든 숫자의 시작, 영零은 또 다른 세계의 시

작입니다. 지금 우리가 쓰는 세계 공통의 숫자 표기 체계는 아라비아 숫자로 불리지만 중동에서 시작한 것이 아니라 ‘인도’ 수학에서 시작했습니다. 페르시아의 수학자가 인도 숫자를 사용하면서 중동에 널리 퍼졌고 다시 유럽으로 전파되었다가 역으로 동양으로 전파되어 온 것입니다. 발명은 인도가 했지만 이슬람 제국을 통해 전파되어 아라비아 숫자라고 불리게 된 것이지요. 한편 0은 숫자 중에서 가장 늦게 발명되었는데, 그것도 대략 7세기경입니다. 숫자 0의 필요성을 전혀 느끼지 못했기 때문인데 존재하지 않는 값을 표기할 필요가 없었겠지요. 고대 로마 시대에는 10을 X로 표기했고, 20은 XX, 30은 XXX였습니다. 물론 100은 C, 1000은 M으로 적었지만 천 단위 이상의 숫자들은 일반인이 읽지도, 쓰지도 못했습니다. 그런데 628년 인도에서 수학적 값인 0의 필요성이 대두되었는데, 흑자와 적자, 재산과 부채가 균형을 이룰 때 표기할 ‘부호’가 필요했기 때문입니다. ‘브라마굽타’라는 수학자의 주장을 시작으로 탄생한 ‘0’은 짝수도 홀수도 아니고, 양수陽數도 음수陰數도 아닌 모든 수의 출발점이 되게 되었습니다. 흑자도 적자도 아닌 평형과 균형의 상태, 그게 바로 0이 가진 본질입니다. 또한 0은 있기도 하고 없기도 합니다. 어떤 수에 더해도 그 수가 변하지 않는데, 어떤 수와 곱하면 항상 값을 0으로 만드는 능력도 가지고 있습니다. 0을 하나 더 붙이면 숫자가 10배로 늘어나는 개념은 고대 로마의 수학에서는 상상도 못했던 일입니다. 예를 들어 9,000은 1,000을 뜻하는 'M'을 9개 써서 'MMMMMMMMM'이고, 10,000은 10개 써서 'MMMMMMMMMM'이 됩니다. 이 정도면 우리가 0의 도움을 얼마나 많이 받으며 살고 있는지 느끼실 수 있을 겁니다.

혈액형을 A형, B형 그리고 O형으로 나눕니다. '왜 C형이 아니고 O형일까?' 한 번도 궁금하지 않으셨나요? A형은 A항원, B형은 B항원을 가지고 있어서 부르는 혈액형의 이름입니다. 그런데 아무 항원도 가지지 않은 제3의 혈액형을 부르는 말로 처음엔 C형이라고 불렀습니다. 항원이 없어 '0, 없다'의 뜻으로 생김새가 비슷한 알파벳 O를 써서 O형이 된 것입니다. 즉 O형도 0零입니다. O형은 모든 혈액형에게 수혈을 할 수 있는 혈액이지요. 마치 덧셈에서 0을 어떤 수에 더해도 그대로인 것처럼, O형의 피도 어떤 혈액형에 더해도 그대로인 것입니다.

이렇게 '0零', 공空, 무無, 허虛는 서로 통해 만물의 근원이 되었고, 시작과 실체를 뜻하는 1一, 만滿, 유有, 실實을 탄생시켰습니다. 평형과 균형을 이루었던 캄캄하고 고요한 상태에 드디어 불이 하나 들어옵니다. 불이 켜지는 그 순간, 바로 1의 시작입니다.

모든 것은 '하나'에서 시작되었다

가장 쉬운 한자, 한 일이라고 부르는 이 글자는 가로선을 하나 그어 만든 지사자指事字로 숫자 1과 같은 탄생 배경을 가집니다. 앞에서 서술한 것처럼 숫자 1~3까지는 한자와 같은 형태로 만들어졌지요. 가로획 하나로 너무 쉬운 글자지만 그 뜻을 헤아리기엔 정말 오랜 시간이 필요합니다. 영零과 함께 일一을 책 후반부에 설명하는 이유도 인생의 후반에 이르러서야 그 참뜻을 알 수 있기 때문입니다. 일一은 수數의 하나를 뜻합니다. 또한 0이 없던 시절엔 시작, 최초, 근본의 뜻을 가졌지요. 하나의 뜻에서 출발한 한 일一은 정말 많은 뜻을 갖게 됩니다. 서로 같은 한 가지란 뜻으로 '같다'의 뜻을 가져 동일同一에 쓰고, 하나로 '집중'하는 뜻도 가져 생각이나 마음을 하나로 집중하는, '한결' 같은 마음 일념一念에 씁니다. 또한 '오로지' 하나라는 뜻으로 쓰는 일색一色은 단조로움과 '통일'의 의미이고, 상대적으로 작은 숫자를 뜻해 '조금'의 뜻으로 얼마간의 도움이 되는 일조一助에 씁니다. 또한 최고의 뜻으로 가장 많이 쓰이는데 역시 일인자一人者를 빼놓을 수 없고, 0순위順位에게 밀렸지만 여전히 1순위는 '으뜸'의 상징입니다.

한편 '1도 없다'라는 말을 요즘 참 자주 씁니다. 물론 언어는 언중이 어떻게 사용하는가에 따라 달라지고, 그 흐름을 막을 수 없는 게 사실입니다. 문법에 어긋나고, 혹은 속어에서 태어난 말이라도 추세가 대세가 되면 어느새 표준어가 되어 있는 경우도 있습니다. 우리는 일一을 일반적으로 한(하나) 일이라고 부릅니다. 외국인이 우리말을 배울 때 가장 어려운 부분 중 하나이기도 한데, 영어로 1, 2, 3은 one, two, three가 되고, 중국어로 1, 2, 3은 一, 二, 三이 되어 쉽지만(물론 2를 량兩으로 쓰는 경우도 있습니다), 우리는 1, 2, 3이 일, 이, 삼이 될 때도 있고, 하나, 둘, 셋이 될 때도 있지요. 우리말을 배우는 외국인이 시간을 부르는 법을 배울 때 고개를 젓기도 하는데 3시 3분이 그렇습니다. '삼 시 삼 분'이 아니고 '세 시 세 분'도 아닌 '세 시 삼 분'이니까요. 특히 개수를 세는 경우엔 일一 개가 아니라 한 개가 됩니다. 한 개를 하나로 부르기도 하지요. 사과를 살 때 '일' 주세요, '일 개' 주세요가 아니고, '한 개' 주세요 혹은 '하나' 주세요가 맞습니다. 그런데 하나가 '일(1)'과 혼용되면서 '하나도 없다', '하나도 모른다'보다 '일도 없다', '일도 모른다'가 더 많이 쓰이는 추세입니다. 우리가 쓰는 말들 중에 많은 단어들이 이런 과정을 거쳐서 지금의 쓰임새를 갖추었습니다. 예로 들면 '아양 떨다'는 이마를 가리는 방한모防寒帽가 청나라에서 들어와 처음 이름은 액엄(額掩, 이마를 가림)이었지만, 그 당시 발음 '어옌'이 변해 아옌, 아얀, 아양… 이렇게 바뀌었지요. 모자에 달린 술들이 머리를 흔들 때 함께 흔들려 술이 흔들리는 모양이 예뻐서 '야양 떨다'가 지금의 뜻으로 남게 된 것입니다. 또 다른 예로, 술을 마신 다음 날 먹는 '해장국'이 있습니다. 여기서 해장을 풀 해解와 창자 장腸을 써서 속을 푼다는 뜻으로 많은 사람들이 알고 있지요. 그런데 원래는 숙취를 푼다는 뜻으로 숙취 정(酊 혹은 醒)을 써서 '해정국'입니다. 많은 언중들이 해정국을 해장국으로 쓰면서 발음이 바뀌자 그 뜻에 맞는 한자도 찾아 넣어 해장국이라고 부르고 이젠 해장국이 표준어가 되었지요. 이렇게 말과 글이 바뀌는 건 활발한 쓰임새에 따라 변하는 언어 고유의 특성이기도 합니다. 다만 쓰면서 원래 뜻이 사라져버려 잊혀지는 건 아쉽습니다. 그래서 어원을 연구하는 학문이 생긴 것이기도 합니다.

이제 아라비아 숫자 1을 한 번 보겠습니다. 우리나라를 포함한 동양인들이 쓰는 1은 그냥 세로줄 하나인데, 서양인들이 쓰는 1을 보면 먼저 위로 올리고 세로로 내려 마치 7과 거의 비슷한 경우도 많습니다. 그래서 서양인들은 7을 쓰고 1과 구분하기 위해 7의 중앙에 짧은 가로획을 그어 표기합니다. 유럽에서는 1을 사람 인 변(亻)처럼 두 획으로 쓰기도 하고 맨 밑에 가로선을 그어 세 획으로 쓰는 경우도 있습니다. 그럼 진정한 1이 되지요. 한편 아라비아 숫자로 0을 적을 때엔 0의 중앙에 대각선으로 사선을 그어 알파벳 O와의 혼동을 방지합니다.

한편 주역에서의 일―은 하늘, 태극, 시작, 남성을 의미하는 양陽을 상징합니다. 이二는 수용, 부드러움, 정지, 여성을 의미하는 음陰을 상징하는데 이 둘은 대립하면서도 서로에게 의존하며 변화하고 순환하는 관계를 가집니다. 좀 더 쉽게 이해하기 위해 태극 기에 쓰인 괘卦를 보면 됩니다. 태극기의 중앙에 위치한 태극太極 에서 음과 양이 나옵니다. 긴 줄은 양陽, 짧은 줄 두 개는 음陰입니 다. 그래서 주역에서 일一은 양이고, 이二는 음이라고 하는 것입니 다. 태극을 감싸고 도는 긴 줄이 두 개면 태양太陽이 되고, 짧은 줄 이 두 개면 태음太陰이 됩니다. 그리고 긴 줄 하나, 두 개의 짧은 줄 이 만나 소양少陽, 소음少陰이 되고 태양, 소양, 소음, 태음을 의학 에 사용한 것이 사상의학四象醫學입니다. 더 나아가 긴 줄이 세 개 가 되면 하늘을 가리키는 건乾이 되고 두 개의 짧은 줄이 세 개면 곤坤이 되어 땅을 뜻합니다. 이렇게 팔괘八卦가 나옵니다. 그 중 하 늘을 뜻하는 건乾☰, 땅을 뜻하는 곤坤☷, 물을 뜻하는 감坎☵, 불 을 뜻하는 리離☲ 네 개를 골라서 태극을 둘러싼 형태로 만든 게 바로 우리나라의 태극기입니다. 이렇게 1은 양陽으로 하늘과 시작 이 되고, 2는 음陰으로 땅과 만물의 터전이 되는 것입니다.

한편 숫자 1은 0보다 훨씬 이전에 탄생한 최초의 수의 개념입 니다. 인간은 수를 셈하는 데에 있어 처음부터 지금 우리가 사용 하는 10진법을 쓴 것이 아닙니다. 처음엔 12진법을 썼는데 시간, 달력 체계에 그대로 남아 아직도 쓰고 있지요. 그리고 인도에서는 다섯 손가락의 5진법을 썼고 주판이 그 예입니다. 그리고 10진법 은 이집트에서 사용하면서 지금까지 쓰고 있지요. 5진법은 한 손 의 손가락, 10진법은 두 손의 손가락, 12진법은 엄지를 뺀 두 손의 네 손가락의 마디 수에서 시작했습니다. '진법進法'이라고 하는 이유는 '10진법'이면 10배마다 자리수가 하나씩 올라간다進는 뜻이고, '2진법'이면 2배마다 자리수가 하나씩 올라간다進는 뜻입니다. 2진법에 사용되는 숫자는 2가 아니라 두 가지 숫자만 쓰였다는 뜻으로 바로 0과 1입니다. 가장 나중에 탄생한 진법進法으로 해당 신호가 꺼졌는지(0), 켜졌는지(1) 구별하는 과정에서 시작했습니다. 0은 0이고, 1은 1이고, 2는 한 자리가 올라가 10이고, 3은 11인데 처음엔 잘 이해하지 못하지만 이 세상에 숫자가 0과 1만 존재한다고 하면 어렵지 않습니다. 4는 한 자리가 또 올라가 100이 되고, 5는 101, 6은 110, 7은 111이 됩니다. 8이면 다시 자리수 하나가 올라가 1000이 되는 것이지요. 수 많은 숫자를 모두 0과 1로 정리할 수 있다는 점이 마치 무無에서 유有가 탄생했듯 무(0)와 유(1)로 모든 세상을 채울 수 있을 것 같습니다.

주역周易이 쓰여진 당시에는 영零에 대한 개념이 없어 무無와 공空이 그 자리를 대신했습니다. 만약 당시에 '0'이 있었다면 아마도 '0'이 수용, 부드러움, 정지, 여성을 의미했을 수도 있습니다. 그러면서 '1'과 세상에서 조화를 이루며 만물의 터전이 되었을 것입니다. 서두에서 천하 만물은 유有에서 생겨나지만 유有는 무無에서 탄생한다고 말씀드렸습니다. '물극필반物極必反', 모든 만물은 끝에 달하면 반드시 돌아간다는 법칙을 반복하게 됩니다. 지금 이 순간이 인생에서 가장 힘든 순간이라고 한다면 어떨까요? 괴로운 시간이지만 분명 즐거울 것입니다. 지금이 가장 힘든 순간이라면 앞으로 이보다 더 힘든 날은 없을 터이고, 반드시 불행은 행복으로 변해 우리 앞에 서 있을 것이기 때문입니다. 옳고是 그름非도 마찬가지 입니다. 옳은 것이 언제나 옳을 수 없고, 그른 것이라고 언제나 그를 수는 없습니다. 보는 관점에 따라, 시기에 따라, 대상에 따라 바뀌게 됩니다. 그런데 우린 하루하루를 아등바등 애써 시와 비를 가리며 살고 있지요. 한 발자국 물러서, 자리를 옮겨 내 자리를 다시 바라보면 화낼 일도 없고, 그렇게 불행하지 만도 않을 것입니다. 있고 없고는 내 마음에 따라 만족이 될 수 있습니다. 우리가 정할 수 있다는 겁니다. 이제 다음 여정으로 여러분과 함께 만족과 욕구에 대해 알아보도록 하겠습니다.

反者道之動 弱者道之用

反者道之動 弱者道之用

天下萬物生於有 有生於無

天下萬物生於有 有生於無

되돌아가는 것은 도의 움직임이고, 유약해지는 것은 도의 작용이다.
천하 만물은 유有에서 생겨나지만, 유有는 무無에서 탄생한다.

그칠 줄 아는
인생의 맛

足·慾

子夏爲莒父宰 問政 子曰 無欲速 無見小利 欲速 則不達 見小 利 則大事不成

자하위거보재 문정 자왈 무욕속 무견소리 욕속 즉부달 견소리 즉대사불성

동양에서 만족과 탐욕은 중요한 삶의 태도입니다. 이번 장의 서두는 논어 자로편子路篇에서 가져왔습니다. 해석하면 이렇습니다.

공자의 제자 자하子夏가 거보라는 곳의 재상이 되자 공자에게 '정치政'에 대해서 물었습니다. 그러자 공자는 이렇게 말합니다. "빨리 가려고 하지 말아라. 작은 이익을 보지 말도록 하여라." 그리고 이어서 말합니다. "빨리 가려고 하면 도달하지 못할 것이고, 작은 이익을 보려 한다면, 큰 일을 이룰 수 없을 것이다.

아주 유명한 말입니다. 줄여서 '욕속부달欲速不達'이라는 사자성어로 많이 인용되어 쓰이고 있으니 서두르거나 욕심내는 사람에게 쓰기에 참 좋은 말입니다. 공자의 이 말은 여러 곳에서 인용되었고 쉬운 예로도 설명되었는데 청나라 학자 마시방馬時芳이 쓴 박려자朴麗子라는 책에서도 소개됩니다. 마시방은 민중을 깨우치는 일념으로 삶을 살았고 우화寓話 형식의 쉬운 이야기로 사상思想들을 풀어냈습니다. 박려자에 실린 이야기 한 편은 이렇습니다.

한 남자가 귤을 가득 실은 짐을 도시로 옮기고 있었습니다. 어

둠이 다가오자 그는 성문이 닫히기 전에 도착하지 못할까 봐 몹시 불안했습니다. 마침 지나가던 행인이 다가오자 그는 "제 시간에 도착할 수 있을까요?"라고 물었습니다. 그의 허둥대는 모습을 본 행인은 "천천히 걸으면 도착할지도 몰라요."라고 대답했습니다. 귤을 나르는 남자는 행인이 장난을 치는 줄 알고 화가 치밀었습니다. "천천히 걸으면 도시에 들어갈 수 있는데, 빨리 걸으면 못 들어간다고?" 그는 중얼거리며 걸음을 재촉했습니다. 그러다가 그는 비틀거리며 넘어졌고, 짐에 실린 귤은 땅바닥으로 굴러 떨어졌습니다. 그는 황급히 귤을 주워 하나씩 짐에 실었습니다. 한참이 지나자 완전히 어두워졌고, 성문은 이미 닫혀 있었습니다. 결국 그는 도시에 도착하지 못했습니다.

빨리 가려 하면 도달하지 못하고, 작은 것을 탐하면 큰 일을 이룰 수 없다는 공자의 말은 요즘처럼 시간에 쫓기며 살아가고, SNS를 통해 남들과 비교하는 삶을 사는 우리에게 꼭 필요한 말일 것입니다. 쇼펜하우어는 인생을 고통과 권태 사이를 오가는 괘종시계추에 비유했습니다. 인간의 욕망은 충족되면 행복은 어느 잠깐의 한 순간일 뿐이고 바로 권태로 넘어간다는 뜻입니다. 또한 욕망을 충족하기까지의 긴 시간은 고통일 뿐이지요. 이렇게 인간은 스스로 만족할 줄 몰라 스스로 고통과 권태 속에 살게 됩니다. 이번 장에서는 여러분과 함께 탐욕貪慾과 지족知足에 대해서 얘기해 보겠습니다.

　발 족足은 사람의 발의 모양을 본뜬 상형자象形字입니다. 갑골문에서도 등장하는데 무릎 아래, 장단지부터 발까지 그린 모양입니다. 입 구口 아래에 그칠 지止가 붙은 모양인데 입 구를 살짝 변형시키면 발 소疋가 됩니다. 발 '소'라고 부르지만 짝 필, 바를 아라고 부르기도 합니다. 발 소疋의 원래 발음은 '서'일 것입니다. 이 글자가 들어간 다른 글자들의 발음이 모두 '서'이기 때문인데 사위 서壻, 아전(관리 이름) 서胥에서 찾을 수 있습니다. 발 소疋를 다시 잘 보면 무릎을 그린 네모口가 간략히 변형된 모양으로 '바를 정正'과 같은 형태입니다. 원래 바를 정正은 정복征服의 뜻으로, 다른 나라口를 정벌하러 가는止 뜻이었는데 바르다는 뜻을 가져 후대에 칠 정征이 새로 만들어졌습니다. 앞에서 정곡正鵠을 설명하면서 솔개를 정正이라고 불렀다 했는데, 여기서 정正은 바로 칠 정, 공격할 정征으로 빠르게 앞으로 날아가는 뜻입니다. 이렇게 발 족足, 발 소疋 그리고 바를 정正은 그칠 지止를 함께 갖는 같은 계열의 글자들입니다. 그칠 지止라고 부르고 있지만 이 글자는 사람의 발바닥 모양을 본뜬 상형자로, 발을 뜻합니다. '가다'의 뜻을 가져서 좇을 종從, 걸음 보步에 쓰입니다. 그런데 후대에 그치다, 멈추다의 뜻으로 가차假借되었고 지금 우리는 '멈출 지'라고 부르고 있습니다. 이렇게 발 족足은 사람의 발을 뜻해 큰 발전을 했다는 뜻으로 큰 걸음으로 앞서 나간 장족長足의 발전에 쓰고, 빠르게 잘 달리는 사람을 일컬어 준족駿足을 가졌다고 합니다. 여기서 준駿은 빠르게 잘 달리는 말, 준마駿馬를 뜻해 말처럼 빠른 발을 가진 사람의 뜻입니다. 또한 발이 남긴 흔적을 족적足跡이라 하여 지나간 발자취나 흔적을 비유적으로 표현할 때 쓰면서 발 족足은 다리, 발의 의미로 다양하게 쓰이고 있습니다.

족足이 들어간 말로 사족蛇足이 있지요. 중국의 전국시대 역사를 담은 전국책戰國策에 나오는 말인데 화사첨족畫蛇添足의 준말입니다. 초나라에 한 귀족이 제사를 지내고 아랫사람들에게 술을 하사하려 하는데 사람이 너무 많아 다 같이 마시기엔 부족했습니다. 그래서 한 사람의 제안으로 뱀을 먼저 그린 사람이 그 술을 다 마시기로 했습니다. 그러자 어떤 사람이 뱀을 다 그리고 술을 받아 마시려 하다가 다른 사람들이 아직 완성하지 않은 걸 보고, 여유를 부리며 뱀에 발을 그리고 있었는데 다른 사람이 먼저 그려 그 술을 차지했다는 얘기입니다. 비록 뱀은 먼저 그렸지만 쓸데없는 발을 그려, 발이 달린 뱀은 없다는 이유로 술을 놓치게 된 것입니다. 그래서 쓸데없는 짓을 의미하는 말로 쓰여, 필요 없는 것을 덧붙여 일을 그르치는 어리석음을 비유합니다. 비슷한 말로 지붕 위에 또 지붕이 있다는 뜻의 옥상가옥屋上架屋이 있습니다. 이건 옥상옥屋上屋으로 줄여 부르기도 합니다. 그런데 원래는 옥하가옥屋下架屋이 본래 말입니다. '지붕 밑에 쓸데없이 또 만들어진 지붕'이라는 뜻에서 하下가 상上으로 바뀌었지만 뜻에는 차이가 없습니다. 시쳇말로 하면 TMI정도 되겠습니다. 사족蛇足의 반대 말을 설명하면 사족과 TMI가 될 수도 있겠지만, 용을 그리고 마지막으로 눈동자를 그린다는 뜻을 가진 화룡점정畵龍點睛이 있습니다. 마지막에 생명력을 불어 넣는 의미로 사족과는 정반대의 뜻인데, 금상첨화錦上添花라는 말도 있지요. 비단 위에 꽃을 더한다는 뜻입니다. 여기서 비단 금錦은 보통 비단이 아니고 수가 놓여져 있는 비단입니다. 수 놓인 비단에 꽃을 더했으니 얼마나 아름다웠을까요? 참고로 수가 없는 보통 비단은 비단 견絹을 씁니다.

이렇게 발 족足은 생겨난 뜻 그대로 사용되어 다리, 발의 뜻으로 쓰이고 있지만 발이라는 뜻보다 더 많이 쓰이는 용도가 있는데 바로 '만족滿足'입니다. '족하다'는 뜻으로 사용되는데 생각나는 단어만 몇 개 골라도 충족充足, 부족不足, 풍족豊足, 흡족洽足… 이렇게 많이 사용됩니다. 발 족足은 아주 오래전부터 만족의 뜻으로 사용되었는데 2500년 전인 공자시대에도 그랬습니다. 논어의 안연편顔淵篇에서 공자의 제자 자공이 정치란 무엇이냐고 묻자, 공자는 "먹을 것과 군사가 넉넉하면 백성이 믿게 되고 따르게 된다. 자고로 누구나 한번은 죽기 마련이듯, 어느 나라든 망하기는 하나, 백성이 믿지 못하면 나라가 서지도 못한다. 足食足兵 民信之矣, 自古皆有死民無信不立" 이라고 했습니다. 여기서 족식족병足食足兵은 먹을 식량도 부릴 군사도 넉넉함을 뜻합니다. 공자의 말은 '족식족병' 하면 백성들이 믿고 따르게 된다는 것입니다. 국민들이 잘 먹고 잘 살아야 나라를 믿고, 그 나라가 선다는 뜻으로 정치를 설명했습니다. 그게 바로 족足, 발의 뜻이 아닌 만족, 풍족의 족입니다.

그런데 왜 족足이 만족의 뜻을 갖게 된 걸까요? 글자를 잘 보면 그칠 지止 위에 입 구口가 붙었습니다. 지止와 모양이 다르다고 할 수도 있는데 길 로路, 밟을 태踏 등에 쓰인 발 족의 모양을 보면 원래 모양의 그칠 지止를 찾을 수 있습니다. 입 구口는 사람의 입이지만, 사람의 욕망을 가리킵니다. 밑에서 설명하겠지만 하품 흠欠이란 글자는 갑골문에서 사람이 입을 크게 벌린 모습이었는데, 흠欠이 붙은 한자는 대부분 욕망, 욕구, 부족不足을 뜻합니다. 이렇게 입은 욕망, 욕구의 상징이고, 여기에 그칠 지止가 붙어 욕망이 멈춘 상태, 즉 만족한 상태를 뜻하는 글자가 된 것입니다. 그래서 만족滿足, 풍족豐足, 충족充足에 쓰이고 있습니다. 한편 이 세 단어의 뜻도 살짝 다른데, 만족은 기대했던 만큼이 채워진 마음의 상태를 뜻하고, 풍족은 주로 물질적인 넉넉함에 사용되며, 충족은 어떤 욕구 혹은 기준에 맞춰졌을 때의 만족감을 나타낼 때 씁니다. 조금 더 나아가면 지족知足이란 말이 있습니다. 말 그대로 만족을 안다는 뜻으로 안분지족安分知足에서 왔습니다. 안분安分은 자신의 분수에 편하게 맞는 것으로 분分 편에서 따로 얘기하도록 하겠지만 안분지족安分知足은 명심보감 안분편安分編에 나오는 말로 '지족知足하면 가히 즐겁고可樂, 안분安分하면 욕됨이 없다無辱'

라고 요약되어 있습니다. 자기 분수를 알고, 주어진 처지에 만족할 줄 아는 삶을 안분지족의 삶이라고 하지요.

제가 참 재미있게 본 영화 중 하나가 기생충입니다. 영화 초반부에 반지하에 사는 가족들은 핸드폰 요금도 내지 못해 공짜 와이파이를 찾으려 애를 씁니다. 좁은 방에서 자다가 일어나는 배우 송강호 뒤편에 액자가 하나 걸려 있는데, 그 액자에 안분지족이라고 써 있습니다. 그런데 폭우가 쏟아져 반지하 방에 물이 가득 차 가재도구가 모두 망가져도 높이 걸려 있는 안분지족의 액자는 끄떡없이 그대로이죠. 영화의 주제가 마치 안분지족하지 못한 반지하의 인생은 파멸한다는 이야기인 것 같아서 씁쓸하기까지 했습니다. 안분지족하며 사는 삶이 언제나 옳은 것은 아닐 것입니다. 자신의 처지에 만족하며 위안할 수도 있지만 때로는 자기기만이 될 수도 있으니까요. 자기를 기만하지 않고, 스스로에게 솔직하게 물어 만족할 수 있는 삶, 그게 진정한 안분지족이 아닐까 싶습니다. 그래서 우리 삶에 욕심도, 욕구도 필요할 때가 있습니다. 이제 욕慾을 알아보겠습니다.

모자람과 넘침

우리는 어릴 때부터 욕심을 부리지 말라고 배웠습니다. 방금 위에서 설명한 안분지족安分知足하지 못한 마음이 바로 욕심인 것입니다. 글자로 풀면 욕欲, 慾의 마음心입니다. 욕심을 欲心으로 쓰기도 하고 慾心으로 쓰기도 하는데 어떤 차이가 있는지 먼저 알아볼 필요가 있습니다. 우선 두 글자에 모두 쓰인 하품 흠欠을 보겠습니다. 위에서 잠깐 설명했듯이 흠欠은 갑골문에서도 등장하는 상형자象形字로 사람이 입을 벌리고 앉은 모습을 본뜬 글자입니다. 원래 뜻은 하품을 하는 사람입니다. 하품은 뇌의 온도를 조절하고, 신체의 이완을 돕기 위해 일어나는 자연스러운 현상입니다. 설문해자說文解字에서는 사람이 입을 벌리고 체내의 기를 배출하는 것으로 설명하는데 바로 하품입니다. 그런데 하품은 기가 부족해 일어나는 현상이기 때문에 흠欠은 부족, 결핍의 뜻으로 확대되었습니다. 흠집欠집, 모자람을 뜻하는 흠결欠缺에 쓰인 예에서 알 수 있습니다. 그리고 시간이 지나면서 결핍은 채우려는 마음이 되고 욕구와 욕심을 뜻하는 글자가 되었습니다. 한편 욕欲은 약 2500년 전인 전국시대부터 등장하는데 고대 문헌에서 곡谷이 욕欲의 뜻으로 사용되다가 후대에 곡谷에 흠欠이 붙어 욕欲이 된 것을 알 수 있습니다. 그럼 욕欲에 마음 심心이 붙은 욕慾은 어떤 차이가 있을까요? 중국에선 욕慾을 간체화簡體化 시켜 욕欲으로 함께 써서 구분하고 있지는 않지만, 욕欲에 욕欲을 더한 게 욕慾입니다. 욕欲은 일반적으로 무언가를 바라는 기본적인 욕구나 욕망으로, 안분安分의 범위 내에서 바라는 의미를 갖고, 욕慾은 욕欲

에 마음을 하나 더하여 좀 더 강렬한 지나친 욕심과 탐욕을 뜻합니다. 그래서 인간의 기본적 욕구라고 하면 욕구慾求보다 욕구欲求가 어울리고, 탐욕이라고 하면 욕慾을 써서 탐욕貪慾이 더 어울립니다. 그래서 안분安分하지 못한 욕구는 욕심慾心이 되고, 안분安分하면서 바라는 기본적 욕구는 욕심欲心인 겁니다. 부모님께서, 선생님께서 말씀하셨던 '욕심'은 분명히 욕심慾心일 것입니다. 지나친 욕심은 오히려 해가 될 수 있다는 과유불급過猶不及의 뜻으로 말씀하셨지만 목표 달성을 위한 의욕이나 열정도 욕심으로 해석하게 되면 지나친 겸손으로 남게 됩니다. 공자의 제자 중 열 명의 우수한 제자를 뜻하는 공문십철孔門十哲에 자장子張과 자하子夏가 있습니다. 자장은 지나치게 적극적인 성격이고, 자하는 지나치게 겸손했습니다. 어느 날 또 다른 제자 자공子貢이 공자에게 자장과 자하 중 누가 더 낫냐고 질문을 하자, 공자는 과유불급過猶不及이라고 답합니다. 여기서 과過는 지나치게 적극적인 자장을 가리키고, 불급不及은 지나치게 겸손한 자하를 가리킵니다. 유猶는 같다는 뜻으로, 지나침도 못 미침도 모두 좋은 것이 아니라는 뜻입니다. 이렇듯 욕欲은 어느 정도 있어야 할 것이고, 욕慾은 없어야 할 것입니다. 쉬운 단어로 예를 들면 의욕意欲은 있어야 하고 탐욕貪慾은 없어야 합니다. 의욕은 무엇을 하고자 하는 적극적인 마음이고 탐욕은 지나치게 탐하는 욕심입니다. 한편 탐낼 탐貪은 이제 금今과 재물을 뜻하는 조개 패貝가 만난 형성자形聲字로 금今이 소리를 뜻하지만 지금 재물만을 생각하는 뜻으로 해석할 수도 있습니다. 설문해자에서 탐貪을 욕물欲物이라 하여 물건을 탐내는 뜻이라 했고, 동한東漢시대 문학가 류희劉熙가 쓴 석명釋名에서는 탐貪을 찾을 탐探과 같지만 다른 사람의 영역他分을 탐探하는 것이라 설명했습니다. 이렇듯 탐낼 탐貪은 자신의 것이 아닌 남의 것을 탐하는 뜻으로 욕慾과 어울립니다. 자신의 영역에서 탐探하는 마음은 의욕意欲으로 적극적인 마음이 되는 것입니다.

불교용어로 오욕칠정五慾七情이란 말이 있습니다. 다섯 가지 욕망과 일곱 가지 감정을 말하는데 우선 일곱 가지 감정은 희로애락喜怒哀樂에 애오욕愛惡欲을 더한 감정입니다. 기쁨, 노여움(분노), 슬픔, 즐거움 그리고 사랑과 미움, 여기에 의욕의 감정 욕欲을 더해 칠정七情이라 부릅니다. 한편 오욕五慾은 탐貪과 함께 해석하면 쉽습니다. 재물을 탐하는 재물욕財物慾, 명예를 탐하는 명예욕名譽慾, 먹을 것을 탐하는 식욕食慾, 잠을 탐하는 수면욕睡眠慾, 그리고 마지막으로 색을 탐하는 색욕色慾입니다. 다섯 가지 욕망과 일곱 가지 감정은 인간이면 누구나 가지고 있는 보편적인 현상입니다. 먹겠다는 생각도, 자겠다는 마음도 없어서는 안 되겠지요. 다만 이러한 욕망과 감정에 집착하지 말고 초월하라는 뜻으로 받아들여야 합니다. 즉 욕欲에 집착執着이 더해져 욕慾이 되니, 남의 영역을 탐探하는 탐貪을 피하고, 자신의 영역에서 의욕意欲을 발휘할 줄 알아야 합니다. 서두에 소개한 제자 자하子夏에게 공자가 한 말을 다시 볼까요?

'욕속즉부달欲速則不達'이라 하며 서둘러서는 도달하지 못할 것이라 말했습니다. 앞에서 자하와 자장을 비교하며 자하는 지나치게 겸손하고 다소 소극적인 인물이라 소개했지요? 그랬던 그가 서두른다면 이룰 수 있는 것이 없음을 공자는 염려했습니다. 원래 욕심이 과하지 않던 자하에게 자신만의 속도를 지켜가며 소탐대실小貪大失하지 말라고 전한 것입니다. 한편 위에서 예로 든 제자 자공의 같은 질문에, 공자는 '족식족병足食足兵'이라 전하며 먹을 식량과 부릴 군사가 넉넉해야 한다고 했습니다. 자공은 공자의 제자들 중에서 장사와 사업에 비범한 능력이 있어 엄청난 부자였다고 합니다. 공자가 천하에 알려진 것도 자공의 도움이라고 사마천司馬遷도 사기史記에 기록할 정도입니다. 이런 그에게는 공자가 베풀라고 했을 겁니다. 베풀어 국민들을 배불리 하고, 군사도 늘려서 강하게 하라고 전한 것입니다. 이렇듯 공자의 대답은 제자의 성격과 성향에 따라 달랐습니다. 정답正答은 정해진 것이 아니고 상황과 대상에 따라 바뀌는 것입니다. 욕欲도 과하면 욕慾이 되지만 사람마다 다르겠지요.

사람은 누구나 자신만의 분分이 있습니다. 분은 영역이기도 하고, 속도이기도 합니다. 분을 넘어서면 욕심이 되어 탐욕을 부르니 자신만의 분, 즉 안분安分의 영역을 찾는 것이 삶을 행복하게 사는 방법 중 하나입니다. 분수分數에 맞게 살라고 하지요. 이제 분分을 알아볼 차례입니다.

子夏爲莒父宰 問政 子曰
자 하 위 거 보 재 　 문 정 　 자 왈

子夏爲莒父宰 問政 子曰

無欲速 無見小利 欲速
무 욕 속 　 무 견 소 리 　 욕 속

無欲速 無見小利 欲速

則不達 見小利 則大事不成
즉 부 달 　 견 소 리 　 즉 대 사 불 성

則不達 見小利 則大事不成

자하(子夏)가 거보라는 곳의 재상이 되자 공자에게
'정치(政)'에 대해서 물었습니다. 그러자 공자는 이렇게 말합니다.
"빨리 가려고 하지 말아라. 작은 이익을 보지 말도록 하여라."
그리고 이어서 말합니다. "빨리 가려고 하면 도달하지 못할 것이고,
작은 이익을 보려 한다면, 큰 일을 이룰 수 없을 것이다."

크다고
모두 좋지는 않다

分·加

己欲立而立人 己欲達而達人

기욕립이립인 기욕달이달인

    동양에서 '함께 나누는 것은 곧 얻는 것'이라는 개념은 고전문헌에서 다양하게 나타납니다. 이번 장의 서두는 논어 옹야편雍也篇에서 가져왔습니다.

    공자의 제자 자공이 베풂(施, 베풀 시)을 예로 들어, 어떤 사람이 고루 베풀어 많은 사람을 구할 수 있다면 인仁이라 할 수 있느냐고 물었습니다. 그러자 공자는 인仁을 넘어 성인聖人일 것이라며 베풂과 나눔은 어려운 일이라고 말하며 인자仁者, 인仁이라는 것에 대해 예시를 들어 설명합니다. "자신이 서고자 한다면 남을 먼저 서게 하고, 자신이 이루고자 한다면 남을 먼저 이루게 하는 것"이라고 말합니다. 자신의 목표를 위해 남과 함께 하는 자세, 즉 베풂의 실천을 통해 서게立되고 이루게達된다는 뜻입니다. 제가 이 문장을 이번 장의 서두로 제시한 이유는 하나가 더 있습니다. 바로 앞 장의 욕欲에 대한 쓰임을 복습할 수 있는데, 여기서 공자는 자신이 서고자 하는 '바람'을 욕欲으로 썼음을 알 수 있습니다. 이어지는 문장은 이렇습니다.

能近取譬 可謂仁之方也已

능근취비 가위인지방야이

여기서 능근취비能近取譬는 '가까운 데에서 취해 비유할 수 있다'로 직역되지만 가까운 데라는 것은 바로 '나'의 영역, 자신의 처지를 말합니다. 자신의 처지를 통해 남의 처지를 이해하고 공감하는 것을 의미합니다. 이것이 인仁을 행하는 방법으로, 즉 자신의 처지를 제대로 알고 남의 처지도 함께 헤아릴 줄 아는 것이 인仁의 시작이라는 것이지요. 이 구절은 '역지사지易地思之'와 통합니다. 타인에 대한 공감과 배려, 자신과 비슷한 처지에 있는 사람들의 상황을 이해하고 그들의 입장에서 생각하고 행동하는 것이 인仁을 실천하는 구체적인 방법이라고 말합니다. 자신의 영역, 즉 분分을 충분히 이해해야 타인을 헤아려 베풂, 나눔分이 가능할 것입니다. 자신이 처한 상황에 만족하는 뜻을 가진 안분지족安分知足에 쓰인 분分이 바로 나눌 분分이란 걸 확인할 수 있습니다. 공자는 자신이 서고자 한다면 남이 먼저 서게 하라 했고, 자신이 이루고자 한다면 남이 먼저 이룰 수 있도록 하라 했습니다. 이렇듯 언뜻 보면 해害일 것 같은 나눔分과 양보는 결국 내가 설 수 있고, 내가 이룰 수 있는 득得의 더함加으로 돌아옵니다. 양보와 나눔은 단기적 손실처럼 보여도 신뢰와 협력을 부르는 장기적 이익을 낳는 경우가 많습니다.

나눔의 영향력은 최근 새로운 패러다임으로 자리잡고 있는 공유 경제에서도 볼 수 있습니다. 자원 낭비를 줄이고, 새로운 가치를 창출할 뿐만 아니라 사회적 연대감을 증진시키는 공헌도 있지요. 소유에서 나눔, 이용으로 패러다임이 전환되면서 사회 전체의 안정성과 지속 가능한 발전에 긍정적인 영향을 미치기 때문입니다. 여기엔 렌탈 서비스를 포함한 셰어링 서비스, 재분배 시장이라 할 수 있는 중고거래 플랫폼들도 해당됩니다. 물론 숙박 공유나 재능 공유 플랫폼도 있습니다.

노자가 말했던 '최고의 선善은 물과 같다'는 상선약수上善若水도 같은 맥락에서 이해할 수 있습니다. "물은 만물에 이로움을 주지만 서로 다투지 않고水善利萬物而不爭, 사람들이 싫어하는 곳에 머문다處衆人之所惡. 그러므로 도와 가깝다故幾於道."고 했듯이, 가지려고 애쓰는 다툼보다, 사랑으로 베풀며 낮은 곳에 머무는 것이 진정한 도道가 되어 득得이 되는 것입니다. 이렇게 베풂은 나눔으로 분分이 되고, 이를 통해 얻음은 가加가 됩니다. 이번 짧은 여행에서는 여러분과 함께 나눔과 더함에 대해 알아보도록 하겠습니다.

나누어도 결코 모자라지 않다

우리는 살면서 '자신의 분수에 맞게 살라'는 이야기를 듣습니다. 물론 자신의 주제를 알라고 하기도 하지요. 정확하게는 그 뜻을 몰라도 대강은 알고 있어 평소에 자주 쓰는 말인데, 과연 이게 무슨 뜻이고 왜 이런 말이 생겼을까요? 우선 주제는 영화의 주제, 소설의 주제처럼 주제主題라는 한자어와 종종 헷갈리기도 하지만, ‘주제를 알라’, ‘주제 파악을 못한다’ 등에 쓰이는 주제는 순우리말입니다. 능력도 안 되면서 뭔가를 하려는 꼴을 나타내는 말로, 자신의 수준과 능력은 정해져 있는데 이를 모르고 한참 높은 이상을 추구할 때 비유적으로 쓰고 있습니다. 여기서 ‘주제’는 ‘분수’와 같은 뜻인데 그럼 분수도 순우리말일까요?

우선 나눌 분分으로 부르는 이 글자는 여덟 팔八과 칼 도刀가 함께 만난 형태로 뜻은 쉽게 이해할 수 있습니다. 그런데 원래 여덟 팔八이 가졌던 본래 뜻 자체가 ‘나뉨’이었습니다. 갑골문의 형태는 작은 괄호가 서로 등을 돌린 ‘)(’의 모양이었는데 후대에 지금의 八로 변했고, 수의 개념 ‘8’로 사용되면서 칼 도刀가 합쳐진 나눌 분分이 그 뜻을 차지했습니다. 지금도 ‘나눈다’의 뜻으로 대부분 쓰입니다. 예를 들어 일정한 비율로 나누는 등분等分, 나누어 자른, 혹은 잘려서 나뉜 뜻의 분단分斷, 또한 나뉘어 떨어져 나간 분리分離, 작게 나누는 소분小分에 쓰고 있어 나뉘어 떨어지는 뜻을 가집니다.

분붕리석分崩離析이라는 말이 있습니다. 모두 비슷한 뜻을 가졌는데 이 네 글자가 합쳐져서, 걷잡을 수 없이 무너지고 흩어지는 모습을 표현합니다. 특히 국가나 사회가 분열되고 혼란스러워 심각한 위기에 놓였을 때 쓰는 말입니다. 여기서 분分은 사상의 분열分裂을, 붕崩은 체계의 붕궤崩潰를, 리離는 백성의 이탈離脫을, 석

析은 국가의 분쇄粉碎를 뜻합니다. 여기서 분과 석만 골라 합치면 분석分析이 되어, 상황이나 사물을 체계적으로 잘게 나누고 쪼개는 논리적 사고 과정을 가리킵니다. 분붕리석과 비슷한 말로 와해瓦解가 있습니다. 와해는 토붕土崩을 함께 붙여 토붕와해土崩瓦解로 쓰기도 하는데 흙이 무너지고 기와가 깨진다는 뜻으로 상태나 사물이 완전히 궤멸潰滅될 때 씁니다. 와해에 쓰인 기와 와瓦를 통해 건축의 일부분을 재미있게 이해할 수도 있습니다. 기와는 암키와와 수키와가 있습니다. ∪ 모양 암키와와 ∩ 모양 수키와를 겹쳐 쌓아 지붕의 기와가 됩니다. 그리고 여기에 기와의 끝부분을 장식하는 마감재로 물이 스며드는 것을 막는 수막새를 더해 지붕의 아름다움을 더하지요. 이를 그려낸 글자가 바로 기와 와瓦입니다. 글자의 유래를 통해서 기와의 구조까지 알 수 있는 부분입니다. 그래서 와해瓦解라고 하면 기와가 해체解體되어 지붕이 무너지는 뜻을 가집니다. 이렇게 분分은 잘게 쪼개지고 갈라지는 뜻으로 전체를 이루는 작은 범위나 영역을 부를 때 부분部分이라고 합니다.

대표적으로 수학에 나오는 분수分數가 그 의미를 잘 나타내고 있는데 전체의 일부분을 나타내는 수를 뜻하는 게 분수이지요. 그래서 1/3을 3분의 1이라고 하고, 간혹 한자로 '~의'를 뜻하는 갈 지之를 써서 '3분지 1'이라고 말하기도 합니다. 1시간은 60분分이 되고, 10진법을 주로 쓰기 때문에 가장 적당한 100의 비율로 나타낸 것을 백분율百分率이라고 합니다. 백분율을 글자 뜻 그대로 풀면 '하나를 100으로 나눈 비율'입니다. 야구 경기에서 타자의 타율을 '할푼리'로 표기하는데 일본에서 넘어온 표기 방식입니다. 여기서 할割은 칼로 벤다는 뜻의 벨 할割로, 조금 크게 나눈 1/10, 0.1, 10%를 뜻합니다. 그리고 푼은 '푼'이라고 하지만 바로 분分을 나타냅니다. 여기서 푼은 '할割의 1/10'을 뜻해서 1%가 되고, 리는 티끌 리厘를 써서 '할割의 1/100'을 뜻해서 0.1%가 됩니다. 야구의 타율, 할푼리 때문에 많은 사람들이 할은 1/10, 푼은 1/100, 리는 1/1000으로 알고 있지만, 원래 분(푼)이 가진 뜻은 1/10입니다. 제가 위에서 분(푼)을 '할의 1/10'로 설명한 이유도 그렇습니다. '아주 충분하게'라는 뜻을 가진 십분十分이 있습니다. 여기서 분이 1/10을 가리키니 '십분'이면 1이 되어 100%가 됩니다. 그래서 '너의 심정을 십분 이해한다' 라고 한다면 100% 이해한다는 뜻이 됩니다. 또한 칠푼이, 팔푼이라는 말도 있는데 엄마 뱃속에서 10달을 채우지 못하고 일곱 달만에 나오거나 여덟 달만에 태어난 아이를 가리킵니다. 한 달을 뜻하는 글자 초하루 삭朔을 써서 칠삭둥이, 팔삭둥이라고도 합니다. 여기서도 푼(분)은 1/10을 뜻하고 있습니다. 또한 길이가 조금 짧은 바지를 칠부 바지라고 하고, 산기슭에서 산마루까지를 10등분하여 7이 되는 능선부분을 칠부 능선이라고 합니다. 이렇듯 '칠부'란 10분의 7을 의미하여 70%를 뜻합니다. 원래 분分이 맞는데 일본어 부ぶ로 썼던 것이 지금까지 오용되어 쓰이고 있는 사례입니다. 제대로 고친다면 분이나 푼을 써서 칠분능선, 칠분바지 혹은 칠푼바지로 써야 맞겠습니다. 이렇게 푼이라고 읽기도 하는 분分은 1/10, 혹은 1/100이 되어 작은 부분을 가리키지요. 다시 '자신의 분수에 맞게 살라'는 말로 돌아가 보겠습니다. 여기서 분수는 수학에서 쓰는 분수分數와 같은 한자를 씁니다. 수를 나눈다는 뜻보다는 우리에게 주어진 '작은 부분, 작은 조각'이라고 생각하면 쉽게 이해됩니다. 얼마인지는 모르지만 우리는 저마다 주어진 양이 있고 본디의 신분身分이 있습니다. 그걸 본분本分이라고 합니다. 또한 어떤 조직에 속해 있는 상황이라면 그 안에서 마땅히 지켜야 하는 직분職分이 있습니다. 이렇게 분수分數는 각자에게 주어진, 본분에 맞는 한도限度인 것입니다. 이 한도를 지나치면 위치와 역할에 맞지 않는 행동을 하거나, 해야 할 일을 제대로 하지 않게 되어, 본분에 어긋난 권력 남용이 되거나 직무 태만이 될 수 있지요. 그래서 분수에 맞게 살라는 말을 쓰는 겁니다.

제가 집에서 키우는 반려견 두 마리가 있는데 이 두 녀석을 보면서 저도 참 많이 배웁니다. 이 녀석들은 배가 부르게 되면 아무리 맛이 있어도 더 이상 먹질 않습니다. 처음엔 먹을 걸 달라고 바람개비 돌리듯 꼬리를 흔들더니, 좀 먹고 배가 부르면 뒷전으로 물러나 더 이상 저를 찾지 않습니다. 반면에 우리는 맛이 있으면 배가 불러도 맛있다고 계속 먹지요. 먹다가 결국엔 소화제까지 먹고 배탈이 나기도 합니다. 제 몸이 가진 분수를 몰라서 그런 겁니다. 강아지들도 아는 분수, 어디까지가 100이고 어디까지가 80인 지 알면 지나칠 일이 없을 텐데 말입니다. 이렇듯 분수를 안다는 것은 나의 한도, 나의 한계를 안다는 것이고, 내가 아는 것과 모 르는 것을 자각하는 메타인지와도 연결됩니다. 바로 안분지족安分知足, 편안한 마음으로 제 분수를 알고 만족하는 삶과 연결됩니다. 나누어도 결코 모자라지 않은 것이 바로 분分인 것입니다.

기쁨은 나누면 배가 되고, 슬픔은 나누면 반이 된다

더할 가로 부르는 加는 힘 력力과 입 구口가 합쳐진 회의자會意字입니다. 힘 력力은 원래 쟁기 모양의 농기구의 모습을 본떠 만 든 상형자인데, 팔의 근육을 그린 모습이라는 설도 있습니다. 어 떤 설명이든 힘과 관련된 뜻을 가진 글자인 건 분명합니다. 이렇 게 입 구口가 힘 력力에 붙어, 힘을 쓰도록 입으로 장려하고, 악기 (피리)를 불어 힘을 다해 '예찬禮讚'하는 뜻이었습니다. 그래서 아 름다울 가嘉의 본자本字로도 쓰였지만, 후대에 들어 더하는 뜻을 갖게 됩니다. 여기에 쓰인 입 구口를 사람 수數로 풀어내면 더 쉽 게 설명할 수 있습니다. 입 구口가 사람 수로 쓰인 경우는 참 많습 니다. 가구家口, 식구食口, 인구人口에서 그 쓰임을 쉽게 찾을 수 있 지요. 이렇게 힘 쓸 사람 수가 더해진 것이라고 풀면, 더한다는 지금의 뜻으로 쉽게 이해할 수 있습니다. 그래서 점수를 계산할 때 추가로 더해지는 가산加算에 쓰고, 어떤 일에 힘을 보태거나 세력을 더하는 가세加勢에 씁니다. 그런데 가加는 들어가는 뜻도 가져서 어떤 일에 참여하거나 관계를 맺는 가담加擔, 그리고 조직이나 단체에 들어가는 가입加入에도 씁니다. 이렇게 가加는 들어가져 더해지고 높아지고 커지는 '+'의 뜻을 가집니다. 한편 더하거나 빼는, 더하기 빼기를 가감加減이라고 하여 가加의 상대자로 감減을 씁니다. 그래서 줄어서 적어지는 감소減少, 부담을 덜어 가볍게 하는 경감輕減, 그리고 진 빚 등을 모두 없애 주는 탕감蕩減에 씁니다. 이렇게 감減은 '-'의 뜻을 가지는데 글자의 어원이 '가득함'에서 출발했다는 것이 참 재밌습니다. '덜 감'이라고 부르는 이 글자는 물 수水에 다(모두) 함咸이 합쳐진 글자인데 여기서 다 함咸은 군사들이 창을 들고 함께 모여 소리를 높이는 뜻입니다. 다 함께 뭉쳤다는 의미를 가지는데, 여기에 물 수水가 붙은 감減은 원래 홍수, 큰물을 뜻했습니다. 홍수洪水는 물이 불어난 뜻인데 '덜다', '감소하다'의 뜻이 된 것입니다. 달이 차면 기울듯, 불어난 물은 점차 줄게 마련이지요. 그래서 불어났던 물이 점차 줄어드는 의미가 바로 감減이 가진 본뜻입니다.

한편 더할 가加와 비슷한 뜻을 가진 두 글자가 있는데 바로 더할 증增과 더할 익益입니다. 모두 '더하다'라는 뜻을 가진 글자이지만 사용되는 맥락과 뉘앙스에 아주 작은 차이가 있습니다. 더

할 가加는 어떤 대상에 덧붙이거나 더하는 일반적인 더함으로 광범위하게 쓸 수 있는데, 더할 증增은 주로 수량이나 정도가 늘어나는 뜻이 강조된 의미입니다. 그래서 증량增量, 증폭增幅 등에 씁니다. 하편 더할 익益은 원래 항아리나 그릇 안에 물이 가득 찬 모습을 본떠 만든 글자로, 주로 이익利益이나 효용效用에서 더해짐을 강조하는 의미로, 유익有益, 수익收益 등에 씁니다.

일반적으로 어떤 숫자를 나눈 값은 더한 값보다 작을 수밖에 없습니다. 10에 2를 더하면 12가 되지만 10을 2로 나누면 5가 되는 것처럼 말입니다. 우리 머리속의 고정관념은 작은 값은 부정적이고 큰 값은 긍정적이란 개념을 만들었습니다. 그래서 우린 내가 무엇을 주고, 함께 나눌 수 있는지보다는, 타인이 나에게 어떤 것을 해줄 수 있는지를 우선시합니다. 받아서 커지는 것이 긍정적 개념으로 자리잡았기 때문이지요. 내 손에 쥐고 있는 것을 남과 나누는 것을 손해라는 생각을 할 수도 있지만, 이는 나눔의 진정한 가치를 간과한 생각일 뿐입니다. 내 손에 쥔 것을 놓지 않고는 더 쥘 수도 없습니다. 덜 감減이 가진 본래 의미를 생각하면, 과하면 반드시 줄어들 수밖에 없는 것입니다. 저는 나눔의 위대함을 설명할 때 자주 촛불을 예로 들어 설명합니다. 한 개의 촛불로 많은 촛불에 불을 붙여도 결코 내가 가졌던 촛불은 약해지지 않습니다. 또한 기쁨은 나누면 배가 되고, 슬픔은 나누면 반이 된다고 하는 것처럼 나눔은 우리에게 최선의 결과를 만들기도 합니다.

'마더 테레사 효과'라는 말이 있습니다. 테레사 수녀처럼 남을 위해 봉사활동을 하거나, 혹은 남의 선행을 보거나 듣는 것만으로도 인체의 면역 기능이 크게 향상되고 심리적으로 행복감을 느끼는 현상을 말합니다. 이렇듯 나누어 작아지기 보다, 나누어 커지는 경우가 더 많습니다. 수학에서 더한 값보다 나눈 값이 커지는 경우가 있는데 바로 1보다 작은 수, 분수로 나눴을 때입니다. 10을 분수 1/2로 나누면 20이 됩니다. 10을 분수 1/5로 나누면 50이 되지요. 이렇게 1보다 작은 수로 나누었을 때 몫은 커지기 마련입니다. 분수로 나누었을 때, 즉 내 분수分數를 제대로 알고 나누었을 때 그 값은 커지게 됩니다. 특히 내가 가진 분分이 작아서 작은 분수分數로 나눌수록 그 값은 훨씬 더 커집니다. 받는 즐거움을 알고 있다면 주는 것은 즐거움을 만들어낼 수 있는 행복인 것입니다. 다른 사람을 먼저 위할 때, 그게 크든 작든 나눔은 그 자체로 의미 있는 일이니까요. 인생의 길, 함께 걷는 길에서 나눈다고 느리지도 않고, 얻는다고 빠르지도 않습니다. 이제 길을 알기 위한 다음 여정으로 떠나겠습니다.

己欲立而立人

기 욕 립 이 립 인

己欲立而立人

己欲達而達人

기 욕 달 이 달 인

己欲達而達人

자신이 서고자 한다면 남을 먼저 서게 하고,
자신이 이루고자 한다면 남을 먼저 이루게 하라.

삶을 길에
비유하는 까닭

道·路

羣居終日 言不及義 好行小慧 難矣哉

군거종일 언불급의 호행소혜 난의재

"하루 종일 무리 지어 다니면서 하는 말이 의義에 미치지 못하고, 작은 꾀만 즐겨 행하니 어렵구나."

논어 위령공편에 나오는 공자의 말입니다. 떼를 지어 모였지만 사리사욕만 챙기며 쓸데없는 말만 많은 무리들을 비판하는 말입니다. 여기서 호행소혜好行小慧는 작은 꾀慧를 쓰며 행하길 좋아한다는 뜻으로 사사로운 이익을 밝히는 모습입니다. 정직하지 못한 불의不義의 길을 걷는 뜻으로, 비슷한 말로 첩경捷徑을 예로 들 수 있겠습니다. 첩경은 나쁜 뜻은 아니지만 지름길을 뜻하는 단어로 정정당당한 바른 길이 아니라, 빠른捷 길徑을 일컫습니다. 논어 옹야편에는 '행불유경行不由徑'이라는 말이 나옵니다. 공자의 제자 자유子遊가 무성武城이라는 곳의 재상이 되었을 때 공자가 그곳에서 인재를 찾았느냐고 묻자, 자유가 담대멸명澹臺滅明이라는 사람을 말합니다. 그의 행실이 '행불유경行不由徑' 하다며 '지름길을 걷지 않는' 사람으로 비유하여 행위와 규범을 어기지 않는 정직한 면을 강조해 말했습니다. 여기서 쓰인 경徑이 지름길을 뜻하는 첩경으로 위에 설명한 소혜小慧와 같은 뜻입니다. 한편 공자의 유명한 말이 있습니다.

子曰 道不同 不相爲謀

공자가 말했다. "길이 다르면, 함께 어울려 일을 도모圖謀하지 않아야 한다."

여기서 공자가 말하는 길은 단순히 걷는 길이 아니라, 지향하는 바입니다. 뜻과 생각이 같은 사람들이 함께 지향하는 길로, 가고자 하는 길이 같지 않으면 서로 일을 계획하지 말아야 한다는 뜻입니다. 수단과 방법을 가리지 않고 돈과 명예, 그리고 권력을 따르는 사람들과 어울리지 말라는 의미입니다. 호행소혜好行小慧하지 않고, 행불유경行不由徑하며 걷는 길, 빠른 길이 아니라 바른 길을 가라는 말입니다. 모謀는 꾀하다는 뜻으로 계책이나 계략을 뜻하는 모략謀略, 어떤 일에서 꾀를 써서 벗어나는 모면謀免 등에 쓰면서 부정적 의미를 가지는데, 특히 목적 달성을 위해 수단과 방법을 가리지 않는 모략과 술책의 뜻으로 권모술수權謀術數에 쓰고 있습니다. '도모圖謀'라는 말을 풀면 꾀(계획)를 그린다는 뜻입니다. 기본적으로 친목 도모, 성공 도모 등 '대책과 방법을 세우는 의미'로 쓰이지만 방법이나 과정에 따라 부정적인 의미로 해석될 수 있습니다. 방법과 과정은 바른 길, 곧은 길, 쉬운 길, 험난한 길처럼 길로 자주 비유됩니다. 길은 사람이 걷고 차가 다니는 길, 도로道

路가 되어 사람들이 도시를 만들어 모이게 하고, 모인 사람들 사이의 협동과 경쟁 속에서 술수術數라는 빠른 길이 생겨 첩경捷徑이 되기도 합니다. 그 속에서 빠르진 않아도 곧고 바른 길 정도正道를 걸으면서 마땅히 가야 할 길, 도리道理를 지키는 사람도 있지요. 이렇게 많은 길이 있습니다. 바른 길과 쉬운 길을 택하는 갈래길을 만나 고민하기도 하고, 오르막길을 만나 땀을 흘리기도 합니다. 인생의 다양한 길, 이번 장에서 함께 나눠볼 주제입니다.

돌아갈 티켓 없이 태어난 우리의 생

3천년 전 갑골문에는 십자十字 모양의 사거리가 있었습니다. 사거리 모양의 문자는 시간이 흘러 변하면서 지금의 다닐 행行이 되었습니다. 행行은 네 갈래로 난 길을 본떠 만든 상형자로 '걷고 다니는' 뜻이 되어 '움직이고 행하는' 의미로 자리 잡았습니다. 한편 중인변, 두인변이라고도 부르는 조금 걸을 척彳은 다닐 행行의 왼쪽 부분만 나타낸 것으로 척彳이 들어간 글자는 대부분 움직이거나 행동하는 의미를 내포합니다. 예를 들어 법률에 쓰이는 률律은 길을 뜻하는 다닐 행行과 붓 율聿이 만난 글자로, 붓으로 그린 길을 의미해서 사람들이 지켜야 하는 법칙 률律이 되었고, 칠 정征은 원래 공격하는 의미를 가졌던 정正에 척彳이 붙어 공격하러 가는 뜻이 되어 정복征服, 정벌征伐 등에 쓰입니다. 또한 척彳에 발을 나타내는 그칠 지止가 더해지는 경우가 있는데 이럴 땐 모양이 변해 쉬엄쉬엄갈 착辵이 되고, 해서楷書에 와서는 '辶'의 형태로 바뀌었습니다. 우리가 한자를 배울 때 '책받침'이라고 배운 바로 그 글자입니다. 착辵이 변해 좌측 하단에 위치해 감싸는 부수 형태가 되면서 '착辵받침'이어야 하는데 오용되어 책받침이 된 것이지요. 그래서 착받침 '辶'의 모양을 가진 글자들을 만나면 척彳과 지止가 만난 착辵이 변한 것으로, 걷고 움직이는 뜻을 가진 글자라고 이해하면 됩니다. 그런데 척彳과 지止가 만났어도 모양이 변하지 않은 글자가 있는데 무리 도徒, 따를 종從, 옮길 사徙가 그렇습니다. 무리 도는 움직임의 뜻이 없는 것처럼 보이지만 흙 토土가 있어, 원래 땅(흙)을 밟고 움직여 이동하는 뜻을 가진 글자였습니다. 도보徒步라는 단어에 그 뜻이 남아 있고, 아무것도 안 하고 놀고 먹는 무위도식無爲徒食에서도 숨어있는 뜻을 찾을 수 있지요. 따를 종從의 옛글자는 사람 옆에 사람이 있는 종从으로 앞 사람을 따라가는 뜻이었는데 여기에 움직이는 뜻을 더하기 위해 척彳과 지止를 붙여 지금의 종從이 되었고, 옮길 사徙는 척彳과 지止에 발을 뜻하는 지止가 하나 더 붙어 움직임의 뜻이 강조된 글자입니다. 세 글자徒, 從, 徙를 제외하고는 모두 '착받침辶' 형태로 변했고 이제 소개할 길 도道에 쓰였습니다. 도道를 설명하기 위해 3000년 전부터 시작된 먼 길을 돌아온 것 같지만 똑바로 이해하기 위해 돌아온 길, 바른 길입니다.

길 도道는 약 2500년 전 청동기 시대의 금문金門에서 발견되나 갑골문에서도 길 도道로 추정되는 문자가 있습니다. 당시의 모양은 위에 설명한 다닐 행行을 뜻하는 사거리의 중앙에 사람 인人 형태가 있는 모습으로, 길 위를 걷는 사람을 표현한 형상입니다. 금문에 와서 인人은 머리 수首로 바뀌었고 여기에 발을 뜻하는 그칠 지止가 더해져 착辵과 수首의 형태였다가 '착받침辶'으로 변해 지금의 모습을 갖춘 도道가 되었습니다. 한편 공자가 살던 춘추시대에 들어 이 글자에 손을 뜻하는 마디 촌寸이 붙기 시작했는데 그게 지금은 이끈다는 뜻의 도導로 쓰이고 있습니다. 원래 도道가 가진 뜻에는 길을 안내하고 이끄는 뜻이 내포되어 있었지만 여기에 '손'이 붙어 길을 이끄는 도導가 생겨났고, 손으로 이끄는 뜻에서 파생된 의미로 말로 이끄는 뜻도 있어 '말하다', '알리다'는 의미도 가집니다. 말로 알리는 뜻은 기사나 뉴스를 전하는 '보도報道'에서 찾을 수 있습니다.

도道의 본래 뜻은 길이지만, 길을 벗어나지 않도록 걸어야 바라는 목적지에 도달할 수 있었기에 도道는 지켜야 할 '규율'의 의미를 갖게 되었고, 또한 '방법'과 '기술' 등의 뜻으로도 파생되었습니다. 그래서 어떤 일을 해 나가는 방법을 뜻하는 방도方道, 어떤 일이나 목적을 이루기 위해 사용하는 도구道具에 쓰고 있습니다.

'길 도'는 인도人道, 차도車道, 철도鐵道 등처럼 원래 길이나 방법의 뜻으로 쓰였지만 시간이 흐르면서, 다니는 길의 의미 뿐만 아니라 지켜야 할 도리道理와 도의道義 등의 뜻으로 확장되어 추상적 의미로 무수히 많이 쓰이고 있습니다. 인생의 목표나 방향을 뜻하는 글자로 대표되어 바른 길을 뜻하는 정도正道, 마땅히 지켜야 할 규범 도덕道德에 쓰고 차茶를 마시는 예법인 다도茶道에도 쓰고 있습니다. 엄밀히 말하면 일본에서는 다도라고 하지만 우리나라는 예부터 다례茶禮로 써왔습니다. 한편 중국에서는 다예茶藝로 쓰는데 사용한 글자로 차 문화에 대한 특성도 알 수 있습니다. 도道를 사용한 일본은 순서와 방식에 집중했음을 알 수 있고, 예藝를 사용한 중국은 예술로 인지하여 보이는 멋을 중시했음을 알 수 있고, 예禮를 사용한 우리나라는 신독愼獨과 함께 상대방에 대한 예의를 중시했음을 알 수 있어 재밌습니다. 우리가 사용한 다례茶禮는 말 그대로 차를 만들고 마시는 예절로 같은 한자를 쓰는 차례茶禮와 어원이 같습니다. 고려시대에는 제사를 지낼 때 차를 올렸는데 조선시대에 와서 제주祭酒를 사용하게 된 것입니다.

한편 붓글씨를 뜻하는 서예書藝도 비슷합니다. 우리나라에서는 서예라고 하지만, 일본에서는 서도書道로 부르고 중국에서는 서법書法이라고 합니다. 우리나라에서는 붓글씨를 예술로 인식하며 글씨 자체의 아름다움과 함께 예술적 경지를 추구하는 문화적 의미를 담아 서예라 불렀고, 서법이라고 부른 중국에서는 서예의 기술적인 측면, 즉 정해진 규칙과 규범에 따라 글씨를 쓰는 것을 중시했을 것입니다. 아울러 도道를 써서 서도라고 부른 일본에서는 글씨 쓰기를 통해 심신을 단련하고 정신 수양을 하는 데 목적을 두었을 가능성이 큽니다. 이렇듯 도道는 예절禮節, 예술藝術, 법칙法則과도 통하여 큰 의미를 가집니다.

한편 도道는 동양 철학에서 매우 중요한 개념으로, 만물의 근원이자 자연의 법칙 등 다층적 의미도 갖는데 유교儒敎에서의 도道는 인간의 도리로 윤리적 규범이 되었고, 도가道家에서의 도는 노자와 장자의 사상으로 자연에 순응하는 삶을 강조합니다. 아울러 불교佛敎에서의 도는 깨달음, 즉 윤회輪廻를 벗어나 해탈에 이르는 길을 의미합니다.

규범이자 진리이자 깨달음의 길인 도道는 참 어렵습니다. 갔다가 다시 돌아와 또 걸을 수 있는 왕복往復이 가능한 길이라면 모를까, 한 방향 편도片道로 이루어진 인생의 길은 어렵기만 합니다. 편도에 조각 편片이 쓰인 이유는 나무木의 절반을 뜻하기 때문인데, 나무 목木을 반으로 자른 왼쪽 조각은 나뭇조각 장爿이 되었고 오른쪽 조각은 조각 편片이 되었습니다. 이렇듯 편도片道는 가는 쪽의 길 혹은 오는 쪽의 길, 한 방향의 길을 뜻합니다. 편도片道로만 이루어져 후회와 미련이 가득한 길, 돌아갈 티켓 없이 태어난 우리들의 한 걸음은 어떤 길을 만나도 무겁고 신중할 수밖에 없습니다. 이제 도道가 아닌 다른 길들을 걸으며 길의 맛을 더 보도록 하겠습니다.

이 길의 끝에서 만나게 될 것은

이 책을 쓰다 말고 급하게 떠났던 길이 있습니다. 한 달을 넘게 걸어야 하는 산티아고 순례길을 걷기로 갑자기 결정하고 비행기 표부터 끊었습니다. 100년의 절반을 넘기고 혹시 다시 오지 않을 기회일까 두려워 무작정 떠났습니다. 프랑스 국경마을 생장 피에 드포르Saint-Jean기점으로 산티아고 데 콤포스텔라 대성당까지 800 킬로미터의 대장정은 스페인 동쪽에서 서쪽 땅 끝까지 매일 아침 태양을 마주하며 걷기 시작해 왼쪽 얼굴을 지난 태양이 머리 뒤편으로 질 무렵이면 정해지지 않은 목적지에 도착하고, 또 그 다음 날을 준비합니다. 종교적 의미보다 새로운 인생의 전환점을 위해 찾은 전 세계 많은 사람들을 만나고 헤어짐을 반복하는 우리 인생 같은 길입니다. 어떤 사람은 인생의 동반자를 만나기도 하고, 어떤 사람은 그 길을 시작으로 또 다른 먼 길을 떠납니다. 노령의 아버지를 모시고 함께 걷는 중년의 아들, 사별한 부인을 생각하며 함께 걷던 그 길을 다시 걷는 노인, 방년의 나이에 사회의 쓴 맛을 보고 새로운 시작을 다짐하며 길을 걷는 젊은 숙녀부터, 아내가 걷는 길에 차를 몰고 미리 도착해 아침과 커피를 준비하는 낭만 가득한 중년 신사까지 다양한 사람들이 서로 다른 이유로 모여, 같지만 다른 길을 걷습니다. 첫날이 지나자마자 의지와 용기만큼 준비한 가득했던 짐의 절반은 버리거나 나눔을 하고, 걸으면서 그 동안 어깨에 짊어졌던 인생의 짐을 줄여갑니다. 매일 마주했던 태양은 어느새 따가운 비와 거센 바람으로 변했다가 늦가을에 접어든 날씨 덕분에 침낭에서 추위와 싸우기도 합니다. 인생과 닮은 이유 중 하나는 대부분의 사람들이 처음 걷는 길이기 때문인데 핸드폰의 지도를 보며 움직이지만 앞만 보며 걷는 길에서 이정표를 놓치기 십상이지요. 두어 번 길을 잃으면 더 이상 두렵지도 않습니다. 돌아온 길이지만 내가 걸은 길이기에 그 나름대로 의미가 있고 모든 길은 또 어디선가는 다시 만나기 때문입니다. 낯선 사람을 만나도 '부엔 까미노(좋은 길)' 라고 인사하며, 만난 사람의 모든 걸음과 순간들이 행복하길 바랍니다. 그렇게 하루 종일 길을 걷다 보면 어느새 하룻밤 묵고 갈 마을이 정해지고 거기서 또 다른 사람들을 만나지요. 그렇게 걷기가 계속되는 길은 스페인에서 바다 건너 우리 나라 제주로 이어져 올레길을 만들었고 대한민국에 걷기 열풍을 불러 일으키는 계기가 되었습니다. 어느 길을 걷든 몸과 마음을 치유할 수 있는 경험을 누릴 수 있고, 어느 길이든 우린 걸으며 자연과 문화를 배울 수 있습니다.

　이렇게 직접 땅을 밟고 걷는 길은 '도道'가 아닌 '로路'를 주로 씁니다. 먼저 소개한 길 도道는 교차로를 걷고 있는 사람을 의미했던 글자로, 길이라는 구체적 개념에서 시작해 도의道義와 도덕道德이라는 추상적 개념으로 발전했습니다. 그런데 지금 설명할 길 로路는 흙이 밟히고, 미끄러지거나 넘어질 수 있는 진짜 길을 의미합니다. 여기에 쓰인 각각을 뜻하는 각各은 발 모양의 夊이 땅과 문을 상징하는 구口를 밟은 모양으로 어딘가로 향해 들어가는, 움직여 밟는 뜻을 가진 글자입니다. 지금은 각각, 각자의 뜻으로 대체되었지만 몇몇 글자에서 본래의 뜻이 남아 있는데, 손님 객客은 집을 뜻하는 집 면宀 안에 각各이 들어간 형태로 '집에 들어온' 뜻으로 손님이 되었고, 약탈할 략略은 타인의 땅을 뜻하는 밭 전田과 각各이 만난 형태로 남의 땅을 약탈한 뜻을 가집니다. 이렇게 발로 밟아 움직이는 뜻을 가진 각各에 발 족足을 붙인 로路는 발로 밟는 '길'의 의미를 가졌고, 다양한 글자들과 만나 여러 길을 뜻하는 단어가 됩니다. 땅 길을 뜻하는 육로陸路, 바닷길을 뜻하는 해로海路, 그리고 지나는 길을 뜻하는 경로經路, 갈림길을 뜻하는 기로岐路 등, 도道 만큼 많은 쓰임을 가지는데 많은 경우 실존하는 길의 뜻으로 쓰입니다. 다만 인생의 말로末路처럼 삶의 끝 부분을 뜻하기도 하고, 좁은 길을 뜻해 어떤 일을 함에 있어 어려움을 상징하는 애로隘路처럼 추상적인 쓰임의 예도 있습니다. 또한 바둑돌이 살아나갈 수 있는 길을 뜻하는 활로活路는 곤란을 헤치고 살아갈 수 있는 길의 의미로 파생되었고, 진로進路와 퇴로退路처럼 인생에 있어서 삶의 방향이나 목표가 되기도 하고 어려운 상황에서 물러나 대비하는 대안을 의미하는 단어에도 쓰입니다. 길 로路가 추상적 의미로 쓰인 경우를 잘 보면 공통점을 발견할 수 있는데 바로 '고난'입니다. 쉽고 편한 뜻이 아니라 길을 걸어 피로가 쌓이고 고단한 상태를 내포하고 있습니다. 또한 개척해야 하고 고민해야 하는 길, 어렵지만 발로 걸어 나아가야 할 길이 바로 로路가 품은 뜻입니다.

한편 길 로路 외에도 다른 여러 글자들이 길의 뜻을 갖고 있는데 도途라는 글자도 길을 뜻합니다. 다만 도途는 길을 걷는 그 중간을 의미해서 중도中途나 도중途中처럼 어떤 과정이나 일의 중간을 뜻해서 중도하차中途下車, 중도금中途金 등에 쓰고, 길을 걷는 방법으로 파생되어 쓰임새를 뜻하는 용도用途에 쓰는데 쓰이는 '과정'이나 '방법'에 방점을 둔 글자입니다.

또한 가街도 길을 뜻하는 글자입니다. 이 글자를 잘 보면 사거리 모양을 본뜬 다닐 행行 안에 흙 토土 두 개가 보입니다. 원래는 사거리 안에 세모 두 개가 쌓여 있던 모양으로 길에 들어선 건축물, 건물 등을 세모로 표기한 글자로, 건물이 들어선 길이 바로 가街입니다. 그래서 거리를 뜻하는 거리 가街로 부르고 있지요. 상점들이 늘어선 상가商街, 길거리에 불을 비추는 가로등街路燈, 번화한 거리 번화가繁華街에 쓰이고 있어서 그 쓰임새用途를 구체적으로 쉽게 이해할 수 있는 글자입니다.

한편 항巷도 길을 뜻하는 글자로, 이건 작은 마을의 골목을 뜻합니다. 그래서 항간巷間에 떠도는 소문이라고 하면 작은 마을 골목 사이에 떠도는 소문을 뜻하는데 위에 언급한 가街와 만나 '가담항설街談巷說'이라는 사자성어에 씁니다. 가담항설은 길거리와

세상 사람들 사이에 떠도는 이야기라는 뜻으로 세상에 떠도는 뜬
소문이란 말인데, 이런 이야기를 듣고 남에게 퍼뜨리는 건 도청도
설道聽塗說이라고 합니다. 쉽게 해석하면 길 위에서 들은 이야기를
길에서 얘기한다는 뜻인데 원문은 논어 양화편陽貨篇에 나옵니다.

道聽而塗說 德之棄也

도청이도설 덕지기야

"길에서 듣고 길에서 말하는 것은 덕을 버리는 것이다."

  여기서 도塗는 도途와 같은 글자로, 공자가 말한 본래의 뜻은
'비록 좋은 말을 들었지만 진정한 자신의 것으로 만들지 않고 남
에게 전하는 것은 덕을 버리는 것이다'인데, 지금은 깊이 생각하
지 않고 예사로 듣고 남에게 말하는 것을 비유해 쓰고 있습니다.
  또한 과정過程에 쓰이는 정程은 벼 화禾가 있어 쌀과 관계가 있
는 글자로, 처음엔 분分의 1/10로 아주 작은 길이의 단위였는데 후
대에 들어 '단계'의 뜻을 갖게 되었고 지켜가야 할 과정으로 파생
되어 쓰고 있습니다. 예로 들면 목적지를 향해가는 여정旅程과 일
의 계획을 날짜별로 짜 놓은 일정日程 등이 있습니다. 또한 규제와
같은 뜻의 규정은 규정規定으로 규칙으로 정한 뜻이지만, 규정規程
이라고 쓰면 조목별로 정해 놓은 표준, 법칙이 되는데 여기서 쓰

인 정程은 지켜가야 할 과정의 뜻이 '법칙'의 뜻으로 자리잡은 경우입니다.

이렇게 길을 뜻하는 글자가 많은 건 우리가 살면서 마주하고 걸어내야 할 길들이 다양하기 때문일 것입니다. 이 중에서 가장 많이 쓰이는 길 도道와 길 로路에 대해 어떤 차이가 있는지 많이들 궁금해 하는데 다시 한 번 정리하면 도道는 사람의 길로 사람이 만든 길이라 할 수 있고, 로路는 자연이 만든 길로 생겨난 길이라 할 수 있습니다. 그 예로 수도水道는 사람이 만든 물길이고 수로水路는 저절로 생긴 물길이 됩니다. 도道가 추상적 의미를 갖는 이유도 사람이 만든 가야 할 길이기 때문일 것입니다. 이렇듯 우리는 길 만큼 다양한 삶을 경험합니다. 때로는 좁고 가파른 경사를 가진 산길을 걸으며 기구崎嶇한 운명 속에서 쓴 눈물을 흘리기도 하고 가파른 곳 없이 넓고 평평한 탄탄대로坦坦大路를 걸으며 만면에 웃음을 짓기도 합니다. 그런데 우리가 어떤 길을 가든 삶의 무게는 흔적이 되어 발자국으로 남겠지요. 생애生涯의 끝에 서서 순간들이 모여 쌓인 경험과 추억을 뒤돌아 보면 명예로 만족할 수도 있고, 미련의 후회로 남을 수도 있습니다.

순례길의 마지막 날, 산티아고 대성당 광장으로 들어서면 대장정의 길은 마무리가 됩니다. 그리고 순례자들은 서로를 축하하며 포옹을 하고 사진을 찍습니다. 그런데 가끔 보면 외로운 길을 혼자 걸어낸 순례자들을 발견할 수 있습니다. 환희와 감격의 눈물을 흘리는 그 순간, 그들은 축하 받고 싶고, 누군가와 포옹을 하고 싶고, 기념으로 멋진 사진을 찍고 싶어합니다. 그래서 저는 최종 목적지인 산티아고에서 며칠 더 묵으며 그들을 기다리기로 했습니다. 30일의 여정이 완주증서 한 장을 받는 15분에 끝나는 게 참 아쉬웠는데, 누군가의 순례길 마지막에, 함께한 사람으로 남을 수 있던 며칠의 시간은 800킬로미터의 여정 중 가장 뜻깊은 시간이기도 했습니다. 그러면서 만나고 헤어졌던 사람들을 다시 만나고 축하하며, 그들을 위해 기다린 시간은 역시 나를 위한 시간이었음을 깨달았습니다. 누군가의 길에 나를 남길 수 있었던 소중한 추억으로 남습니다. 이제 눈을 감는 여행으로 함께 떠날 시간입니다. 잠에 대해서 알아보겠습니다.

道不同

道不同

不相爲謀

不相爲謀

길이 다르면, 함께 어울려 일을 도모하지 않아야 한다.

6부

끝이 있기에
시작이 있다

영원한
잠

睡·眠

有老婦年七十 謂坡曰 內翰昔日富貴 一場春夢

유로부년칠십 위파왈 내한석일부귀 일장춘몽

70대 노부인이 있었는데 동파에게 말하길, '옛날의 부귀는 한바탕 꿈만 같구나' 하였다.

북송北宋 시대에 조령치趙令畤가 지은 후청록侯鯖錄에 나오는 문장입니다.

소동파蘇東坡로 더 유명한 소식蘇軾은 송나라의 대문호大文豪였지만 뛰어난 문장력으로 황제에게 상소上疏를 자주 올렸습니다. 소동파는 결국 여러 사람들의 눈에 거슬려 유배 생활을 하게 되는데 그곳이 지금은 휴양지로 유명한 하이난海南입니다. 하이난 창화昌化라는 곳에서 유배 생활을 하던 어느 날, 등에 큰 박을 지고 노래를 흥얼거리며 들판을 거닐던 소동파가 70대 노부인을 만났습니다. 노인은 대문호로 유명했던 소동파의 고된 인생을 알고 있었고, 지금 그의 처지를 직접 보고 깊은 감회에 젖어 '그 옛날 부귀영화가 허망하다' 하며 "일장춘몽一場春夢"으로 인생의 무상함을 표현했습니다. 소동파는 약관弱冠 22살의 나이에 과거에 합격했으나 바로 부모와 아내를 잃었습니다. 그리고 이립而立 33살에 벼슬길에 올랐지만 혼란한 정치 상황 속에서 황제를 설득하기 위해 문장력을 총동원해 상소를 올렸지만 불혹不惑 44살에 황제의 눈 밖에 난 후 오랜 세월 지방을 전전했습니다. 동파육東坡肉도 소동파가 항저우에 지방관으로 있을 때 함께 고생한 주민들과 홍소육紅燒肉을 만들어 나누어 먹었는데 이때부터 '소동파가 만든 홍소육'이라는 의미에서 '동파육'이 되었습니다. 이후 여러 차례 상소를 더 올렸지만 귀양살이를 반복해야 했고 마지막 유배지 하이난에서 노파를 만나 '일장춘몽'을 듣게 된 것입니다. 그리고 새로운 황제가 즉위해 사면받았지만 상경하던 길에 병으로 죽습니다. 노부인은 소동파에게 옛날의 부귀昔日富貴를 예로 들어 금세 사그라지는 봄날의 꿈이라 했습니다. 지난날 한림학사翰林學士를 지내며 부귀영화를 누렸지만 돌아보면 아주 짧은 봄날의 꿈인 것입니다. 원래 '일장춘몽'은 당나라 시인 노연양盧延讓이 친구 이영李郢이 죽자 애통해하며 시를 지어 그를 추모했는데 마지막 구절에 '一場春夢越王城(일장춘몽월왕성)'으로 처음 등장합니다. 월왕성은 친구 이영과 젊은 시절 술을 마시며 시를 읊던 곳이라 함께한 시간이 응축된 장소입니다. 함께 보낸 긴 시간이지만 돌아보면 매우 짧아, 느껴지는 허무함을 나타낸 구절입니다.

한편 장자莊子의 제물론齊物論에 나비의 꿈이라는 뜻을 가진 호접지몽胡蝶之夢란 말도 있습니다. 예전에 장자가 꿈에서 나비가 되는 꿈을 꾸었습니다. 나비가 날개를 펴고 훨훨 날아다녔고 자신이 장자임을 알지 못할 정도로 아주 만족스러운 꿈이었습니다. 그런데 갑작스레 깨고 보니 놀랍게도 자신이 바로 장자였습니다. 그러면서 이런 말이 이어집니다.

不知周之夢爲蝴蝶與 蝴蝶之夢爲周與 周與蝴蝶 則必有分矣 此之謂物化

부지주지몽위호접여 호접지몽위주여 주여호접 칙필유분의 차지위물화

"장자가 나비가 된 꿈을 꾼 것인지, 나비가 장자가 된 꿈을 꾼 것인지 모르겠구나. 장자와 나비는 필히 구분이 있을 것인데 이것을 일러 '물物'이 되었다고 한다."

상당히 어려운 이야기지만 장자가 꿈속에 나비가 되어 현실과 꿈, 자아와 사물의 구별이 모호해지는 상황에서 물아일체物我一體의 경지에 오르게 됩니다. 자연과 내가 하나가 되는 경지에 이르렀으니 인간 존재의 덧없음을 느끼게 되었고, 봄날의 짧은 꿈처럼 덧없는 인생을 말하는 일장춘몽과 비슷한 뜻으로 쓰이고 있지만 원래는 전혀 다른 뜻입니다. 호접지몽은 존재의 근본적인 불확실성에서 느끼는 무상함입니다. 선善과 악惡, 미美와 추秋, 장長과 단短 등의 구별이 꿈을 꾸어 보니 내가 나비가 된 꿈을 꾼 것인지, 나비가 내가 된 꿈을 꾼 것인지 구분이 되지 않는 것처럼, 결국 인식의 차이일 뿐이었습니다. 확실한 구분도 절대적 진리도 없다는 의미입니다. 이런 깨달음에서 느끼는 인생의 덧없음과 지내온 시

간이 짧은 꿈 같았던 덧없음과 같지는 않을 겁니다. 다만 덧없음을 느낀 후 세상을 보는 눈은 분명 달라지겠지요.

일장춘몽과 호접지몽, 모두 꿈 몽夢을 썼습니다. 서양에서는 심리 상태를 분석하는 도구로써 꿈을 해석했지만 동양에서는 통찰력과 신성한 안내를 찾기 위해 꿈을 해석했습니다. 꿈은 장차 일어날 일에 대한 상징적인 표현으로 꿈을 이해하는 것은 필수적인 일이었습니다. 신령의 계시로 믿었던 꿈은 점을 치는 도구로 활용되었고, 길몽吉夢이냐 흉몽凶夢이냐를 따지게 되었습니다. 또한 아무 의미도 없는 꿈은 개꿈으로 분류되었고, 다산의 상징인 돼지가 등장하면 복권을 사러 가기도 합니다.

꿈 몽夢은 갑골문에서 나무 목木의 왼쪽 절반인 나뭇조각 장爿 위에 사람이 마치 무엇을 본 듯 눈을 크게 뜨고 누운 모양으로 잠을 자는 것을 의미했습니다. 그리고 눈 위의 눈썹은 풀 초艸로 변했고 밤을 뜻하는 저녁 석夕이 더해져 꿈을 뜻하는 글자 몽夢이 된 것입니다. 그래서 꿈 속에서 상상을 하는 몽상夢想, 꿈과 환상을 뜻하는 몽환夢幻에 쓰지만 여기서 꿈은 헛된 것을 의미하여 헛된 것을 상상하는 부정적인 뜻을 가지기도 합니다. 그러나 우리말 꿈을 관념으로 쓸 때에는 희망이나 이상을 뜻하여 이루고 싶은 목표를 비유적으로 이르는 말이 되어 장래희망將來希望에 씁니다. 꿈은 이렇게 인간에게 다양한 의미를 지녔지만 반드시 잠이라는 관문을 통과해야 만나게 됩니다.

이번 여행의 시작은 인생의 덧없음을 미리 만날 수 있는 꿈, 바로 잠과 관련된 이야기입니다. 바로 수면睡眠입니다. 수면의 의미를 통해 일장춘몽을 경험할 수 있길 바라며 함께 이야기를 나누도록 하겠습니다.

밤이 되면 꽃잎을 오므리는 수련

수면에 쓰인 수睡는 '잠잘 수'라 하지만 엄밀히 말하면 이 글자는 자는 것이 아닙니다. 이 글자를 정확히 이해하기 위해서는 먼저 드리울 수垂를 알아야 합니다. 다소 복잡하게 생긴 수垂는 식물의 꽃과 줄기가 거꾸로 늘어진 모습을 본떠 만든 상형자입니다. 갑골문에 있던 그림 같은 글자는 시간이 지나 변해 지금의 형태 垂로 자리 잡았고 위에서 아래로 늘어진 의미를 뜻합니다. 그래서 드리울 수垂 앞에 쇠 금金이 붙으면 쇠를 줄에 달아 아래로 늘어뜨린 뜻이 되어 저울추 추錘가 되어 시계추時計錘에 쓰고, 들리울 수垂 앞에 입 구口가 붙으면 입의 무엇인가가 아래로 늘어진 뜻이 되는데 바로 침 타唾가 되어 타액唾液에 씁니다. 이렇게 수垂와 다른 한자가 만나면 형성자로서 소리를 대표하지만 뜻도 함께 내포하고 있습니다. 특히 눈 목目이 붙으면 눈꺼풀이 아래로 내려진 뜻이 되어 눈을 감은 뜻을 가진 수睡가 되는데 이 글자의 뜻은 바로

'졸음'입니다. 설문해자에서는 졸음 수睡를 '좌매坐寐'라 하며 '앉아서 자는 것'으로 설명했는데, 고대 문헌에서는 잠깐 눈을 감고 쉬는 뜻으로 수면의 수睡를 썼습니다. 또한 완전히 잠든 뜻이 아닌, 몽롱朦朧하고 졸린 상태를 뜻해 잠으로 가는 입구의 뜻을 가졌습니다. 그래서 수면을 부르는 풀을 수초睡草라 썼고, 각수초却睡草라 쓰인 단어는 졸음을 물리치는 풀이었습니다.

아주 오래 전 프랑스 인상주의 화가 클로드 모네의 수련을 직접 본 적이 있습니다. 연못 위의 아름다운 수련을 보고 감탄을 금치 못했습니다. 특히 물에 비친 하늘 위의 구름과, 잎 사이로 핀 도드라지게 분홍빛을 가진 수련의 자태는 마음 속 한 점으로 오래동안 남았습니다. 그리고 시간이 한참 지나서 작품 제목을 우연히 다시 보게 되었는데 수련의 수가 연못을 뜻하는 물 수水가 아닌 졸음 수睡였습니다. 밤이 되면 꽃잎을 오므리고 잠자는 듯한 모습을 하기 때문에 수련睡蓮이라고 한다는 걸 나중에 알게 되었지요. 수련의 뜻을 제대로 알고 작품을 감상했다면 또 다른 느낌이었을 텐데 하면서 살짝 후회도 했습니다. 밤이면 저물어 쉼을 취하고, 낮에는 다시 피는 수련처럼, 우리도 고단한 하루를 보내면 피곤해 눈이 스르르 감기지요. 조용히 시나브로 눈이 감기며 잠으로 들어가는 기분은 몽환적夢幻的이기도 합니다. 잠으로 들어가는 첫 단계, 졸음은 몸이 휴식을 취하기 위해 나타내는 반응입니다. 졸음은 하품을 함께 동반하기도 하는데 졸음을 물리치기 위한 우리 몸의 정상적인 반응입니다. 하품을 의미하는 글자는 하품 흠欠으로 입을 크게 벌린 사람의 모습을 본뜬 글자입니다. 잠이 부족해서, 몸이 피곤해서 나오는 하품이기에 흠欠은 부족함, 모자람의 뜻도 가져 흠집欠집, 모자람을 뜻하는 흠결欠缺에 쓰고, 다른 글자들과 만나서 부족함을 채우고자 하는 마음 욕欲, 나는 없지만 남에겐 있어서 부러운 마음 선羨 등에도 자리 잡고 들어가 있습니다. 하품은 피곤疲困해서 나오는 현상으로 우린 다양한 피곤을 경험합니다. 밥을 먹고 졸음이 오는 식곤증食困症, 봄이 되어 몸이 저절로 나른해 지는 춘곤증春困症 등이 있습니다. 요즘엔 여름만 빼고 추곤증秋困症, 동곤증冬困症까지 있습니다. 이렇게 졸리거나 하품이 나오는 건 우리 몸이 우리를 지키기 위한 자연스런 반응 중 하나입니다. 스트레스를 해소하고, 체내에 부족해진 산소를 보충하기 위한 것으로 뇌의 온도가 높아지면 하품을 통해 찬 공기를 들이마셔 뇌 온도를 낮추고, 잠을 통해 우리 몸은 다시 에너지를 회복합니다.

수련은 저녁 무렵이 되어야 꽃을 오므려 잠을 청하고, 다시 햇살을 받는 아침이 되면 꽃을 피웁니다. 사람이 밤이 되면 잠을 자고, 아침이 되면 일어나 또 새로운 하루를 살아가는 것과 같습니다. 24시간을 주기로 반복되는 생리적, 행동적 변화 때문인데 이걸 일주기日周期 리듬이라고 합니다. 우리 몸, 뇌에 있는 생체시계에 따라 햇빛과 같은 외부 환경에 따라 수면睡眠과 각성覺醒을 반복하는데, 나이가 들면 생체시계가 조금 앞당겨집니다. 약 2~3시간이 앞으로 당겨져 저녁 7~9시 정도가 되면 졸음 수睡가 가진 뜻을 그대로 경험하기도 합니다. 그렇다고 나이가 들면 잠을 더 오래 자는 것도 아닙니다. 수면 유도 물질인 멜라토닌이 잘 생성되지 않아 노인의 수면 시간은 더 줄어들고 자주 깨거나 새벽에 너무 일찍 일어나 낮에는 다시 피로와 졸음을 만나게 됩니다. 그런데 60세 이상의 사람이 깊은 잠을 취하지 않으면 치매 발병률이 더 올라간다는 연구도 있습니다. 깊은 잠은 뇌에서 신진대사의 노폐물을 없애고 기억력을 높이는 역할을 하기 때문입니다. 나이 들수록 깊은 잠이 중요해 지는데 깊은 잠을 숙면熟眠이라고 하지요. 익을 숙熟과 잠 면眠이 만나 푹 익은 잠, 깊은 잠을 뜻하는 말입니다.

나이가 들면 쉽게 피곤하고 졸음은 많아지니 수睡의 시간은 늘어납니다. 반면에 생체 시계가 제대로 기능하지 못해 깊게 잠이 들지 못하니 면眠의 시간은 줄어듭니다. 이제 잠의 또 다른 반쪽, 수면의 면眠을 알아보겠습니다.

깊은 잠의 시간

잠잘 면眠은 겸성회의자兼聲會意字로 분류됩니다. 회의자이면서도 소리를 제대로 갖춘 글자라는 의미로, 뜻을 나타내는 눈 목目

과, 뜻과 함께 소리를 나타내는 백성 민民이 함께 만난 구조입니다. 벌써 눈치 채셨을 수 있지만 여기서 백성 민民이 백성, 국민을 뜻하진 않을 겁니다. 면眠의 옛글자는 전서체篆書體에서 발견할 수 있는데 전서의 모양은 명瞑이었습니다. '눈감을 명'이라는 글자로, 눈을 감고 집중하는 수련, 명상瞑想에 씁니다. 명冥은 어둡다는 뜻으로 갑골문에서는 집 안에 사람이 두 손으로 무언가를 짓고 있는 모습을 그렸는데 무덤을 지어 바치는 것으로 해석합니다. 그래서 어둠, 죽음을 뜻하게 되었고 명복冥福을 빈다는 말은 죽은 뒤 저승에서도 복을 받길 바란다는 뜻이고, 지금은 영혼결혼식이라고 하는 사후혼死後婚을 명혼冥婚이라고 합니다. 죽음과 어둠을 뜻하는 명冥, 여기에 목目이 붙어 눈을 감은 뜻으로 눈감을 명瞑이었는데, 이체자異體字, 속자俗字였던 면眠이 자리를 차지해 대세로 쓰이게 됩니다. 고대 중국에서는 노예가 도망치지 못하게 하기 위해 눈을 찔러 멀게 했는데 그걸 본뜬 글자가 민民입니다. 노예를 뜻하는 말이지만 눈을 멀게 하는 뜻이 먼저였지요. 그래서 눈 목目과 백성 민民이 만난 면眠도 자연스럽게 눈을 감은, 앞이 보이지 않는 뜻을 가졌습니다. 졸음 수睡가 아직 잠에 들지 않아 눈을 금세 뜨고 다시 볼 수 있는 상태라면, 잠잘 면眠은 깊게 잠이 들어 눈을 떠도 앞을 볼 수 없는 상태입니다. 그래서 주로 길거나 깊은 잠을 뜻하는 단어로 쓰이는데 위에서 잠깐 소개한 숙면熟眠입니다. 숙은 '익다', '익히다'의 뜻으로 숙련熟練, 익숙익熟에 쓴다고 책의 초반부에 설명했었습니다. 익기 위해서는 시간이 필요하니 숙면은 잠을 자고 시간이 어느 정도 지난 깊은 잠의 뜻을 갖습니다. 한편 동물들의 겨울잠 동면冬眠도 시간을 필요로 하는 긴 잠입니다. 휴면休眠에서도 그 의미를 찾을 수 있는데, 생물의 생장이나 활동이 잠깐 정지하는 현상을 뜻했는데, '오랜 기간 동안' 활동하지 않거나 로그인하지 않으면 계정(計定, ID)이 잠기거나 파기되는 것도 휴면입니다. 물론 최면催眠도 집중을 통해 몰입의 상태가 되어야 하니, 면眠은 긴 시간, 깊은 잠이란 것을 알 수 있습니다. 그래서 졸음 수睡와 만나 수면睡眠이 되어 잠의 첫 단계인 졸음부터 깊은 잠 숙면까지 잠의 과정과 잠드는 생리적 상태를 나타낸 단어가 됩니다. 한편 같은 뜻으로 사용되는 취침就寢도 있는데 취침은 '잠을 가지다, 취하다'는 뜻으로 행위에 방점을 둔 뜻입니다. 즉 수면은 취침이라는 행동의 결과라고 할 수 있습니다. 잘 침寢은 집을 뜻하는 집 면宀과 침대를 뜻하는 나뭇조각 장爿, 그리고 소리를 나타내는 침노할 침侵으로 옛글자는 원래 빗자루 추帚였습니다. 그래서 집을 정리하고 쉰다는 뜻에서 잠잘 침寢이 되었고, 함께 잠을 자는 동침同寢, 잠을 자는 낮은 가구 침대寢臺, 잠을 자는 장소 침소寢所에 쓴답니다. 침寢의 형태를 갖는 집 면宀과 나뭇조각 장爿의 구조는 '잠'과 관련되어 여러 글자로도 파생되었습니다. 자나깨나 잊지 못하는 뜻으로 많이 쓰는 오매불망寤寐不忘에 쓰인 오寤와 매寐에서도 같은 구조를 찾을 수 있습니다. 오寤는 '잠깰

오’라 하고, 매寐는 ‘잠잘 매’라 하는데 이 글자들은 따로 쓰이지 않고 ‘자나깨나’의 뜻으로 ‘오매寤寐’로만 쓰입니다. 논어에서 공자는 “락이불음樂而不淫 애이불상哀而不傷, 즐겁지만 음탕하지 않고, 슬프지만 상할 정도는 아니다’라 하며 아름답게 평한 한 편의 시가 있습니다. 시경詩經의 관저關雎라는 시인데 내용은 이렇습니다.

參差荇菜 左右流之 窈窕淑女 寤寐求之 求之不得 寤寐思服
悠哉悠哉 輾轉反側
삼차행채 좌우류지 요조숙녀 오매구지 구지부득 오매사복 유재유재
전전반측

들쑥날쑥 마른 풀을 양 옆으로 캐던 그녀
아리따운 그 아가씨 자나 깨나 생각나네
다시 만날 기약 없고 오매불망 생각나니
그 생각 끊임없어 뒤척여도 잘 수 없네

제가 직접 시처럼 해석을 했지만 이해를 돕기 위해 좀 더 설명하겠습니다. 한 남자가 길을 걷다가 길에서 들쑥날쑥 자란 행채풀(마른 풀의 일종으로 수면에 도움을 주는 풀)을 꺾던 아리따운 요조숙녀를 만났습니다. 요조숙녀라는 말도 이 시가 어원이랍니다. 그렇게 아무 말도 걸지 못하고 집으로 돌아온 남자는 머리속에서 계

속 맴도는 그녀의 모습 때문에 모로 누워 몸을 돌려 뒤척여 보아도 잠을 이루지 못합니다. 바로 그 마음을 그려낸 구절입니다. 이 시에서 나오는 오매사복寤寐思服은 '깨어 있으나 잠을 자고 있으나 마음 속에서 생각난다'는 뜻으로 오매불망寤寐不忘의 기원이 되었습니다. 전전반측輾轉反側은 모로 누운 뜻의 전輾과 몸을 돌리는 전轉이 만나 옆으로 누웠다가 다시 반대쪽 옆으로 눕는 모습을 그려낸 말로 지금의 우리와 다를 바가 없습니다. 짝사랑이 부른 불면不眠의 상태를 묘사한 싯구로 공자가 칭찬했던 이유를 알 수 있습니다. 그런데 아리따운 여인이 뜯고 있던 풀은 왜 하필 '행채'였을까요? 그녀가 뜯은 그 풀이 있으면 잠이 쉽게 들 수 있을 텐데 말입니다.

깊은 잠에서 깨어나지 않는 영원한 잠을 영면永眠이라고 합니다. '영면에 들다'라고 하면 죽음을 육체적으로 영원히 잠든 상태로 비유한 표현입니다. 잠 중에서 가장 길고 가장 깊은 잠이지요. 잠으로 죽음을 표현한 다른 말도 있는데 바로 잠매潛寐입니다. 잠潛은 '잠길 잠'이지만 또한 몰래 숨은 뜻도 가집니다. 잠재력潛在力이라고 하면 바닥에 숨어 잠긴 재능을 뜻하고, 잠수함潛水艦은 물 밑에 잠겨 보이지 않는 배를 뜻하지요. 그래서 잠매潛寐는 땅 속에 잠겨 숨어 자는 뜻으로 사람의 죽음을 이르는 말입니다. 이렇게 잠은 죽음을 대신해서 표현하는 말로, 우리는 매일 자고 있으면서도 죽음은 여전히 무섭고 두려운 대상입니다. 죽음과 가까워지는 노화는 참 친해지기 어려운 단어입니다. 나이가 들면서 잠마저 줄어들고, 잠을 충분히 못 자서 또 다시 노화를 동반한다고 하니 억울할 뿐입니다. 그렇게 노화의 속도는 배가 되어 하루하루 몸이 변해가는 것을 느끼게 됩니다. 맞설 수 없기에 친해져야 하고 익숙해져야 하는 우리 몸의 노화, 웰빙을 넘어 웰다잉을 이야기하는 시대에, 이젠 건강하고 아름답게 나이 드는 '웰에이징well-aging'을 미리 준비할 때입니다. 이제 여러분들과 함께 노화와 친해질 수 있는 시간을 가져보도록 하겠습니다.

有老婦年七十　謂坡曰

有老婦年七十　謂坡曰

內翰昔日富貴　一場春夢

內翰昔日富貴　一場春夢

70대 노부인이 있었는데 동파에게 말하길,
'옛날의 부귀는 한바탕 꿈만 같구나' 하였다.

나이 듦은
약해지는 것이 아니다

老·衰

吾十有五而志于學 三十而立 四十而不惑 五十而知天命 六十
而耳順 七十而從心所欲 不踰矩

오십유오이지어학 삼십이립 사십이불혹 오십이지천명 육십이이순 칠십
이종심소욕 불유구

'나는 열다섯 살에 배움에 뜻을 두었고, 서른 살에 홀로 설 수
있었으며, 마흔 살에 밖의 미혹에 빠지지 않았고, 쉰 살에 사람이
할 수 없는 천명을 알았으며, 예순 살에 어떤 말이든 잘 대처할
수 있었다. 그리고 일흔 살에는 마음의 뜻을 좇았으나 법도를 넘
지는 않았다.'

논어의 위정편爲政篇에 나오는 공자의 말입니다. 여기에 80, 90,
100세가 빠져 있는 이유는 공자가 72세의 나이로 세상을 떠났기
때문인데 공자가 100세를 넘겨 살았더라면 과연 어떤 말을 남겼
을까 궁금합니다. 이번 여행에서는 노쇠老衰, 늙음과 쇠함에 대해
서 얘기를 나누겠지만 노화는 나이에 따라 진행되는 육체적 변화
이기에 나이를 설명한 공자의 말을 서두로 선택했습니다. 이 구절
에는 20세를 칭하는 약관弱冠은 보이지 않습니다. 약관은 남자가
스무 살이 되면 머리에 갓을 쓰는 관례冠禮를 행했기에, 갓을 쓴
어른이 되었지만 아직은 약하다는 의미로 몸은 다 자랐지만 완전
히 성숙하지 못했다는 뜻으로 예기禮記에 나오는 말입니다. 약관

은 갓을 쓰는 남성에게만 해당되는 말이며 20세 전후의 여성은 방년芳年이라 하여 꽃다운 나이라는 뜻으로 불렀습니다. 여기서 방芳은 꽃 향기를 뜻하며 꽃을 뜻하는 풀 초艸와 주변, 근처를 뜻하는 방方, 傍이 합쳐져 은은한 향기가 주변에 퍼짐을 의미하는 글자입니다.

공자가 자신의 삶을 회고하며 나이를 설명했지만 이 문장은 우리에게 귀감龜鑑으로 남았습니다. 귀감龜鑑의 거북 귀龜는 거북의 등으로 길흉吉凶을 점쳐 길을 안내하는 것이고, 거울 감鑑은 자신을 비춰 볼 수 있던 거울로 모습을 바로 잡는 것입니다. 그래서 '귀감'은 거울로 삼아 본받을 만한 '본보기'의 뜻을 가집니다. 이렇게 귀감이 된 공자의 생을 기준으로 본다면, 15살에는 공부에 뜻을 두고 전념해야 하고, 서른 살이 되었다면 홀로 독립해서 살 수 있어야 합니다. 마흔의 나이에는 불혹不惑이라 하여 미혹迷惑에 빠지지 않았다고 합니다. 사회생활을 하며 많은 유혹에 빠질 수 있는 나이이고, 가정을 꾸려가는 40대의 고충을 알고 있는 듯 합니다. 50살에는 지천명知天命이라 하여 천명을 알았다고 했는데, 여기서 천명天命은 하늘이 내린 원리를 아는 것으로, 내가 애를 쓴다고 해서 모두 다 이룰 수 있는 것은 아니라는 객관적인 생각을 할 수 있는 나이에 들어섰음을 의미합니다. 공자는 쉰 살이 넘어 자신이 태어나고 자란 노나라에서는 뜻을 이룰 수 없음을 깨닫고, 여러 제자를 이끌고 자신을 알아줄 군주를 찾아 10여년 동안 주유열국周遊列國을 하게 됩니다. 뜻을 이룰 수 없음을 깨닫고 떠나야 함을 알게 된 나이를 지천명知天命이라 한 것입니다. 그리고 예순의 나이를 이순耳順이라 했습니다. 글자 그대로 풀면 귀가 순해진다는 뜻으로 어떤 말이든 편하게 받아들일 수 있게 되었다는 의미입니다. 나이가 예순을 넘기면 눈도 귀도 어둡기 마련인데 어떤 말이든 편하게 받아들인다는 것은 심안心眼으로 세상을 보고 들을 수 있기 때문이 아닐까요? 공자는 결국 좌절된 10여년의 주유열국을 마치고 60대 후반에 다시 노나라의 집으로 돌아왔습니다. 이순耳順이 마치 정년퇴직 하고 고향으로 돌아오는 나이와 비슷하니 공자의 삶과 참 비슷합니다. 그리고 공자는 72세에 세상을 떠납니다. 일흔 나이를 종심소욕 불유구從心所欲 不踰矩라 했지요. '종심소욕'은 '하고자 하는 마음대로 따른다'는 뜻입니다. 그리고 '불유구'의 구矩는 네모 격자를 뜻하는데 법도, 규정을 의미하고 유踰는 넘는다는 뜻입니다. 그래서 '종심소욕 불유구'는 내 마음대로 했지만 지나치지 않았다는 뜻으로 후생 양성에 힘을 쓴 공자의 마지막 인생의 모습을 말하고 있습니다. 70세를 가리키는 '종심소욕'은 줄여서 '종심從心'이라고 부릅니다. 한편 우리가 더 많이 쓰는 고희古稀라는 말은 당나라 시인 두보杜甫의 곡강시曲江詩에 나오는 인생칠십고래희人生七十古來稀에서 유래했는데 '사람이 나이 일흔까지 사는 건 예로부터 드문 일'이라는 뜻으로 고래희古來稀를 줄여 고희古稀라고 부르는 것입니다. 지금은 전혀 드물지 않은 나이 일흔이지만 드물 희稀를 써서 희수稀壽라고도 부릅니다. 칠순, 팔순, 구순, 이렇게 순旬을 써서 나이를 부르기도 합니다. 여기서 순旬은 열흘을 의미하는데 갑골문에서는 열 십十의 세로획 아래에 둥근 동그라미를 '6'처럼 그렸는데 바로 10이 한 바퀴 돌았다는 뜻으로 열흘을 의미했습니다. 그리고 10년을 뜻하기도 해서 칠순, 팔순에 순旬을 쓰게 된 것입니다. 글자의 생김새를 따서 부르는 나이도 있습니다. 팔순의 나이는 산수傘壽라 하는데 우산 산傘을 풀면 팔십八十이 되기 때문이고, 미수米壽라 부르는 88세는 쌀 미米를 풀면 팔십팔八十八이 되기 때문입니다. 90세가 넘어 91세가 되면 이제 백 살을 바라본다는 뜻으로 망백望百이라 하고, 99세는 백에서 한一살이 모자란다는 뜻으로 백수白壽라 부릅니다. 그리고100세는 백수百壽라 하고, 100세를 넘기면 예로부터 가장 높은 수명을 뜻해서 상수上壽라고 부릅니다

한편 숫자가 아닌 생애의 과정을 나타내는 글자들을 통해서도 우리 삶을 한번 되돌아 볼 수 있습니다. 날 생生은 땅에서 새싹이 나오는 모양을 본뜬 글자로 생명의 탄생을 의미합니다. 우리는 그렇게 세상에 태어납니다. 그리고 아이로 자라지요. 앞에서도 설명했지만 어린 아이의 머리는 아직 열려 있습니다. 그래서 아이 아兒라는 글자는 혈이 아직 닫히지 않은 아이의 가능성을 보여주고 있습니다. 그리고 더 자라면 머리가 닫힙니다. 그래서 머리가 닫힌 모양의 형 형兄은 아이에서 더 나이를 먹은 뜻으로 나이 많은 형

을 의미합니다. 옛날엔 머리를 자르지 않았습니다. 그래서 긴 머리를 그대로 가지고 있었고, 머리가 길다는 건 나이가 많다는 뜻이었습니다. 머리가 긴 사람을 그린 글자가 있는데 바로 길 장長입니다. 그래서 '길 장'이 길다는 뜻과 어른의 의미를 함께 갖는 이유입니다. 어른에서 더 나이를 먹으면 사람은 늙겠지요. 허리가 굽어 지팡이를 들 수도 있을 겁니다. 그래서 긴 머리에 지팡이를 든 모습을 본뜬 글자가 바로 늙을 로老 입니다. 그리고 더 시간이 흘러 나이가 들면 세상을 떠납니다. 물론 죽음을 뜻하는 사死가 있지만 이 글자보다 저는 지금 소개하는 글자, 물가 애涯를 더 좋아합니다. 애涯는 물을 뜻하는 수水와 땅을 뜻하는 언덕 애厓가 만난 글자로 바다를 앞에 둔 벼랑의 끝을 의미하는 글자입니다. '물가 애'라는 이름보다 '땅끝' 애라는 이름이 더 잘 어울립니다. 이제 삶을 정리하고 돌아가야 할 순간, 바다와 땅이 만난 곳, 저승(저生)과 이승(이生)이 만난 곳, 바로 애涯가 가진 본래 뜻입니다. 그래서 생애生涯라고 하면 태어날 때부터 죽을 때 까지를 말하는 우리 인생의 모든 과정을 담은 말이 됩니다.

이번 여행에서 여러분과 나눌 주제는 나이 듦老과 쇠함衰입니다. 몸에 시간이 쌓여 만들어진 노老와 슬플 애哀와 너무 닮은 쇠衰에 대해 알아보겠습니다.

허리 굽은 노인

도입부에서 잠깐 설명한 늙을 로老는 나이가 들어 머리가 긴 모습을 본뜬 '耂'에 지팡이를 쥔 모습을 뜻하는 비수 비匕를 더한 글자입니다. 비수 비匕는 갑골문에서 사람 인人을 좌우로 뒤집은 모양ㅏ이었는데 원래는 신분이 낮아 몸을 굽힌 모습을 나타낸 글자로 '사람이 몸을 굽힌' 뜻을 가집니다. 그래서 로老는 나이가 많아長 허리가 굽은匕 사람을 가리키는 글자가 되었습니다. 한편 늙을 로와 결을 함께 하는 글자가 있는데 바로 생각할 고考입니다. 고考와 로老는 같은 뜻이었습니다. 나이가 많은 노인은 생각도 경험도 많아서 '노인처럼 깊이 생각한다'는 뜻으로 고考로 썼는데, 제사를 지낼 때 쓰는 지방紙榜의 현고顯考에서 쓰임을 찾을 수 있습니다. 현고의 현顯은 나타나다는 뜻이기도 하지만 밝고 높은 뜻도 가져 존칭, 존경의 의미로 붙인 글자이고, 고考는 아버지, 어르신을 뜻합니다. 그래서 현고顯考는 어르신의 존칭으로 쓴 말입니다. 뜻은 다르지만 비슷하게 생긴 글자 중 효도 효孝가 있습니다. 글자의 윗 부분인 '耂'는 나이 많은 노인을 뜻하고 그 밑에 몸이 굽어 필요한 지팡이匕 대신 아들 자子를 넣어 자식이 노인을 잘 봉양하는 뜻을 가진 효孝가 된 것입니다. 지리산을 오르면서 운해가 멋지다는 지리산 3대 주봉 노고단이 있습니다. 노고단老姑壇으로 쓰는데 '늙은 할머니를 모시는 제단'이란 뜻으로 천왕봉 근처에서 산제山祭를 올리던

할미당이 있었는데 고려시대에 들어서 한자어인 노고단老姑壇으로 불렀다고 합니다. 이렇게 늙을 로는 앞에 붙어 '나이'가 많거나 '시간'이 오래된 뜻을 가집니다. 노년老年과 노인老人을 포함해 노견老犬, 노계老鷄 등에서 찾을 수 있고 오랜 경험이 쌓여 익숙한 노련老鍊, 나이가 많지만 아직 결혼하지 않은 노총각老總角, 노처녀老處女에도 쓰지요. 또한 '노후'라는 말에도 쓰는데 두 가지 뜻이 있다고 했습니다. 나이가 든 후의 삶을 뜻해 '노후 준비'에는 노후老後를 쓰고, 물건이나 시설이 오래되고 낡아 '노후한 설비'에는 노후老朽를 쓴다고 앞 장에서 설명드렸습니다. 사람도 물건도 세월이 지나면 아프거나 망가져 못 쓰게 되는 건 피할 수 없는 현상입니다.

한편 예기禮記에 '親戚故舊(친척고구) 老少異粮(노소이량)'이라는 말이 나옵니다. 친척이나 오랜 벗을 대접함에 있어서는 늙은 사람과 젊은 사람의 음식을 달리한다는 뜻인데 장유유서長幼有序와는 조금 달라, 나이든 사람은 소화력이 떨어지니 음식을 대접할 때 좀 더 신경 써야 한다는 의미입니다. 그럼 옛날 사람들이 말하는 노老의 기준은 몇 살부터였을까요? 7세기경에 쓰인 역사책 진서晉書의 식화지食貨志에서 인구를 연령을 기준으로 나누고 해야 할 일에 대해 정리했는데 '十二以下 六十六以上 爲老少 不事'라 하여 12세 이하는 아동으로 구분했고, 66세 이상은 노인으로 구분하여 불사不事, 즉 일을 하지 않는다고 정해 놓은 기록이 있습니다. 그런데 노인은 원래부터 노인이 아니었습니다. 12살이 넘어 50년 넘게 일을 하고 나서야 노인이 되어 쉴 수 있던 것이지요.

　나이 든 사람에 대한 편견이나, 나이로 차별을 두고 노화를 혐오하는 사회적 현상을 에이지즘Ageism이라고 합니다. '연령주의年齡主義' 혹은 '연령 차별주의'라고도 하는데 이런 편견이 생겨난 이유는 첫 번째, (아닌 경우도 많지만) 노년기에 접어들면 생각이 자기중심적으로 닫혀가기 때문입니다. 이는 위에서 공자가 말했던 종심소욕從心所欲, 내 마음 내 뜻대로 한다는 말과 통하여, 풍부한 경험과 생각을 기준으로 판단하고 이해하려는 노년층의 일반적인 성향 중 하나입니다. 두 번째는 노인층의 사회적 기여도가 현저히 낮아지기 때문입니다. 노년층 지하철 무임승차에 대한 갈등에서 찾을 수 있는데, 고령화高齡化 사회로 접어들며 노인 인구가 급증함에 따라 사회적 이슈로 대두되고 있습니다. 이런 두 가지 이유로 에이지즘이 우리 사회에 퍼지기 시작했습니다. 세대 간의 차이差異를 인정하고 수용하며 서로 존중하는 자세가 반드시 필요한 시점입니다. 위에서 설명했듯이 노老는 결코 부정적인 뜻이 아닙니다. 누구나 겪을 인생의 과정 중 하나일 뿐인데 노땅老땅이란 표현을 거쳐 고인 물의 의미를 갖고, 이젠 노인老人이란 말도 기피하여 실버, 혹은 시니어라는 말로 바뀌고 있습니다. 그래도 우리말 '어르신'은 노인 또는 할아버지보다 격식 있고 존중하는 의미가 담긴 것 같아 요즘 많이 쓰이고 있지요. 노년층 스스로 '나이 듦'을 부정하고 '젊음'에 대한 막연한 동경을 갖는 것도 바람직하지 않습니다. '내 마음은 아직 젊은데…'라는 의식은 노화를 이질적으로 받아들이게 되기 때문입니다. 여러 각도에서 생각할 수 있는 내용이지만 젊음과 나이 듦에 대한 작품이 있습니다. 영화로도 제작된 박범신의 소설 《은교》에서 주인공 이적요는 열일곱 살 한은교의 젊음과 관능에 매혹 당한 시인입니다. 이적요에게 성숙하지 않은 여성의 몸은 탐닉과 욕정의 대상입니다. 하지만 그럴수록 병든 몸과 대비되어 비참함만 더해집니다. 또한 이적요는 은교와 제자 서지우의 관계를 알게 되고, 서지우를 죽게 만듭니다. 스승을 존경하고 사랑한 제자 서지우의 속마음을 모르고 그를 죽게 만든 이적요에 대한 원망의 관점에서 책을 읽을 수도 있지만, 제 경우엔 자신에게 생기를 불어주는 젊은 여인을 서지우에게 빼앗긴 이적요의 입장을 좀 더 이해하며 읽었습니다. 70대 노인의 10대 소녀에 대한 갈망을 응원했기 보다는, 젊음과 늙음, 나이 듦에 대해 생각하며 스스로 나이가 들었음을 느낀 계기가 되기도 했습니다.

이렇게 노화는 무기력과 자연스럽게 연결되기도 하지만 모든 생명체는 늙음의 과정을 겪을 수밖에 없습니다. 감춘다고 젊어질 수 있는 게 아닌데 나이 듦을 숨기기 위해 애쓸 수밖에 없는 현실이 가슴 아픕니다. 그리고 지금의 나와 젊었던 시절의 나를 비교하며 지내는 처지가 참 어리석습니다.

좀 더 오래된 영화 한 편도 있는데 미국의 무기력한 중년의 삶을 엿볼 수 있었던 《아메리칸 뷰티American Beauty》입니다. 배꼽 위에 놓인 빨간 장미의 포스터와 화려한 장미로 가득한 영상 속에 나체로 누워 있는 여인이 꽃잎과 함께 내려오는 장면이 기억에 남는 영화이지요. 그 여인은 주인공 레스터의 딸 제인의 친구 안젤라입니다. 레스터는 금발의 미녀 안젤라를 보고 첫눈에 반하고 젊음의 욕정이 살아납니다. 회사를 그만두고 스포츠카를 사고, 마약을 하면서 사라졌던 열정과 자유를 만끽하며 다람쥐 쳇바퀴처럼 굴러가는 하루들 속에서 새로운 의미를 찾아갑니다. 사랑스런 숙녀였던 아내는 바람이 나고, 눈에 넣어도 아프지 않은 천사 같은 딸은 아빠를 증오합니다. 삶을 지탱해 준 회사는 보기 싫은 인간들로 가득해졌고 아무것도 남지 않았던 그때 찾아온 숨었던 젊음을 누리게 되죠. 물론 모든 장면은 실제가 아니고 주인공 레스터가 상상하는 욕망일 뿐입니다. 허무한 삶을 보여 주는 영화이기도 했지만 레스터의 마음을 대변해 주는 명대사가 있었습니다.

"Today is the first day of the rest of your life."
"오늘은 당신의 남은 인생의 첫 번째 날이다."

오스카 와일드는 이런 말을 남겼습니다.

"The tragedy of growing old is not that one is old but that one is young."

"나이 드는 게 비극적인 이유는 사실은 우리가 젊기 때문이다."

나이가 드는 것을 비극적으로 여기는 것은, 나이가 들고 나서야 비로소 젊음의 소중함을 깨닫고, 젊은 시절에 대한 안타까움과 후회가 남기 때문입니다. 젊음이 당연하게 여겨졌던 그때는 몰랐습니다. 그래서 지난 날이 아쉬워 지금 후회하고 있습니다. 그런데 '지금'을 또다시 젊었던 그날처럼 보낸다면 또 후회하는 날이 오겠지요. 《아메리칸 뷰티》에 나오는 대사가 그 답을 알려줍니다.

노老는 분명 쇠衰와 다릅니다. 노老는 '나이 듦'의 뜻으로 자연스럽고 당연한 과정일 뿐입니다. 그래서 우린 '나이 듦'과 친해질 필요가 있습니다. 내 것으로 받아들이고 이 순간이 제일 젊은 나이기에 '지금'을 살아야 하는 이유가 여기에 있습니다. 이제 쇠衰를 알아보러 떠나겠습니다.

늙으면 약해지는 것은 자연의 이치인가

약해진다는 뜻을 가진 쇠衰의 옛글자를 보면 나뭇가지 위에 우산처럼 생긴 걸 씌운 모양이었는데 우산이 없던 옛날, 풀을 엮어 만든 옷으로 비옷을 가리키는 글자였습니다. 지금의 자형에는 옷 의衣도 더해졌습니다. 시간이 지나 뜻을 더하기 위해 풀 초艹가 붙어 비옷을 뜻하는 도롱이 사蓑로 변했지만 쇠衰의 본래 뜻은 풀을 한 층 한 층 엮어 만든 옷을 뜻했습니다. 풀로 만든 옷은 시간이 지나며 풀이 하나씩 떨어져 나가 점차 줄기만 남았고, 그래서 쇠衰는 점점 약해져 떨어지고 없어지는 뜻을 갖게 된 것입니다. 그래서 뒤로 물러서는 뜻으로 물러날 퇴退와 만나 쇠퇴衰退에 쓰고, 떨어지는 뜻으로 떨어질 락落과 만나 쇠락衰落, 약해지는 뜻으로 약할 약과 만나 쇠약衰弱에 씁니다.

한편 예기禮記에 양로養老에 대해 정리한 문장에서 쇠衰가 등장합니다. 잠깐 소개하면 아래와 같습니다.

五十始衰

나이 오십이 되면 몸이 쇠해지기 시작하는데

六十非肉不飽

육십이 되면 고기 반찬을 먹지 않으면 먹어도 배부르지 않고

七十非帛不煖

칠십이 되면 비단 옷을 입지 않으면 따뜻하지 않다.

八十非人不煖

팔십이 되면 사람의 온기가 있어야 따뜻하고

九十雖得人不煖矣

구십이 되면 사람의 온기를 얻어도 따뜻하지 않다.

이 구절만 보면 참 많은 관점에서 다양한 생각을 가질 수 있습니다. 몸이 쇠하면 좋은 것만 먹어야 하고, 좋은 옷만 입어야 하고, 사람이 옆에서 시중을 들어야만 따뜻할 수 있는 노인의 쇠약함으로 읽는 사람도 있을 수 있습니다. 그런데 예기禮記는 유교 경전으로 글자 그대로 예禮에 대한 기록입니다. 그래서 위의 문장 다음엔 이런 말이 더해집니다.

"50세가 되면 집에서 지팡이를 쓸 수 있고, 60세가 되면 동네에 지팡이를 짚고 다닐 수 있으며, 70세가 되면 전국에 지팡이를 짚고 다닐 수 있고, 여든이 되면 지팡이를 짚고 조정에 나갈 수 있다. 그리고 아흔이 되면 황제가 물을 것이 있을 때 사람을 집으로 보내 조언을 구하고, 맛있는 음식을 가져다 주어야 했다." 이렇게 예기禮記에서는 나이 듦은 존경의 대상으로 양로養老에 대한 방법을 구체적으로 적었습니다. 50세는 되어야 집 안에서 지팡이를 쓸 수 있었는데, 집 밖에서는 쓰면 안 된다는 것은 60세에 어르신에 대한 예의였던 것이지요. 그 당시 나이 들고 쇠약해지는 것은 좀 더 존중을 받으며 누릴 수 있는 특권과도 같았습니다

한편 쇠衰는 슬플 애哀와도 많이 닮았습니다. 쇠衰의 가운데에 위치한 건 소 축丑이지만 입 구口에 일一을 더해 쓴 자형도 모두 인정됩니다. 슬플 애哀는 슬픔을 감추기 위해 입을 옷깃으로 막은 모습을 의미하는데 여기에 하나一의 슬픔이 더 더해지면 쇠할 쇠衰가 되는 구조이기도 합니다. 이렇게 쇠약해지고 노쇠해지는 것

은 슬프기까지 합니다. 쇠하여 약해진 뜻으로 쇠잔衰殘하다고 쓰기도 하는데 여기에 쓰인 잔殘은 '남을 잔'이라 부르는데 남겨진 나머지를 뜻합니다. 잔액殘額, 잔업殘業, 잔돈殘돈 등 자주 쓰는 글자인데 자형을 잘 보면 뼈앙상할 알歹이 있고 나머지 잔戔이 붙은 모양입니다. 잔殘은 원래 동물을 잡아 살을 발라내고, 뼈에 남은 나머지 살을 뜻하는 글자입니다. 뼈에 남은 살까지 다 긁어 먹어 잔인하다는 뜻으로 파생되어, 잔인殘忍, 잔혹殘酷, 동족상잔同族相殘의 비극悲劇에도 쓰고 있는 글자랍니다. 그래서 쇠잔衰殘이라고 함은 나이가 들어 약해지고 뼈만 남은 상태를 뜻하는 말입니다. 이렇게 부정적인 의미를 가진 쇠衰가 나이 듦을 뜻하는 로老와 만나서 노쇠老衰에 쓰이게 됩니다. 그리고 로老를 쇠衰와 동일하게 해석하게 되었고, 로老를 부정적인 의미로 확대시켰지만 결코 나이 듦은 부정적 의미와 거리가 멉니다.

로이스 로리의 소설 《The Giver》라는 책이 있습니다. 우리나라엔 《잃어버린 기억》, 그리고 《기억 전달자》라는 제목으로 출간되었지요. 물론 영화로도 제작되어 많은 사람들의 호응을 받은 책입니다. 책 속의 세상은 언제나 같음 상태(Sameness)입니다. 감정도 억제되어 다양한 느낌은 존재하지 않습니다. 물론 색깔이란 개념도 없습니다. 땅도 모두 평지로 높고 낮음의 개념도 없습니다. 서로 다른 것이 존재하지 않는 세상에서 유일하게 평범한 세상을 기억하고 있는 노인이 있는데 바로 기억 보유자입니다. 모든 역사와 다양성을 기억하고 있는 노인은 주인공 소년 '조너스'에게 기억을 전달하는 기억 전달자가 됩니다. 다양성이 무시된 '언제나 같음 상태'의 공동체 속에서 오직 '기억 전달자'만이 그 고통을 짊어지고 다음 사람에게 넘기는 이야기에서, 다양성이 필요한 현대 사회 속에서 반드시 필요한 노인의 경험과 지혜를 읽을 수 있습니다.

우리 뇌에서 죽음과 노화는 서로 연결되어 있습니다. 즉, 노화는 죽음으로 가는 길로 정의됩니다. 유럽에서는 1600년대에 공식 사망확인서를 작성하기 시작했는데 사망의 주된 원인을 노화로 간주해 기록했다고 합니다. 그러니 노화는 두렵고 슬프고 무서운 대상이 됐고, 지금은 늙어서 죽는 사람은 없지만 노화는 여전히 부정적 의미를 갖고 있습니다. 나이 듦에 대한 우리의 생각도, 사회의 시선도 바로 서야 하겠지요. 쇠衰는 슬픔哀에 주름 한 줄을 더 그은 글자로 약하고 부정적 수 있지만 로老의 진정한 의미는 고考에서 찾아야 합니다. 나이 듦은 지혜가 쌓이는 과정일 뿐이고, 지혜를 전달할 의무를 가집니다. 이제 죽음과 사라짐을 얘기할 시간입니다.

三十而立　四十而不惑

삼 십 이 립　사 십 이 불 혹

三十而立　四十而不惑

五十而知天命　六十而耳順

오 십 이 지 천 명　육 십 이 이 순

五十而知天命　六十而耳順

七十而從心所欲　不踰矩

칠 십 이 종 심 소 욕　불 유 구

七十而從心所欲　不踰矩

(나는) 서른 살에 홀로 설 수 있었으며, 마흔 살에 밖의 미혹에
빠지지 않았고, 쉰 살에 사람이 할 수 없는 천명을 알았으며,
예순 살에 어떤 말이든 잘 대처할 수 있었다.
그리고 일흔 살에는 마음의 뜻을 좇았으나 법도를 넘지는 않았다.

사라지는 것들에
대하여

死·滅

安時而處順 哀樂不能入也

안시이처순 애락불능입야

장자莊子의 양생주養生主편에 나오는 문장입니다. 해석하면 이렇습니다.

"시간의 흐름에 따라 변하고, 자연의 변화에 순응하는 것인데 슬픔과 기쁨 같은 감정이 있을 수 없다."

여기서 장자는 죽음을 '安時而處順(안시이처순)'이라 하며 때를 알고 자연에 순응해 돌아가는 것이라고 말하고 있습니다. 이 말을 좀 더 이해하기 위해서 장자의 이야기를 잠깐 살펴볼 필요가 있습니다. 이야기는 노자가 세상을 떠나 친구가 찾아와 조문하는 광경을 보여줍니다.

노자老子가 세상을 떠났을 때, 그의 친구였던 진이秦佚가 조문을 하러 왔습니다. 그런데 그가 세 번만 울고 돌아가 모두가 놀랐습니다. 진이는 노자에게 있어 가장 친한 친구였기 때문입니다. 모두가 가슴 아프게 울 것이라고 생각했지만, 그는 몇 번 형식적으로 울었을 뿐입니다. 그래서 진이의 제자들이 그에게 물었습니다. "선생님은 당신의 친구가 아니십니까?" 진이가 대답했습니다. "그렇다." 그러자 제자들이 물었습니다. "선생님의 친한 친구인데, 이런 식으로 친구를 애도하는 것이 맞는 것입니까?” 그러자 진이가 말했습니다.

“나는 처음에 노자가 성인이라고 생각했는데, 지금은 아닌 것 같다. 방금 내가 조문을 하러 들어갔는데, 나이 든 사람들은 마치 자신의 아들이 죽은 것처럼 울고 있었고, 젊은 사람들은 마치 자신의 어머니가 죽은 것처럼 울고 있었다. 이렇게 많은 사람들이 슬픔에 잠겨 우는데 그들 중에는 필요도 없이 그렇게 울면서 슬퍼하는 사람들이 있었기 때문이다. 울고 있던 사람들은 자연의 순리를 피하고, 진실을 저버리며, 옛사람의 가르침을 모르는 것이다. 옛말에 자연의 순리를 피하면 벌을 받는다고 했다. 노자는 이 세상에 와야 했을 때, 때에 맞추어 온 것이고, 가야 했을 때 변화에 순응하며 간 것뿐이다. 사람은 시간의 흐름에 따라 변하고, 자연의 변화에 순응하는 것일 뿐, 슬픔이나 기쁨 같은 감정은 거기에 있을 수가 없다. 이렇게 순응하여 가는 사람을 두고 옛사람들은 ‘하늘이 그를 구원한 것이다’ 라고 말했다.”

이야기 속에서 노자의 친구 진이가 노자를 성인으로 인정하지 않은 이유는, 통곡하며 우는 그 사람들은 분명 노자와 가까운 사이였을 텐데, 자연의 순리를 모르고 슬피 운다는 것은 노자가 제대로 가르치지 않았기 때문이었습니다. 노자가 책임을 다하지 않았기 때문에 경지에 오른 완벽한 사람至人이라고 할 수 없다는 뜻입니다. 장자 속에 나오는 이야기입니다. 이렇게 장자는 노자의 친구 진이의 말을 통해 죽음은 시간의 흐름에 따라 사람이 변하여, 자연에 순응한 것이라고 말하고 있습니다. 이야기 하나를 더 보면 장자가 생각하는 죽음을 좀 더 깊게 알 수 있습니다. 이번엔 장자 자신의 이야기입니다.

莊子妻死 惠子弔之 莊子則方箕踞鼓盆而歌

장자처사 혜자조지 장자즉방기거고분이가

장자의 아내가 죽자 장자의 친구 혜자惠子가 조문을 하러 갔습니다. 그런데 장자가 다리를 벌리고 땅에 앉아 옹기를 두드리며 노래를 부르고 있었습니다. 그러자 혜자가 말했습니다. "오랫동안 함께 살았고, 당신을 위해 아이를 낳아 주고, 늙어 세상을 떠났는데, 울지 않는 것은 그렇다 쳐도 옹기를 두드리며 노래까지 하는 것은 너무하지 않은가?"

장자가 대답했습니다.

"처음 아내가 세상을 떠났을 때 내가 어찌 슬퍼 아프지 않았겠는가? 하지만 생각해 보면 생명은 무無에서 비롯된 것 일세. 처음부터 생명은 없었고, 형체도 없었고 또한 기운氣조차 없었네. 황홀함 속에서 정령氣이 생겨 형체를 낳았고, 형체는 생명이 되어 세상을 살다가 이제 죽음으로 돌아간 것일 뿐이네. 마치 봄 여름 가을 겨울이 서로 돌아가는 것처럼 말이지. 아내는 이미 저 쪽 큰 집에서 편히 쉬고 있는데 내가 계속 운다면 천명을 모르는 것이라 여겨져 울음을 그쳤던 이유일세…"

장자도 아내의 죽음에 처음엔 슬펐고 아팠습니다. 그런데 세상에 태어난 것도, 다시 돌아가는 것도 자연의 순리라는 걸 깨닫습니다. 이미 저곳에 편히 쉬고 있는 아내의 모습을 봤을 겁니다. 그리고 울음을 그치고 옹기를 두드리며 아내의 편안함에 노래를 했습니다. 공자를 포함한 유가에서는 죽음을 깊이 다루지 않았지만 장자는 모두 죽기 마련이고, 아주 짧은 인생을 살고 무궁한 시간 속으로 다시 돌아가는 죽음은 자연과 하나되는 것이라고 생각하지요. 일찍 죽어도 좋고, 오래 살아도 좋고, 태어나도 좋고, 죽는 것도 좋은 것이라는 게 삶과 죽음, 사멸에 대한 장자의 사상입니다.

생生과 산産으로 시작한 여행, 어느덧 종착역이 다가옵니다. 모든 것의 끝이라는 사멸, 이번 여행은 죽음死과 소멸滅에 대한 이야기입니다. 과연 죽음은 나쁜 것일까요? 한번쯤은 반드시 생각해보아야 할 문제, 사멸에 대해 알아볼 시간입니다.

입에 올리기도 조심스러운 단어, 죽음

대부분의 사람들이 꺼리는 글자, 죽을 사死를 잘 보면 앞에서 설명했던 잔殘에 들어 있는 뼈앙상할 알歺이 보입니다. 이건 상형자로 갑골문에서는 머리 부분은 깨진 모양이고, 아래는 속이 빈 몸통으로 죽은 사람을 그렸습니다. 그리고 옆에 비수 비匕가 붙었는데 이건 옆에 꿇어 앉은 사람입니다. 그리고 시간이 흘러 지금의 자형으로 남았는데, 죽은 사람 옆에서 슬퍼하는 사람을 본뜬 글자가 바로 죽을 사死입니다. 다른 죽음을 뜻하는 글자들과 다른 점은 죽음이 있는 현장의 슬픈 모습을 담고 있다는 점입니다.

죽음을 뜻하는 다른 글자들도 있는데 많은 글자들이 간접적인 뜻으로 사용됩니다. 예를 들면 빠질 몰沒은 물水과 소용돌이를 뜻하는 '勹' 그리고 손을 뜻하는 우又가 합쳐졌는데 이건 원래 사람이 물에 빠져 사라지는 뜻을 가졌습니다. 빠진다는 뜻은 무엇에 집중하는 '몰입沒入', 물 속으로 가라앉는 침몰沈沒 등의 단어에 남아 있고, 없어진다는 뜻은 일몰日沒, 출몰出沒에서 찾을 수 있습니다. 이 글자는 후대에 뼈앙상할 알을 붙은 죽을 몰歿이 따로 만들어졌고 그리고 이 세상에서 사라지는 뜻으로 죽음을 뜻하여 태어나고 죽은 때를 뜻하는 생몰년生歿年 등에 쓰고 있습니다. 한편 붕괴崩壞에 쓰는 무너질 붕崩도 죽음의 뜻으로 사용되는데, 죽을 사死가 죽음의 가장 낮은 표현이라면 가장 높은 표현이 바로 붕崩입니다. '붕'은 죽음으로 인한 마음의 애통함을 비유한 말로 '천붕天崩'이라는 말은 '하늘이 무너지다'라는 뜻으로 부모나 왕(황제)이 죽는 것을 붕崩이라 했습니다. 특히 왕이나 황제의 죽음은 붕어崩御라 하여 사극 등에서 자주 접할 수 있지요. 제후의 죽음은 죽을 훙薨을 썼고, 다른 대부의 죽음은 마칠 졸卒을 썼는데, 졸은 원래 군복을 의미하는 뜻에서 군사, 병사卒兵가 되었고, 병사는 쉽게 죽어서 죽음의 뜻을 가졌습니다. 또한 세상을 끝마치는 뜻에서 마치고 끝내는 뜻으로 파생되어 졸업卒業에 쓰고 있습니다. 죽을 운殞이라는 글자도 있습니다. 이 글자는 '운명殞命 하셨습니다' 할 때 씁니다. 사람의 목숨이 끊어져 죽다는 뜻입니다. 혹자는 '운명을 달리하다' 라는 말을 쓰기도 하는데 잘못된 말로, '유명幽明을 달리하다'와 헷갈려서 그랬을 겁니다. 유명幽明은 저승의 어둠을 뜻하는 그윽할 유幽와 이승을 밝음을 뜻하는 밝을 명明을 합친 말로 '유와 명'을 달리했다는 것은 밝음에서 어둠으로 바뀌었다는 의미로 죽음을 뜻하는 표현이 됐지요. 한편 갈 서逝도 죽음을 뜻합니다. 형성자이긴 하지만 꺾을 절折에 쉬엄쉬엄갈 착辵,辶이 붙어 죽어 저승으로 가는 뜻으로 해석이 가능한 글자입니다. 그래서 세상을 떠나는 뜻의 서거逝去 등에 씁니다. 그리고 마칠 종終은 실 사絲에 마지막, 끝을 뜻하는 겨울 동冬이 붙어 끝맺음, 생의 마감하는 의미도 가집니다. 그래서 임종臨終에 쓰고 있습니다.

죽을 사死를 피해 참 많은 글자들을 가져다 죽음을 표현했듯이, 단어로는 더 많은 예가 있습니다. 직접적 표현인 사망死亡을 제외하고 대부분은 죽음을 다른 표현으로 비유했는데 죽을 사死를 쓰지 않고 뜻을 나타냈습니다.

우리가 있는 이 세상을 세世라고 합니다. 나뭇가지에 붙은 잎사

귀를 본떠 만든 상형자로 잎이 떨어지고 생기는 시간을 포함한 반복의 뜻에서 세대世代와 같이 인간의 시간적 세상을 뜻하는 글자입니다. '여기', 즉 이승을 뜻합니다. 그래서 이별할 별別을 붙여 별세別世, 버릴 기棄를 붙여 기세棄世, 아래 하下를 써서 하세下世라 하여 모두 이 세상을 떠남의 의미로 죽음을 뜻합니다. 한편 지경 계라고 하는 계界는 어떤 지역에서 '끝'을 뜻하는 말로, 공간적 의미를 포함한 '둘레', '선線'입니다. 그래서 계界를 넘으면 다른 세상이 되지요. 그래서 타계他界라 하면 저쪽 세상이 되어 이 또한 죽음을 뜻하는 말입니다. 한편 죽은 사람을 높여 부르는 말로 고인故人이 있습니다. 여기서 고故는 원래 이유와 원인을 뜻하여 사물의 '처음', '본질'을 의미합니다. 그래서 고향故鄕이라고 하면 원래 살던 곳이고, 연고緣故라고 하면 혈통 등으로 이어진 관계를 뜻하지요. 그런데 죽음이나 재앙의 뜻으로도 쓰였는데 변고變故, 사고事故 등에서 그 뜻을 찾을 수 있습니다. 그래서 고인故人이 죽은 사람의 뜻이 되었고 '작고作故하다' 고인이 된다는 뜻으로 죽음을 나타내는 표현입니다. 천상병 시인은 삶을 소풍에 비유했습니다. 소풍은 거닐 소逍와 바람 풍風을 쓰는데 한가히 거닐며 바람을 쐬는 뜻이지요. 그리고 소풍을 끝내고 돌아가는 것을 귀천歸天이라 하여 하늘로 돌아간다고 했습니다. 새벽 이슬로 시작해, 노을 구름을 거쳐, 소풍을 끝내고 돌아가는 귀천, 짧은 시로 자신의 길지 않은 인생을 담아냈습니다. 고문으로 고생하고, 술에 취해 지냈던 힘든 상황에서 천상병 시인이 쓴 시, 바로 귀천歸天이 죽음을 뜻하는 말입니다. 별세別世, 서거逝去나 타계他界 등의 단어가 여기를 기준으로 한다면, 귀천歸天은 저기서 시작해 마치 집으로, 고향으로 돌아가는 평온한 의미를 가집니다. 네, 죽음은 평온할 수 있습니다. 그래서 눈을 감는 죽음은 잠으로도 비유됩니다. 영원히 잠든 뜻으로 영면永眠, 그리고 앞 장에서 소개했던 아주 깊은 잠 잠매潛寐도 죽음을 뜻하지요. 아까 임금의 죽음을 붕이라 했지요. 붕어崩御와 같은 의미로 승하昇遐가 있습니다. 오를 승과 멀 하가 더해져 다른 세상으로 멀리 올라간다는 뜻입니다. 오를 등登을 써서 등하登遐라고도 합니다. 정말 많은 죽음을 뜻하는 단어가 있는데 종교에서 쓰는 말도 알면 쓸 데가 많습니다. 불교에서는 다양한 비유적 표현을 쓰는데 입적入寂이 대표적인 예이죠. 우선 적멸寂滅이란 말을 알 필요가 있습니다. 불교에서 적멸寂滅은 산스크리트어 '니르바나Nirvana'의 번역어로, 번뇌와 욕망의 불이 꺼진 절대적인 고요함, 평화의 경지를 뜻하는 말입니다. 사라질 멸滅을 썼지만 죽어서 육신이 사라지는 의미가 아니라, 번뇌가 사라진 경지를 뜻합니다. 열반涅槃과 같은 뜻으로 '열반涅槃에 들다' 하면 입적入寂했다는 뜻입니다. 그래서 입적은 시끄러운 이 세상을 떠나 고요한 해탈의 경지로 들어갔음을 뜻해서 들 입入을 써서 입적입니다. 그리고 들 입入 대신 돌아갈 귀歸를 쓰기도 하는데 그러면 귀적歸寂이 됩니다. 모두 죽음을 의미합니다. 기독교에서는 죽음을 소천이라고 하지요. 부를 소召, 하늘 천天을 써서 소천召天인데 바로 하늘의 부르심을 뜻하는 말입니다. 천주교에서는 선종이란 말을 씁니다. 착할 선善과 마칠 종終으로 글자 뜻대로 풀면 착하게 마쳤다는 뜻인데, 죄의 사함을 받고 평온하게 생을 마쳤다는 의미입니다.

이렇게 많은 글자와 단어가 탄생한 것은 신분의 고하에 따른 존중의 이유도 있겠지만, 죽음은 피해야 하는 것이라는 생각이 많이 반영되어 있습니다. 이런 문화는 아직도 남아 사四가 사死와 같은 발음인 이유로 쓰지 않거나 F(Four)로 대신하고 있는데 이런 문화를 사자금기四字禁忌 현상이라고 합니다. 한자 문화권에서 숫자 4에 대한 미신 때문에 4를 두려워하거나 불길하게 여겨, 일상에서도 쓰기 꺼려하는 문화 현상입니다. 과거에는 평균 수명도 짧았고 병에 걸리면 요절하는 경우도 많아 죽음에 매우 민감했습니다. 아파트에서, 군대에서, 그리고 병원에서 쉽게 볼 수 있는 이런 현상은 우리나라뿐만 아니라 중국, 일본, 베트남 등 여러 나라를 포함해, 다양한 인종, 다양한 나라 출신이 살고 있는 미국에서도 찾을 수 있습니다. 생각이 변하기까지는 많은 시간이 필요하겠지요. 그만큼 우리가 죽음을 두려워하며 살고 있다는 증거입니다. 죽을 사死와 비슷한 뜻으로 쓰이는 사라질 멸滅은 과연 구체적으로 어떤 의미일까요? 이젠 멸滅을 알아볼 시간입니다.

한 존재의 사라짐

멸滅이 왜 사라지는 뜻을 가졌는지 알기 위해서는 역시 글자를 이루는 요소들을 파헤쳐 보아야 합니다. 멸滅의 옛 글자는 물 수水가 없는 멸烕의 형태였는데 갑골문에서는 불火 옆에 도끼를 뜻하는 월戉이 있는 모양이었습니다. 불도, 도끼도 군사들이 싸울 때 필요한 무기의 상징으로 '멸'은 무엇을 없애는 뜻을 가진 글자입니다. 그리고 시간이 지나 월戉은 술戌로 변했고 불火은 안으로 들어가며 멸烕의 모양으로 되었다가 공자가 살던 시기인 춘추시대부터 물 수水가 더해져 지금의 멸滅로 굳어졌습니다. 물은 집이나 밭을 삼키며 죽음을 부를 수도 있지만 불을 끌 수도 있지요. 이렇게 멸滅에는 물도, 불도, 그리고 무기(도끼)도 있어서 없애고 죽일 수 있는 요소들로 구성된 글자이죠. 그래서 '사라짐'의 뜻을 갖게 되었습니다. 한편 중국의 간화자簡化字는 중앙의 불 화火와 한 일一만 꺼내서 만든 '灭'의 모양인데 마치 뚜껑을 덮어 불을 끄는 모습을 본뜬 회의자로 뜻을 외우기 쉽습니다.

많은 글자들과 만나 단어를 이룹니다. 없어진다는 대표적인 뜻으로 소멸消滅, 멸망滅亡 등이 있고, 없앤다는 뜻으로 멸균滅菌, 박멸撲滅 등이 있습니다. 한편 증거를 인멸湮滅하다 할 때에도 사라질 멸滅을 쓰는데 앞에 쓰인 인湮은 물속으로 잠기는 뜻을 가져 '인멸'은 물속으로 감추어 없애는 뜻입니다. 또한 전구가 깜빡이는, 불이 짧은 시간마다 반복해서 꺼졌다 켜지는 점멸點滅에도 씁니다. 끊기지 않고 계속 이어진 실선實線이 아닌, 사이가 비어 있는 점과 점으로 이루어진 점선點線의 의미를 가진 점멸點滅로 반복적으로 사라지는 뜻을 가져 깜빡임을 뜻합니다. 발음도 비슷하고 뜻도 비슷한 단어가 있는데 바로 괴멸壞滅과 궤멸潰滅입니다. 모두 사라질 멸滅을 쓰는데 붕괴崩壞에 쓰인 무너질 괴壞와 만난 괴멸壞滅은 조직이나 체계 등이 파괴되어 멸망하는 뜻이고, 궤양潰瘍에 쓰는 무너질 궤潰와 만난 궤멸潰滅은 무너지거나 흩어져 없어지는 뜻이라고 국립국어원은 설명하고 있습니다. 거의 비슷한 뜻으로 설명해서 쉽게 이해하기 어렵지만, 혹시 한자로 풀어 보면 뜻을 알 수 있지 않을까요? 우선 무너질 괴壞에는 흙 토土가 보입니다. 옆에는 품을 회懷가 붙어 괴壞가 되었는데 흙으로 만든 건축물이 무너지거나, 건축물을 무너뜨리는 뜻을 가집니다. 〈한비자〉에서는 "天雨墻壞(천우장괴)"라 하며 큰 비로 '담장이 무너졌다'는 표현으로 썼고, 〈시경〉에서는 "譬彼壞木(비피괴목)"이라 하여 자신의 마음이 저 '병들어 죽은' 나무와 같다며 쓴 용례가 있는 걸로 보아 '괴壞'가 가진 뜻은 좀 부정적인 성질이나 상태를 의미합니다. 그리고 무너질 궤潰에는 물 수水가 보입니다. 옆에는 귀할 귀貴가 붙어 소리를 내는데, 설문해자說文解字에서는 누수漏水, 물이 새는 것이라고 설명합니다. 사마천의 〈사기〉 항우본기項羽本紀편에 "直夜潰圍南出馳走(직야궤위남출치주)"이라는 문장이 나오는데, 여기서 궤潰는 뚫는다는 뜻을 가져 '포위망을 뚫고 밤에 남쪽으로 도망쳤다'는 뜻이 됩니다. 이렇게 궤潰는 물이 새는 뜻에서 뚫는 뜻이었는데 도망친 의미가 패배로 파생되어 무너지는 뜻을 갖게 된 겁니다. 원래 '누수漏水'의 뜻을 가졌던 궤潰는 그래서 궤양潰瘍에 쓰는데, '궤'는 피부 등이 뚫리는 상태를 일컬어 쓴 글자이지요. 이렇게 놓고 보면 괴멸壞滅은 '건물처럼' 단단했던 조직이나 시스템이 무너지는 뜻이고, 궤멸潰滅은 '물이 새는 것처럼' 점차 시간을 두고 무너지는 뜻이라고 할 수 있습니다.

멸滅이 쓰인 다양한 단어를 봤지만 결국 '멸'은 없어지고 사라지는 뜻입니다. 그럼 사멸死滅을 볼까요? 사멸의 사전적 의미는 '죽어 없어지는 것'입니다. '죽을 사'가 가진 의미가 단순한 '죽음', 특히 숨이 멈춘 육체적 죽음을 뜻한다면, 사라질 멸滅은 생명 뿐만 아니라 남은 주검도, 그리고 영혼과 죽은 사람에 대한 기억도 사라지는 의미를 내포합니다. 즉, 사멸死滅이 죽어 없어지는 것이라면 사死는 멸滅이 되기 전까지의 상태인 것입니다. 세상에 이름을 남겼다면 죽었어도死 완전하게 사라진 것滅은 아닙니다. 그 이름이 계속 이어져 누군가에게 기억된다면 불멸不滅이 되는 것이 아닐까요?

사람은 두 번 죽는다는 말이 있습니다. 첫 번째는 생물학적으로 숨이 멎었을 때의 육체적 죽음이고, 두 번째는 그의 죽음을 기억하는 마지막 사람이 죽었을 때라고 합니다. 즉 그를 기억하는 사람이 이 세상에 더 이상 존재하지 않을 때, 그 사람은 사멸, 잊혀지게 되는 것입니다. 그래서 사멸死滅은 죽어 없어지는 것이라는 짧은 해석보다 나에 대한 기억마저 세상에서 사라지는 상태라고 말하고 싶습니다. 또한 죽음은 예로부터 슬픈 것이지만 무서운 것은 아니었습니다. 옛날엔 혼례도 집에서 치렀던 것처럼 장례도 집에서 집례했기 때문에 자주 접할 수 있는 광경이었습니다. 죽음은 병원이 생긴 후부터 입원과 임종, 그리고 장례까지 일상생활에서는 보이지 않는 곳에서 치러지는 이유로, 죽음과의 친밀함은 멀어졌습니다. 그렇게 죽음은 무서움과 불길함의 대상이 되었고 우리나라의 죽음 문화는 아직 성숙하지 못한 단계에 머물러 있지요. 집 값 떨어진다고 삼풍 백화점 사고지점에 위령비 하나 세우지 못했으니까요. 홍콩이나 미국처럼 추모공원과 공동묘지가 잘 조성돼 생활 속에서 자연스럽게 죽음을 접할 수 있지 못한 게 현실입니다. 그래서 죽음은 점점 멀어지고 기피할 대상이 됩니다. 정말 못사는 나라로 유명한 부탄은 행복을 최우선으로 삼는 국가로도 유명합니다. 지금은 SNS의 유입으로 다양한 환경과 삶을 '비교'하고, 빈곤을 '인식'하게 되어 다소 떨어진 행복지수를 보이긴 합니다. 그래도 우리와 큰 차이가 있는 그들 만이 가진 교육적 특징이 있는데 바로 '죽음'에 대한 교육입니다. 부탄 사람들은 자신들이 필멸의 존재라는 것을 어릴 때부터 배운다고 합니다. 미탁파Mitakpa라고 부르는데, Mi는 '아니다', Takpa는 '영원'의 뜻으로, 영속하는 것은 없으며, 따라서 영원히 붙잡을 수 있는 것도 없다는 '무상(無常, Impermanence)'의 의미를 배웁니다. 변하는 것을 붙잡으려는 노력은, 언젠가는 결국 고통으로 끝나는 것을 알기에 '필멸의 존재'라는 것을 깨닫게 되면 더 행복한 삶을 이룰 수 있다고 그들은 말합니다. 죽음이 다가오고 있다는 것, 땅 끝의 절벽이 가까워지고 있다는 것을 하루하루 깨달으며 산다면 이 세상 모든 것이 달라 보이겠지요. 지금 이 순간을 더 소중하게 보낼 수 있고, 내 주변 모든 사람을 자비로 대할 수 있을 겁니다. 죽음은 피할 것이 아니라 자연의 순리라는 받아들임을 깨닫는다면 당하는 죽음이 아니라, 맞이하는 죽음을 준비할 수 있을 겁니다. 이번 여행에서 죽음과 소멸을 알아봤습니다. 이제 마지막 여행을 떠날 시간입니다. 바로 종終과 결結입니다.

安時而處順

안 시 이 처 순

安時而處順

哀樂不能入也

애 락 불 능 입 야

哀樂不能入也

시간의 흐름에 따라 변하고, 자연의 변화에 순응하는 것인데
슬픔과 기쁨 같은 감정이 있을 수 없다.

가장 아름다운
마무리

終·結

合抱之木 生於毫末, 九層之臺 起於累土, 千里之行 始於足下.

합포지목 생어호말, 구층지대 기어루토, 천리지행 시어족하.

民之從事 賞於幾成而敗之 愼終如始 則無敗事.

민지종사 상어기성이패지 신종여시 즉무패사.

한 아름의 큰 나무도 털끝 만한 싹에서 자라났고,
구층 누각 높은 대도 흙이 쌓여 올라간 것이며,
천리를 가는 것도 발 아래 한 걸음에서 시작한다.
사람들이 좇는 일은 항상 다 이루어질 것 같다가 실패하니,
시작할 때처럼 끝을 신중히 하면 실패할 일이 없다.

이제 끝맺음의 여행을 시작할 때입니다. 생을 건너 죽음을 지나고 마침표를 찍는 시간, 끝맺음에도 시작과 끝이 있습니다. 끝을 어떻게 잘 시작하고, 끝을 또 어떻게 잘 맺을지 생각하는 시간을 함께 나누려고 합니다.

노자의 도덕경에서 일부를 추렸습니다. 편안할 때 위태함을 미리 준비하면 지키기 쉽고, 처음과 같은 마음으로 끝까지 신중하면 실패할 일이 없다는 내용으로 수미守微를 말하고 있습니다. '수미'는 작은 것을 지킨다는 뜻으로 여기에 쓰인 미微는 미세하게 작고, 미묘한 뜻을 가진 글자예요. 다소 복잡해 보이지만 갑골문에

서도 등장합니다. 손에 막대를 쥐고 때리는 뜻을 가진 칠 복攵이 있고 왼쪽에는 머리카락이 긴 사람을 나타낸 모양이 있습니다. 옛 글자를 풀면 머리카락을 쳐서 더 작고 가늘어진다는 뜻으로 작을 미微가 되었고, 작아서 보이지 않아 뚜렷하게 알 수 없는 미묘微妙의 뜻도 함께 가집니다. 노자는 여기서 작은 것을 지켜야 한다고 말하며 아무리 큰 나무라도 작은 새싹이 큰 것이고, 높은 건물도 한 줌의 흙이 모여 쌓인 것이고, 먼 길의 여행길도 지금의 한 걸음부터 시작한다고 말합니다. 그리고 많은 사람들이 일을 거의 완성시킬 무렵에, 작은 것 하나에 신중하지 못해서 일을 그르치는 경우가 많으니, 시작의 마음으로 끝까지 조심하면 실패할 일이 없다는 의미입니다. 100살 노인이 있다고 생각해 봅시다. 연로한 그도 쉰 살이 있었고, 스무 살 청년일 때도 있었습니다. 물론 다섯 살 아이였을 때도 있었지요. 1년씩, 아니 하루씩 모여 100년이 된 것입니다. 40킬로가 넘는 마라톤을 생각해 봅시다. 무턱대고 40킬로를 뛰겠다고 하면 엄두가 나질 않습니다. 1킬로를 열 번 달리고, 그렇게 네 번 뛰는 것으로, 한 걸음씩 쌓여 40킬로가 됩니다. 천 년을 살아낸 나무도, 켜켜이 쌓인 시간이 만든 것이고, 그 중간에 1년 혹은 하루만 빠졌어도 지금의 천 년이 되지 않았을 겁니다. 100살 노인의 오늘, 마라톤의 마지막 1킬로, 천 년 고목이 맞이한 지금은 마지막 완성을 위한 소중한 시간인 것입니다. 그래서 수미守微는 오늘, 지금을 마지막인 것처럼 살라는 뜻과 통합니다. 바로 메멘토 모리_{Memento mori}, "죽음을 기억하라"라는 뜻과 통합니다. 이 말이 생겨난 배경은 이렇습니다. 고대 로마 시절, 전쟁에서 승리한 장군은 네 마리의 말이 끄는 전차를 타고 승리의 개선식凱旋式을 여는데, 전차에는 가장 비천한 노예 한 명이 함께 탑승해 개선식이 끝날 때까지 "메멘토 모리"라는 말을 속삭였습니다. 아무리 전승한 위대한 전사도 불사不死의 신이 아닌 필멸必滅의 인간일 뿐이니 끝까지 겸손하고, 신중하라는 뜻이 담긴 장치였습니다. 메멘토 모리의 관점에서 노자의 말을 다시 돌아 보면, 거울을 보며 건강한 나의 모습을 과신할 수 없고, 지금 먹고 살만해서 타인을 무시할 수 없으며, 지금 오른 자리가 나만의 공이라고 여길 수 없을 겁니다. 또한 언젠가는 사라질 수 밖에 없는 존재임을 깨닫는다면 하루하루가 더 의미 있는 시간으로 채워지지 않을까요? 초심의 신중함보다 더 신중한 하루가 펼쳐져 아름다운 끝을 장식할 수 있을 겁니다. 마지막 여행, 종終과 결結을 시작합니다.

가을이 지나면 겨울이 온다

봄, 여름, 가을, 겨울이 한 번씩 지나면 1년이 됩니다. 그래서 계절季節의 변화는 시간의 흐름을 나타냅니다. 계절의 계季는 벼 화禾 밑에 아들 자子가 붙어 작은 볍씨를 뜻했던 글자로, 나이 어린 사람을 뜻했다가 형제 중 막내의 의미로 확장됐습니다. 그러면서 자연스럽게 기간其間의 끝을 가리키는 글자가 되었습니다. 그리고 1년 4계절 중 마지막 달을 의미를 가졌다가 계절의 이름 뒤에 붙어 춘계春季, 하계夏季 등으로 쓰입니다. 계季 우리말 '철'에 해당하여 춘계는 봄철, 하계는 여름철이 됩니다. 계절이 시간의 뜻으로 쓰인 예로 춘추春秋가 있는데 봄과 가을의 뜻이지만 1년의 뜻을 가지며 세월의 뜻도 함께 가집니다. 그래서 어르신의 나이를 '춘추'라고 높여 부릅니다. 왜 '하동夏冬'이라 부르지 않느냐고 궁금해 할 수도 있는데, 여러 설이 있지만 처음 한자가 생겼던 상나라 시기엔 계절을 표현하는 글자가 두 가지 밖에 없었습니다. 바로 봄春과 가을秋입니다. 아마 여름은 더운 봄이었을 것이고, 겨울은 쌀쌀한 가을이었겠지요. '춘'은 햇빛日을 받아 초목에서 새싹이 돋아나는 모습을 나타낸 글자이고, '추'는 가을에 우는 귀뚜라미, 혹은 벼에 붙은 메뚜기를 본뜬 글자입니다. 이렇게 봄 춘春과 가을 추秋는 글자에서 계절의 특성을 읽어낼 수 있지만 겨울 동冬과 여름 하夏에서 계절이 가진 뜻을 발견하긴 어렵습니다. 동冬과 하夏는 후대에 들어 겨울과 여름을 뜻하는 글자로 차용借用된 경우로, 특히 갑골문에서도 발견되는 겨울 동冬은 두 줄의 실 끝을 묶어 맺은 모양△이었습니다. 즉 '끝'을 의미했고, 겨울은 사계절의 끝이란 뜻에서 동冬을 가져다 겨울로 쓰게 된 것이지요. 그리고 끝을 뜻하는 글자가 필요해 실오라기 두 개가 묶였던 뜻을 더하기 위해 실 사絲를 붙여 마칠 종終이 탄생했습니다. 동冬은 마칠 종終의 옛글자였던 것입니다. 그 후로 동冬이 가졌던 '끝'의 뜻은 사라지고 매서운 추위만 남아 겨울을 넘기는 월동越冬 등에 쓰는데, 겨울을 무사히 넘겨야 다시 봄을 맞을 수 있던 그 당시 세한歲寒은 끝終과 다름이 없었을 것입니다. 그렇게 동冬은 마칠 종終에게 자리를 넘기고 '겨울'로 자리를 굳힙니다. 끝을 뜻하지만 새롭게 태어난 종終은 시공간을 초월한 끝의 의미를 가져 종점終點과 종말終末, 그리고 인생의 마지막을 맞이하는 임종臨終 등 다양하게 쓰입니다. '끝'의 의미는 '마치다, 끝내다'의 뜻으로 파생되었고 전쟁을 끝내는 종전終戰, 학업 등을 마치는 종업終業에 쓰지요. '끝날 때까지'의 뜻도 가져 죽을 때까지의 종신終身과 하루가 끝날 때까지의 종일終日처럼 변형되어 쓰이기도 합니다. 또한 어떤 일을 끝내는 의미로 '종지부'를 찍는다는 관용적 표현을 쓰는데 마칠 종終, 그칠 지止, 부호 부符인데 쉬운 우리말로 바꾸면 마침표가 됩니다. 예전에는 물음표는 의문부疑問符, 따옴표는 인용부引用符라고 불렀습니다. 종지부, 의문부라는 말보다 마침표, 물음표가 훨씬 더 자연스러운데 처음부터 그렇게 배웠기 때문일 것입니다. 같은 논리로 보면 지금 우리가 쓰는 말들 중 일부는 언젠가 생을 마치고 다른 말에게 자리를 넘기겠지요. 동冬이 종終이 된 것처럼 말입니다. 한편 마칠 종終은 비슷한 뜻을 가진 마칠 료了와 만나 종료終了가 됩니다. 마칠 료了는 아들 자子에서 가로획 하나가 빠진 모습인데, 원래는 포대기에 싸인 어린 아기를 본뜬 글자였습니다. 본래의 뜻은 사라지고 '끝'이라는 뜻만 남았는데 팔이 없어 아무 것도 못한다는 의미로 '끝'이란 뜻을 갖게 되었다는 설說도 있습니다. 종료終了라는 말은 일상생활 도중 많이 쓰고 있는데 '강제종료'도 있습니다. 컴퓨터 작업 중 정상적으로 실행되거나 제대로 종료되지 않을 때 전원 버튼을 꾹 눌러서 끝내거나 Ctrl+Alt+Delete키를 함께 눌러 끝내는 다양한 '강제종료'의 방식이 존재합니다. 예전 핸드폰의 경우엔 배터리를 분리해서 껐다가 다시 켜기도 했습니다. 이걸 Reset이라고 부르기도 하는데, 바로 초기화初期化입니다. 무엇인가를 처음 상태로 되돌리는 작업인데, 종료終了가 '끝'을 의미하는 반면, 강제종료强制終了는 '초기화'가 되어 '새롭게 시작'하는 의미도 함께 가지는 것을 보면 끝이 결코 영원한 마침이 아닐 수도 있다는 생각을 하게 합니다. 한편 료了가 붙어 끝이라는 뜻을 가진 단어들이 몇 개 생겨났는데 미묘한 차이가 있습니다. 방금 설명한 종료는 일반적인 끝을 의미하여 회의종료, 작업종료 등에 쓰입니다. 그런데 완료完了라고 하면 마침의 '정도'를 강조한 말로 임무완료任務完了 등에 쓰여, 완벽하게 끝냈다는 뜻이 됩니다. 한편 만료滿了라는 말은 '기간' 혹은 '기한'의 뜻을 포함하여 계약 만료, 유효기간 만료 등에 쓰고 있으니 다양한 끝맺음이 있는 걸 알 수 있습니다. 이렇게 같은 뜻을 가진 종終과 료了이지만 큰 차이가 있는데 시작의 유무입니다. 마칠 종終의 쓰임을 보면 반드시 시작이 있었습니다. 료了

는 '끝'이 강조된 글자이고, 종終은 두 줄을 묶는 뜻을 가졌던 동冬에서 시작한 것처럼, '시작始'이 존재하는 조건 아래에서 '마무리'의 뜻이 강조된 글자입니다. 출발한 시점始點이 있었기에 종점終點이 있고, 태초太初의 시작始作이 있었기에 종말終末도 있는 겁니다. 그래서 모든 일에는 시작과 끝이 있다는 뜻의 사유종시事有終始, 처음부터 끝까지 변함이 없다는 뜻의 시종일관始終一貫, 처음부터 끝까지의 과정을 뜻하는 자초지종自初至終처럼 시작을 알리는 시始 또는 처음을 알리는 초初와 함께 붙어 쓰이고 있습니다. 그래서 분명한 시작이 있던 우리 인생도 마지막은 료了가 아니라 종終인 것입니다. 愼終如始(신종여시)라고 했듯이 처음 시작한 마음으로 매듭을 묶는 종終의미를 잊어서는 안 될 것입니다. 이제 정말 묶고 맺는 뜻을 가진 결結을 알아보도록 하겠습니다.

어떻게 맺어야 할까

'맺을 결結'이라고 부르는 이 글자는 마칠 종終과 함께 실 사絲를 갖고 있으니 분명히 실로 묶는 뜻을 가졌겠지요? 옆에 길할 길吉이 붙었는데 형성자形聲字에서 '소리'를 나타내고 있습니다. 그런데 길吉만 따로 빼서 보면 이 글자는 갑골문에도 있던 아주 오래된 글자로, 무기를 보관함에 넣는 모양吉이었습니다. 있어야 할 곳에 바르게 잘 보관하는 뜻에서 좋다는 뜻의 길할 길吉이 된 것입니다. 또 하나의 해석은 무기를 보관함에 오래 잘 보관하고 있는 것이니 전쟁이 끝난 평화로운 상태를 가리켜 길할 길吉입니다. 어쨌든 결結에 쓰인 길吉을 소리로만 이해할 것이 아니라 뜻을 품은 소리로 이해하면 무기를 보관함에 넣고 실(끈)로 잘 묶은 뜻이 됩니다. 그래서 '끝'이란 뜻과 함께 '맺음'의 뜻을 갖게 되었습니다. 식물의 열매를 과실果實이라고 하지요? 과果는 나무 위에 달린 열매를 본뜬 글자이고, 실實 또한 돈을 뜻하는 조개를 꿴 뭉치貫가 집에 가득 있는 모습을 본뜬 글자로 열매를 뜻합니다. 그래서 열매를 맺는 게 결과結果이고, 결실結實입니다. 같은 뜻으로 출발했지만 결과는 특정 과정을 통해 얻어진 최종의 상태를 뜻하고, 결실은 좀 더 노력하여 얻어지는 좋은 성과를 뜻합니다. '그래서 결론이 뭐야?' 라고 많이들 쓰지요? 결론結論은 논論을 매듭짓는 뜻입니다. 그럼 논論은 무엇일까요? 말씀 언言에 생각할 륜侖이 만나 '논할 론'이 되었는데 륜侖은 책이 모여 쌓여 있는 모양을 본뜬 글자로 나의 주관적 생각, 즉 논리를 담아 말하는 것이 바로 논論입니다. 그래서 논리적으로 서술하는 것은 논술論述, 특정 주제에 대해 자신의 논리를 말하는 것은 논설論說이라고 합니다. 이런 용례로 보면 결론結論은 말이나 글의 맺음, 즉 논리적 귀결歸結이란 뜻인데, 결론이 저절로 바로 나오면 결론이 아닌 겁니다. 왜냐하면 논論은 논리로서 과정이 필요한 글자이기 때문이지요. 그래서 서론序論이 있고, 본론本論이 있어야 결론結論에 도달합니다. 과정의 이해 없이 결론結論만 궁금해한다면 노력 않고 결과와 결실을 바라는 것과 똑같습니다. 한편 기승전결起承轉結도 있습니다. 시작하고起 이어지고承, 바뀌고轉, 매듭을 짓는結 뜻인데, 우리 인생과 참 비슷합니다. 태어나고 배우고, 그리고 시련을 겪지만 결실을 맺는 것처럼 말입니다. 그런데 요즘은 결結이 많이 사라져가는 추세입니다. 시작, 전개, 전환이 어떻게 이루어지든지 간에 '결국結局' 결론은 항상 같다는 뜻으로, '결結'이 없는 '기승전'이 신조어로 탄생했습니다. 기승전 치킨, 기승전 운동, 기승전 연애 등 아무 말이나 붙여도 잘 어울리니 쓰기도 편합니다. 이를 달리 보면, 결과는 어떤 형태로든 다양하게 변할 수 있음을 말해주는 것일 수도 있습니다. 결론은 내가 어떻게 하는가에 따라 바꿀 수 있고, 정할 수 있다는 의미입니다. 시간과 노력이라는 과정이 들어갔다면 말이지요. 단결團結이라는 말에도 맺을 '결結'이 있습니다. 결집結集이라는 말에도 결이 보입니다. 결과와 결실에서 보았듯이 한마음 한뜻을 이루기 위해서도 시간과 노력이 필요한 법입니다. 이렇게 시간이 쌓여야만 맺음을 이룰 수 있는 게 결結입니다. 결혼結婚에도 결結보입니다. 결혼은 혼인婚姻의 관계를 맺는 것으로 끝이면서 또한 시작입니다. 그래서 마칠 종終이 시작의 마음을 끝까지 유지하는 것이라면, 맺을 결結은 종終의 자세로 맺음을 하고, 새롭게 시작하는 것입니다. 종과 결을 붙이면 종결終結이라는 끝이 되지만,

시작의 마음을 끝까지 유지하며 새롭게 시작한다면 새로운 종결을 만날 수도 있습니다. 물론 그 결과는 우리가 마음 먹은 대로 만들 수 있답니다.

이야기를 푸는 재주가 형편없어 어떻게 생각을 정리할까 전전 궁궁戰戰兢兢했습니다. 부족하고 미천한 지식과 경험이지만 생애生涯의 꼭지들을 시간의 흐름으로 다루며 독자 여러분들과 함께 여행하고 싶었습니다. 탄생을 시작으로 여러분과 함께 배움과 성장, 그리고 육체적인 마지막과 존재의 기억마저 사라지는 사멸死滅을 여행했습니다. 또한 지금은 끝을 시작으로 끝을 여행하고 있으니 끝이라는 것이 있는지도 모르겠습니다. 마치 호접지몽胡蝶之夢에서 방금 깬 것 같아서 이미 끝난 것인지, 아직 시작도 하지 않은 것인지… 물론 그게 중요하진 않을 것입니다. 이 책을 읽고 있는 당신은 저와 또 하나의 연을 맺었으니 이것을 결연結緣이라 합니다. 그리고 앞으로 유튜브에서 혹은 또 다른 책으로 만남은 연결連結되겠지요. 이렇게 마침과 맺음의 결結은 시작이 아닐 수 없습니다. 한편 맺음말을 결어結語라고 합니다. 이 장의 마지막을 통해 맺음말을 대신하고자 합니다. 법륜 스님의 이야기가 떠오릅니다.

우리 마음은 시시때때로 바뀌면서 남의 마음은 바뀌지 않고 일편단심이길 바랍니다. 바뀔 수밖에 없는 것이 바뀌지 않기를 바라는, 이루어질 수 없는 걸 바라는 마음이 바로 우리 마음입니다. 늙을 수밖에 없으면서 늙지 않기를 바라고, 병들 수밖에 없는 몸을 가졌는데 병들지 않기를 바라고, 죽을 수밖에 없는 몸을 가졌으면서 죽지 않기를 바랍니다. 이룰 수 없는 바람은 곧 본질적인 고苦가 될 수밖에 없습니다. 늙음, 병듦, 죽음이 고苦가 아닙니다. 죽음은 본래 없을 수도 있습니다. 봄이 되면 새싹이 돋고, 가을이면 낙엽이 지는 하나의 현상일 뿐이지요. 바다에 하얗게 부서지는 파도를 보면 생生이 있고 멸滅이 있습니다. 그런데 바다 전체를 보면 출렁거릴 뿐입니다. 그냥 바다의 출렁거림일 뿐인데 우리는 어느 한순간의 파도에 집착을 합니다. 생겨나고 사라지고, 태어나고 죽고 하지만, 생겨났다 할 것도, 사라졌다 할 것도 없는 것입니다.

뇌에서 쾌감을 느낄 때 분비되는 도파민의 양은 나이가 들면서 감소합니다. 그래서 어떤 일에 대한 자극이 약해져서 기억의 강도도 함께 약해집니다. 나이가 들며 예측 가능한 일상에 익숙해지고, 도파민의 감소로 새로운 경험을 했어도 강렬한 기억으로 남지 않습니다. 기억해야 할 일들이 줄어들기 때문에 시간이 더 빨리 지나가는 느낌을 받습니다. 그래서 뇌가 열린 아동兒童기의 1년은 머리가 긴 장년長年기의 1년과 다르고, 지팡이를 짚은 노년老年이 되면 1년은 더욱 짧게 느낄 수밖에 없습니다. 어쩌면 기억하는 시간의 비중이 달라서 그럴 수도 있습니다. 10살짜리 소년에게 1년은 겪은 인생의 10%이고, 50살 장년에게 1년은 지금까지의 인생에서 2%밖에 차지하지 않으니 나이 든 사람에게 1년은 상대적으로 짧은 시간일 수도 있겠지요. 어쨌든 남은 시간을 길게 사는 방법은 다양한 경험이 필수입니다. 육체적으로 오래 살기 위함이 아니라 심리적으로 오래 사는 방법인데 '경험에 대한 개방성'입니다. '이건 내가 아는 거야', '이건 내가 먹어본 거야' 등의 새로운 경험을 부정하는 태도나, '저 사람 말은 틀려 내가 아는 게 맞아' 등 'all or nothing'의 이분법적 사고는 가장 큰 걸림돌입니다. 지적인 자극에 대한 선호도가 낮아져 시간은 더욱 짧게 느껴질 수 있는데, 해결하는 방법은 '열린 마음'입니다. 다양한 문화를 수용하고, 다양한 세대와 공감할 줄 아는 마음이면 누구나 오래 살 수 있습니다. 독자들께서 개방적 사고를 통해 좀 더 한자와 친해지길 바라며 썼습니다. 저도 물론 순우리말을 아끼고 사랑합니다만, 한자어가 있어서 빛나고 쓰임새가 더 확장된 것도 사실입니다. 한자를 무조건 배척하고 혹은 중국의 글자라는 이유로 멀리하며, 한자어에 대한 거부감을 가진 독자들이 읽었으면 하는 바람으로 책을 쓰기 시작했습니다. 인생을 돌아보는, 혹은 남은 삶을 바라보는 큰 줄기를 따라 쓴 글이지만 매 장마다의 주제는 '이래도 한 세상, 저래도 한평생'인 걸 눈치채신 분들도 있으실 겁니다. 2026년이 되면 딱 100년이 되는 윤심덕 님의 〈사死의 찬미讚美〉를 이미자님이 다시 부른 노래에 나오는 가사입니다. 인생을 한 순간 파도의 생멸처럼 보낼 것인지, 아니면 상선약수의 자세로 살 것인지는 앞에서 말한대로 우리가 결정하고 만들 수 있는 결과입니다. 꽃이 떨어져야 땅속에 열매를 맺는 낙화생落花生을 보세요. 이름을 남겨 불멸의 존재가 된 많은 사람을 보세요. 한 발 물러서야 얻을 수 있고, 비워야 채울 수 있습니다. 우리는 미미했던 인생에서 또 미미한 하루를 살겠지만 그렇게 쌓인 시간이 위대한 인생을 만듭니다. 지금 인생의 어떤 길을 걷고 있든지, 언제나 유종有終의 미美를 생각하는 여유를 가질 수 있길 바랍니다.

合抱之木 生於毫末
합 포 지 목 생 어 호 말

合抱之木 生於毫末

九層之臺 起於累土
구 층 지 대 기 어 루 토

九層之臺 起於累土

千里之行 始於足下
천 리 지 행 시 어 족 하

千里之行 始於足下

한 아름의 큰 나무도 털끝 만한 싹에서 자라났고,
구층 누각 높은 대도 흙이 쌓여 올라간 것이며,
천리를 가는 것도 발 아래 한 걸음에서 시작한다.